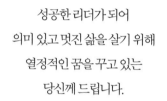

성공한 리더가 되어
의미 있고 멋진 삶을 살기 위해
열정적인 꿈을 꾸고 있는
당신께 드립니다.

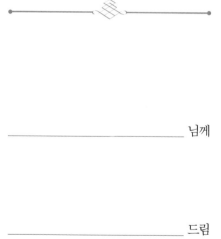

_____ 님께

_____ 드림

인재를 키우고 성과를 올리는 리더의 조건

사람을 남겨라

2015년 4월 20일 초판1쇄 발행
2023년 6월 1일 초판22쇄 발행

지은이 성동일
펴낸이 김은경
펴낸곳 ㈜북스톤
주소 서울특별시 성동구 성수이로20길 3, 602호
대표전화 02-6463-7000
팩스 02-6499-1706
이메일 info@book-stone.co.kr
출판등록 2015년 1월 2일 제2018-000078호
ⓒ 정동일 (저작권자와 맺은 특약에 따라 검인을 생략합니다)
979-11-954638-1-7 (03320)

• 이 책은 저작권법에 따라 보호받는 저작물이므로 무단전재와 무단복제를 금지하며, 이 책 내용의 전부 또는 일부를 이용하려면 반드시 저작권자와 북스톤의 서면동의를 받아야 합니다.
• 이 책의 국립중앙도서관 출판예정도서목록(CIP)은 서지정보유통지원시스템 홈페이지(http://seoji.nl.go.kr)와 국가자료공동목록시스템(http://www.nl.go.kr/kolisnet)에서 이용하실 수 있습니다. (CIP제어번호: CIP2015010200)
• 책 값은 뒤표지에 있습니다. 잘못된 책은 구입처에서 바꿔드립니다.

북스톤은 세상에 오래 남는 책을 만들고자 합니다. 이에 동참을 원하는 독자 여러분의 아이디어와 원고를 기다리고 있습니다. 책으로 엮기를 원하는 기획이나 원고가 있으신 분은 연락처와 함께 이메일 info@book-stone.co.kr로 보내주세요. 돌에 새기듯, 오래 남는 지혜를 전하는 데 힘쓰겠습니다.

【 인재를 키우고 성과를 올리는 리더의 조건 】

사람을 남겨라.

정동일 지음

북스톤

사람을 다루고, 키우고, 남긴다는 것

어느 그룹의 신임 상무들을 대상으로 리더십 강의를 할 때였다. 강의 중간에 10분간 휴식을 하고 있는데 한 분이 오더니 대뜸 "제가 상무가 될 수 있었던 건 전적으로 입사 초기에 모셨던 부장님 덕분입니다"라는 게 아닌가.

"아니, 그 부장님이 얼마나 훌륭하셨으면 임원으로 승진한 것이 전적으로 그분 덕분이라고 말씀하십니까?"

내 머릿속에는 입사한 지 얼마 안 되는 신참이 잘 적응할 수 있도록 도움을 아끼지 않은 사려 깊은 상사의 모습이 떠올랐다. 그러나 돌아온 대답은 내 예상과 전혀 달랐다.

"입사한 지 몇 개월 됐을까요? 업무가 좀처럼 손에 익지 않아 제 역량에 스스로 좀 실망하고 있던 참이었습니다. 그날도 여전히 업무 때문에 헤매고 있는데 갑자기 부장님이 부르시더라고요. '어이, 김 사원. 나 지금 거래처 가는데 같이 갑시다.' 하늘같은 부장님이 같이 가자고 하시니 하던 일 다 멈추고 따라나섰죠. 그런데 거래처에 도착하자마자 사람들에게 저를 이렇게 소개해주시는 거예요. '이번에 우리 회사에 입사한 김 사원입니다. 이 친구가 다른 건 몰라도 이 분야에서는 우리 회사 최고 전문가이니 앞으로 궁금한 점이 있거나 문제가 생기면 주저하지 마시고 이 친구에게 연락하십시오.' 그렇지 않다는 건 누구보다 제가 잘 알고 있는데 그렇게 말씀하시니 그날 밤에 잠을 못 잘 정도로 걱정이 되더라고요. 명색이 전공자인데 아는 게 별로 없다는 생각이 들어 부끄럽기도 하고요. 다음 날 출근했는데 혹시 거래처에서 전화라도 오면 어쩌지 하고 전전긍긍하는 제가 참 창피했지요. 그래서 점심 먹고 회사 들어오는 길에 '이왕 이렇게 된 것 진짜 최고의 전문가가 되어야겠다'는 오기가 생겨 3년 동안 먹지도 자지도 않고 노력했더니, 저도 모르는 사이에 회사에서 누구나 인정하는 전문가가 돼 있더라고요. 그래서 사내 핵심인재 풀에 포함될 수 있었고, 결국 그 어렵다는 임원까지 승진할 수 있었던 것 같습니다."

어떤가? 직원을 핵심인재로 성장시키고 임원 승진까지 하게 만든 리더십이 생각보다 매우 소박하지 않은가? 아마도 그 부장님은 자신이 김 사원을 거래처에 데리고 가서 그렇게 소개했다는 사실조차 기억하지 못할 것이다. 하지만 사람은 누군가가 자신의 역량을 인정할 때 모든 것을 바치게 되는 법. 그 부장님은 이를 자연스럽게 느끼고 실천했던 것이다.

내 예상과 전혀 달랐던 그 부장님의 행동은, 그러나 리더십의 본질을 잘 보여준다. 아마 대부분의 독자들도 회사에서 함께 일한 상사의 기대에 부응하기 위해, 실망시키지 않기 위해 물불 안 가리고 미친 듯이 일했던 기억이 한두 번쯤은 있을 것이다.

오랜 동안 수많은 리더와 기업을 관찰하면서 느낀 변치 않는 사실이 하나 있다. 기업의 모든 일은 결국 '사람'에 의해 실행된다는 점이다. 세상을 바꿀 만큼 원대한 비전도 사람의 머릿속에서 나오고, 이를 달성하기 위한 전략도 결국 사람이 '실행'하지 않으면 의미가 없다. 수많은 기업이 기술 중심의 혁신을 경영의 핵심 어젠다^{agenda}로 내세우는 21세기에도, 여전히 사람은 기업의 가장 중요한 자원이자 경쟁력이다. 즉 조직 구성원들에게 동기를 부여해 일을 잘하도록 이끄는 것이 경영의 전부라 해도 과언이 아니다. 한마디로 '사람을 남기는 것.' 그리고 이는 전적으로 팀을, 사업부를, 기업을 이끄는 리더의 책임이다.

'리더'라고 하면 어떤 이미지가 떠오르는가? 누군가에 휘둘리지 않고 인생을 주도적으로 살고, 대중의 나아갈 바를 제시하고 그들의 생각과 행동에 영향을 미치며, 중요한 결정을 내리고 도전적인 일에 헌신하는 사람이 연상될 것이다.

그러나 리더로서 성공하기 위해서는 열정 그 이상이 필요하다. 사람을 다루고, 사람을 키우고, 사람에게 동기를 부여하는 것이 어디 말처럼 쉬운가. 실제로 리더의 역할을 수행하면서 생각지 못했던 좌절감을 맛보고 당황하는 이들이 적지 않다. 실무자였을 때는 주어진 업무를 척척 처리하고 나름대로 인정도 받았는데, 정작 리더가 되니 무얼 어떻게 해야 할지 모르는 자신의 모습에 혼란스럽기만 하다.

　일 잘하던 사람들이 리더가 되어 고민과 좌절을 경험하는 가장 큰 이유는, 많은 조직이 성과나 실무적 역량만으로 리더를 선발하기 때문이다. 마치 학교에서 성적순으로 반장을 뽑는 것처럼. 물론 현실적으로 역량이 뛰어나 좋은 성과를 내는 사람을 승진시키지 않을 수는 없다. 하지만 역량은 성공한 리더가 되는 데 필요한 조건일지언정 결코 충분조건은 될 수 없다. 선수 시절 탁월한 역량을 보이며 스타플레이어로 활약한 사람들 중에서 프로 감독이 된 사람이 몇 명이며, 그중 감독으로 성과를 낸 사람이 얼마나 되는가? 자타가 공인하는 국보급 투수였다고 해서 반드시 감독으로서의 성공이 보장되는 것은 아니라는 말이다.

　상상해보라. 내가 근무하는 연세대학교라는 조직을 이끌어갈 총장을 뽑는데 연구를 잘하는 순서대로 줄 세워놓고 1등인 교수를 뽑는다면 학교의 미래가 어떻게 될까? 미래 비전의 설정과 공유, 더 좋은 교육환경을 갖추는 데 필요한 기금 마련, 학과 간의 갈등을 조율할 때 필요한 설득과 협상 등 총장이 수행해야 할 이 모든 활동을 골방에 틀어박혀 한평생 연구활동에 매진해온 교수에게 맡긴다는 것은, 대학을 위해서나 그 교수를 위해서나 불행한 일이 될 것이다.

　설마 이런 식으로 총장과 리더를 뽑을까 의아해할 독자가 있을지 모르겠다. 하지만 너무나 많은 기업들이 실제 이런 식으로 리더를 선발하고 있다. 그리고 대부분의 직장인들이 역량만 뛰어나면 승진하고 리더의 자리에 올라 성공할 것이라는 착각을 하고 있다. 이런 악순환이 계속되고 있으니 기업과 정부조직에 사람만 넘치고 리더십은 부재인 현상이 반복되는 것이다.

현재 많은 사람들이 이처럼 별다른 준비 없이 리더가 된다. 물론 타고나기를 리더 기질이 넘치는 사람도 있을 것이다. 하지만 대부분은 성공한 리더가 되기까지 체계적인 교육과 학습을 필요로 한다. 감히 말하건대, 좋은 리더는 다양한 경험과 여러 가지 시행착오 그리고 이를 자신의 리더십으로 발전시킬 수 있는 체계적인 훈련을 통해서만 만들어질 수 있다.

여기서 드는 의문 하나. 그렇다면 좋은 리더란 어떤 리더일까? 아니, 리더십이란 대체 무엇일까? 리더십 강의를 할 때마다 공통적으로 느끼는 게 한 가지 있다. 많은 사람들이 리더십을 거창하고 특별한 무언가로, 심지어 일종의 신화처럼 여긴다는 것이다. 예컨대 이런 식이다.

"리더십이 뛰어난 CEO가 직원들을 넓은 강당에 집합시킨다. 그리고 화려한 언변과 카리스마로 심금을 울리는 메시지를 설파한다(심지어 직원들을 감동시키기 위해 번갯불을 내던지는 연출 장면을 연상하는 이도 있었다). CEO의 연설에 감동받은 직원들은 CEO와 회사의 이름을 외치며 주먹을 불끈 쥐고 어떻게 최선을 다할 수 있을지 고민한다. 그리고 미친 듯이 업무에 매진해 엄청난 성과를 내기 시작한다."

이런 드라마까지는 아니더라도, 많은 사람들이 리더십 하면 케네디John F. Kennedy 대통령이나 잭 웰치Jack Welch 혹은 스티브 잡스Steve Jobs 등을 떠올리며 그들의 자서전을 읽고, 그들의 행동을 모방하려 애쓴다.

과연 유명 리더들을 따라 하려는 노력이 바람직한 것일까?

나는 20년 넘게 학교와 기업에서 리더십에 대한 강의와 연구를 하면서 성공한 CEO를 누구보다 많이 만나고 관찰해왔다. 이러한 경험을 통해 나름대로 내린 결론이 있다. 한마디로 표현하자면 '성공한 리더가 되기 위해 필요한 리더십은 항상 가까이 있다'는 것이다. 리더십은 늘 실천 가능한 것이어야 하며, 특별한 곳이 아니라 지극히 평범한 곳에 존재한다. 앞서 이야기한 대로, 신입 김 사원을 20년 후 김 상무로 키운 박 부장의 행동이 거창한 것인가? 결코 그렇지 않다.

리더십은 직원들을 위해 큰맘 먹고 하는 이벤트가 아니라 나도 모르게 반복적으로 실천하는 일종의 습관이다. 따라서 '무엇을 하는가'보다 '얼마나 지속적이고 일관성 있게 실천하는지'가 중요하다. 습관적으로 건강한 생활을 하는 사람은 '한 달에 20kg을 줄여주는 기적의 비법' 따위에 반응하지 않는다. 평소에 운동을 등한시하는 사람들이나 귀를 쫑긋할 뿐.

마찬가지로 리더십을 습관처럼 실천하는 사람은 '누구 누구의 리더십'이나 '리더십 완성 8가지 원칙' 같은 문구에 현혹되지 않고 자신의 방법을 일관성 있게 실천한다. 그러니 지금부터는 '타인의 리더십'을 모방하려 하기보다는 리더십의 기본 원리를 익혀서 기초가 튼튼한, 그래서 흔들리지 않는 '나의 리더십'을 만들어가는 데 초점을 맞추기 바란다.

사람을 키우고 남기는 리더가 되기 위해 어떤 노력을 해야 할지 고민하는 이들을 위해 이 책을 쓰기 시작했다. 리더십을 다룬 책들은 이미 많이 나와 있기에, 책을 쓰기 전 가만히 자문해보았다. '과연 내가 쓰고자 하는 책이 기존의 리더십 책들보다 의미 있고 차별화된 가치를 전할 수 있을까?' 그래서 다음의 두 가지 원칙을 지키려 노력했다.

첫째, 특정 스타일이나 특정 인물의 리더십을 본받으라는 내용을 넘어서서, 리더십의 본질을 이해하고 실천하는 데 필요한 원칙을 담으려 했다. 이런 상황에서는 이렇게 하라는 식의 편협한 조언이나 자기관리 혹은 처세술을 다루기보다, 리더라는 역할에 필요한 철학과 가치관을 체계적으로 전하려 했다. 리더십은 스타일이 아니라, 리더로서 성과를 내기 위해 직원들의 자발적인 협조와 추종을 이끌어내는 과정이자 능력이다.

간혹 골프를 시작하면서 기본적인 스윙의 원리를 배우지 않고 유명 골퍼들의 원 포인트 레슨부터 배우려는 이들을 볼 수 있다. 물론 원 포인트 레슨이 도움은 되겠지만, 그것도 기본적인 스윙과 자세를 잘 알고 있어야 가능한 이야기다. 기본을 잘 모르는 상황에서 리더십에 대해 이런저런 팁들만 듣는다면 오히려 혼란을 가중시킬 가능성이 높다. '남들이 하라는 대로 하는데, 왜 나에게는 리더십이 없을까?' 하고 고민하는 독자들은, 이 책을 통해 먼저 리더십의 기본기부터 확립해보기 바란다.

둘째, '이런 것이 중요하다'는 식의 지적이나 인식보다는, '그렇다면 어떻게 해야 실천할 수 있지?'에 초점을 맞추려 했다. 모든 배움이 그렇겠지만, 특히 리더십에서는 실천하지 않는 지식은 아무런 쓸모가 없다. 아니, 성공한 리더가 되는 데 오히려 걸림돌이 될 수도 있다. 리더십은 지적 유희遊戱가 아니라 실전에서 활용할 수 있는 말과 행동, 노하우에서 출발해야 한다. 이 책 역시 다양한 실천사항들을 제공함으로써 독자들이 스스로 자신의 리더십을 갈고닦을 수 있도록 했다. 이 과정에서 자신에게 맞는 리더십을 찾기를 간절히 바란다.

이 책에서는 가장 먼저 리더가 되기 위해 반드시 알아야 할 것들을 짚고 넘어갈 것이다. 리더로 성장하기 위해서는 리더십이 무엇이고 어떤 원리들이 근본적으로 중요한지에 관해 정확히 아는 것이 중요하다.

1부에서는 '리더로서의 나'에 대해 다룬다. 구성원들의 자발적 추종을 이끌어내고 시장의 변화와 위기에 대처하기 위해서는 리더 개인에게 어떤 자질이 필요한가? 이에 대한 답이다.

2부에서는 '나'에서 초점을 '그들'로 옮겨서, 직원들을 동기부여하기 위해 구체적으로 무엇을 어떻게 해야 할지에 대해 다룬다. 성공한 리더라면 '자신을 따라야 하는 이유'를 명확히 제시할 수 있어야 한다.

3부에서는 직원들을 '스스로 일하게 만드는 리더'로 성장시키는 법에 대해 다룰 것이다. 오늘날 경쟁의 룰은 바로 '혁신'이다. 진짜 잘나가는 리더는 혁신에 뛰어난 사람이 아니라, 혁신을 잘하는 직원을 키워낼 줄 아는 리더다. '나도 못 컸는데 누굴 키워?'라는 생각에서 벗어나, 같이 성장하고 같이 성공하는 리더십을 실천해보자. 오늘날 리더가 잊지 말아야 할 단어는 '성장'과 '육성'이다. 직원을 성장시키는 리더는 그들을 통해 더 큰 성공을 이루는 리더가 될 수 있다.

나는 매년 많은 기업의 CEO와 임원들을 만나 그들이 현장에서 리더로서 겪는 어려움이 무엇인지 관찰하고 이야기를 나눈다. 흥미로운 사실은 많은 이들이 비슷한 문제로 힘들어한다는 점이다. 만일 이 책을 읽는 당신도 리더로서 어려움을 겪고 있다면, 나 혼자만 그런 고민을 하는 것도 아니고 내가 특별히 무능해서 문제가 생기는 것도 아니라는 점을 먼저 인식하기 바란다. 나도 충분히 성공한 리더가 될 수 있다는 자신감과 함께 말이다. 어쩌면 성공한 리더가 된다는 것은 당신이 생각한 것보다 훨씬 더 쉽고 즐거운 과정일 수도 있다. 적절한 도움을 통해 불필요한 시행착오와 실패를 줄일 수만 있다면.

나아가 지금 조직을 이끌고 있는 CEO와 임원들뿐 아니라 미래의 리더들도 이 책을 통해 '리더가 되려면 이렇게 하면 되겠구나!'라는 답을 발견했으면 한다. 리더의 가장 중요한 역할 중 하나는 미래를 위한 씨앗을 뿌리는 일이다. 나 또한 씨앗을 뿌리는 마음으로 이 책을 썼다.

성공한 리더가 되어 의미 있고 멋진 삶을 살기 원하는가? 그렇다면 지금부터 이 책을 통해 리더십을 찾아가는 가슴 뛰는 여정에 동참해보라. 아울러 당신이 리더로 성장하는 데 이 책이 영감을 주고 도움이 되었다면 부디 당신이 아끼는 후배에게도 전해주었으면 한다. 꼭 새 책이 아니어도 좋다!

정동일

CONTENTS

PROLOGUE | 사람을 다루고, 키우고, 남긴다는 것 · 5

INTRODUCTION 리더로서 나를 인식하라

CHAPTER 1 나는 지금 어떤 리더인가·24

▶ 초기의 실패비용을 줄여라 · 25
▶ 1. 여유를 잃으면 리더십도 잃는다 · 28
▶ 2. 이제까지의 성공비결은 과감히 잊어라 · 29
▶ 3. 직원들을 통제할 수 있다는 착각을 버려라 · 31
▶ 4. 권위는 직위가 아닌 '신뢰'에서 나온다 · 36
▶ 5. 직원들은 항상 당신의 행동을 관찰하고 있다 · 38

CHAPTER 2 나에게 리더십이란 무엇인가·41

▶ 그들은 회사가 아니라 리더를 떠난다 · 42
▶ '뚜껑의 법칙'을 기억하라 · 45
▶ 스티브 잡스나 잭 웰치 따위는 잊어라 · 54
▶ 착한 리더가 좋은 리더는 아니다 · 57
▶ 자발적 추종이 없으면 비용이 발생한다 · 60

PART ONE 이끌 자격을 갖춰라

CHAPTER 3 어떤 영향력으로 이끌 것인가·68

▸리더에게 주어진 5가지 권한 · 71
▸1. 강압적 권력, 지나치게 일방적인 리더 · 72
▸2. 합법적 권력, 조직이 부여한 지위에 기대는 리더 · 74
▸3. 보상적 권력, 물질적 보상에 기반한 리더 · 75
▸4. 전문적 권력, 역량을 전수하는 리더 · 78
▸5. 준거적 권력, 존경할 수 있는 리더 · 79

CHAPTER 4 긍정적 영향력이 있는가·82

▸긍정적 영향력은 지위에서 나오지 않는다 · 85
▸'인간적 매력'은 필수다 · 89
▸무한 긍정주의로 확신을 심어줘라 · 93
▸진정성은 본능적인 신뢰를 낳는다 · 97
▸솔선수범은 리더가 보낼 수 있는 가장 강렬한 메시지다 · 101
▸지금 젊은 인재들은 성장시키는 리더에 열광한다 · 103

CHAPTER 5 전략적 사고를 하는가·106

▸올바른 목표와 방향설정이 때로는 동기부여보다 더 중요하다 · 108

▶ 조직을 망치는 리더의 착각 · 110

▶ 위기탈출과 성장을 동시에 꾀하는 전략이 있는가? · 112

▶ 조작된 현실에서 벗어나 '자신의 눈'으로 보라 · 117

▶ 경험을 통찰로 바꾸는 일상의 습관 · 126

PART TWO 따를 이유를 밝혀라

CHAPTER 6 '꿈'을 통해 나는 상사에서 비로소 리더가 된다 · 144

▶ 리더의 꿈은 곧 조직의 방향이 된다 · 146

▶ 나의 잘못된 비전은 그들의 고통과 희생을 부른다 · 150

▶ 공유되지 않은 비전은 리더의 욕심일 뿐이다 · 155

CHAPTER 7 목적의식으로 이끌어라 · 165

▶ 왜 이 일을 하는지 말하라 · 169

▶ 어설픈 인센티브보다 목적의식을 공유하라 · 176

▶ 목적이 이끄는 조직을 만드는 9가지 기준 · 178

CHAPTER 8 몰입을 원한다면 손님이 아닌 주인으로 대하라 · 184

▶ 주인의식이 몰입을 낳는다 · 185

▶고객은 둘째, 직원이 첫째다 · 188
▶조직이 원하는 바를 알게 하라 · 191
▶주인의식을 높이는 3가지 방법 · 195
▶ '후쿠시마에 들어갈 직원이 있는가?' · 200

CHAPTER 9 내가 아닌 '그들'의 입장에서 말하고 행동하라 · 202

▶좋은 리더가 되기 전에 나쁜 리더가 되지 말라 · 203
▶당신의 말에 그들은 사표를 쓴다 · 205
▶동기부여는 이 한마디에서 시작된다 · 210

PART THREE 성장을 도모하라

CHAPTER 10 사람을 키울 준비가 되어 있는가 · 220

▶그들이 입을 다무는 이유 · 221
▶리더는 주인공이 아니다 · 227
▶최고를 가려내 최고로 대우할 수 있는가 · 230

CHAPTER 11 직원을 키울 나만의 전략을 세워라 · 236

▶리더는 길러지는 것이다 · 238

▶1. 모두 성장시키겠다는 생각을 버려라 · 244
▶2. 유형에 맞는 리더십 스타일을 적용하라 · 247
▶3. 단점은 접어두고 장점을 극대화하라 · 251
▶4. 내게 없는 장점을 가진 직원을 키워라 · 254
▶5. 잔소리가 아니라 업무와 솔선수범으로 성장시켜라 · 256

CHAPTER 12 **리더를 키우는 조직을 만들어라**·259

▶1. 길게 보고 투자하라 · 262
▶2. 교육이 아니라 코칭으로 지도하라 · 264
▶3. 핵심인재 풀은 반드시 필요하다 · 266
▶4. 미래의 CEO는 '내부'에 있다 · 268
▶5. 조직의 전략과 인재육성 전략을 통합하라 · 270
▶6. 인재관리와 인재개발을 통합하라 · 272
▶7. 리더로서의 경험을 미리 쌓게 하라 · 274
▶기술이 아니라 인재가 없어서 망한다 · 275

CHAPTER 13 **'지금 당장' 시작하라**·278

▶리더십 저금통을 마련하자 · 289

EPILOGUE | 리더십은 유산을 남기는 것이다 · 294
주 · 302

INTRODUCTION

리더로서 나를 인식하라

지금으로부터 약 15년 전, 한국은 사상 초유의 경제위기 한가운데에 있었다. 당시 한국경제를 가장 힘들게 했던 것 중 하나는 달러의 고갈이었다. 정부와 기업이 보유한 달러가 바닥나자 부채 상환과 외환 결제에 온 나라가 발을 동동 굴렀다. 그런데 당시 〈아시안월스트리트저널AWSJ〉은 한국 경제위기의 근본 원인을 다른 곳에서 찾는 기사를 실었다.

"한국의 경제위기는 리더십 부재에서 시작됐으며, 현재 한국의 리더십은 달러보다 더 고갈돼 있다."

그 후 한민족 특유의 끈기와 응집력으로 위기를 잘 극복하고 그 후에도 가파른 성장세를 보이며 순항하는 것처럼 보였던 한국경제는 오늘날 새로운 위기에 직면해 있다. 급격한 양극화와 노령화가 사회의 발목을 잡고 있고, 한국을 대표하는 기업들은 하나같이 매출 감소와 실적 부진에 고심하고 있다. 더 큰 문제는 지금의 경제위기를 돌파할 리더와 리더십의 부재에 대해 고민하는 사람들이 많지 않아 보인다는 것이다.

리더십의 위기에 직면한 오늘날, 당신의 조직에는 어떤 리더십이 있는가? 당신은 리더로서 당신의 구성원들을 어떻게 이끌고 있는가? 사람들이 자발적으로 따르게 만드는 당신만의 전략이 있는가?

나는 지금 어떤 리더인가

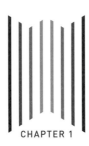

CHAPTER 1

아무것도 모르는 신입으로 들어온 지 엊그제 같은데, 드디어 임원이 된 이 이사. 그동안 실무자로 열심히 일하는 모습을 지켜본 김 상무의 적극적인 추천 덕분에 승진과 동시에 본부장이란 중책까지 맡게 됐다.

그러나 '직장생활의 꽃'이라는 임원으로 승진했다는 기쁨과 성취감도 잠시뿐, 본부장이 되고 나니 챙겨야 할 것이 한두 가지가 아니었다. 새로운 업무도 파악해야 하고, 앞으로 할 일도 구상해야 하고, 직원들과의 팀워크에도 신경 쓰려니 눈코 뜰 새 없이 바쁘다. 체력적으로나 정신적으로 버거웠지만, 그럴 때마다 '열심히 해서 멋진 작품을 만들어야지', '내가 노력하는 걸 보면 직원들도 나를 인정해주겠지' 하며 결의를 다졌다.

그런데 본부장이 된 지 한 달쯤 지난 지금, 그의 마음은 더없이 무겁다. 계획했던 일은 뜻대로 되지 않고 실행도 더디기만 하다. 무엇보다 직원들이 기대만큼 내 계획에 의욕적으로 동참하지 않는 데는 좌절하다 못해 화까지 난다. '내가 무얼 잘못하고 있는 걸까?' 시간은 점점 흐르고 본부장으로서 회사에 뭔가 보여줘야 할 것 같은데, 그의 마음은 초조하기만 하다.

초기의 실패비용을 줄여라

비단 이 본부장만의 고민은 아닐 것이다. 승진한 기업의 팀장이나 임원들을 대상으로 강의하다 보면 대부분의 신임 리더들이 기쁨과 초조함을 동시에 느끼고 있음을 알 수 있다. 오랫동안 조직을 위해 일했던 노력과 성과를 인정받아 드디어 리더라는 자리에 올랐다는 성취감과 기쁨. 하지만 마음 한구석에는 하나같이 '과연 내가 리더로서 성공할 수 있을까…' 하는 불안감이 자리하고 있다. 함께 교육에 참석한 다른 사람들의 얼굴은 자신감이 넘쳐 보이는데, 왠지 나만 뭘 어떻게 해야 할지 몰라서 헤매는 것 같다.

이런 불안감은 신임 리더라면 누구나 느끼는 감정이다. 아무리 경험이 많고 훌륭한 역량을 갖춘 사람이라도, 모든 게 익숙지 않은 새로운 상황에 직면하면 당황하기 쉽다. 세계적인 리더십 교육기관인 CCL Center for Creative Leadership의 연구에 따르면 신임 임원의 40%가 18개월 이내에 실패의 쓴맛을 본다고 한다. 또 다른 설문조사에 의하면 외부에서 고용된 임원 중 무려 40~50%가 실패하고, 이 때문에 발생하는 비용이 270만 달러에 달하며 평균 12.4명의 직원 성과에 영향을 미친다고 한다.[1]

모든 일이 그렇겠지만, 리더가 된 직후 직원들과 어떤 말과 행동으로 관계를 맺는가는 향후 리더의 이미지나 스타일을 구축하는 데 큰 영향을 미친다. 일단 이미지가 형성되면 나중에 바꾸기가 무척 어렵기 때문에, 첫 단추를 잘 끼워야 성공 가능성이 높다. 그래서 현명한 기업들은 승진한 리더들이 좀 더 빠른 시간 안에 새로운 책임과 역할을 성공적으로 수행하도록 교육과 지원을 아끼지 않는다.

리더의 초기 실패비용과 더불어 생각해볼 이슈는 '적응시간' 이다. 새로운 상황에 처하면 적응하기가 쉽지 않으므로, 미국의 경우 대통령이나 CEO가 새로 부임하면 처음 얼마간은 최대한 비판적인 의견을 자제하며 잘 정착할 수 있도록 배려해준다. 이런 '허니문 기간honeymoon period'은 대략 3개월 내지 100일 정도 주어진다. 새로 부임한 리더들은 이 기간 동안 곧바로 실무를 처리하고 새로운 일을 벌이기보다는, 관찰과 경청을 통해 상황을 파악하고 새로운 역할에 적응하는 데 주력한다. 부임 초기에 들어가는 신임 리더의 적응비용(-)과 완전히 적응한 후에 창출되는 가치(+)의 합이 '0'이 되는 시점이 '신임 리더의 손익분기점(break-even point)'이 된다.

　그렇다면 자연히 떠오르는 질문은 이것이다. '어떻게 해야 초기의 적응기간을 줄여서 신임 리더의 손익분기점을 단축시킬 수 있을까?' 물론 손익분기점은 리더 개인의 역량과 경험 등에 따라 큰 차이가 난다. 하지만 한 가지 분명한 사실은, 적응의 책임을 리더 개인에게만 돌려서는 안 된다는 것이다. 많은 기업들이 '초기에 잘 적응하는 것도 리더의 역량'이라는 무책임한 태도로 이들을 방목하다시피 해서 불필요한 시행착오를 겪게 한다. 이는 리더로서의 자신감을 잃어버리는 가장 큰 원인이 된다. 새로운 환경에 적응하지 못해 주어진 임무를 잘 수행하지 못한다면, 실패자라는 낙인이 찍히는 것은 물론 자신의 커리어도 망가질 가능성이 크다. 따라서 초기 실패를 줄이는 것은 조직뿐 아니라 리더 개인에게도 더욱 중요하다.

　반대로 이들이 새로운 역할에 잘 적응할 수 있도록 다양한 지원을 한다면 신임 리더의 실패 가능성은 현저히 낮아지고 손익분기점에 이르는 시간을 단축할 수 있다. 결국 많은 비용이 줄어드는 것은 물론, 기업의 경쟁력을 높이는 데도 큰 도움이 된다.

　그렇다면 신임 리더로서 부임 초기의 실패 비용을 줄이기 위해 어떤 노력을 해야 할까? 기본적으로 업무 파악도 해야겠지만, 무엇보다 부서원들의 신뢰credibility를 얻는 것이 중요하다. 대부분의 리더들이 성과를 보여주겠다는 의욕에 넘친 나머지 이 점을 간과하곤 한다.

다음은 이제 막 리더가 된 사람들이 가장 먼저 가슴에 새겨야
할 5가지 원칙이다. 신임 리더뿐 아니라 구성원들의 신뢰를 얻
고자 하는 리더라면 반드시 기억하기 바란다.

1. 여유를 잃으면 리더십도 잃는다

신임 리더가 되면 누구나 혼란
스럽다. 특히 처음으로 직원들을 이끌어가게 됐거나 중요한 직
책을 맡아서 긴요한 의사결정을 해야 한다면 더욱더 혼란스러
울 수밖에 없다. 승진을 했으니 뭔가 보여줘야 한다는 강박관념
역시 가중된다.

하지만 이때야말로 성공적인 리더로 자리 잡느냐, 실패한 리
더로 사라지느냐가 결정되는 가장 중요한 시기다. 조급해하지
말고, 뭔가 보여주려 하기보다 보고 듣는 데 초점을 맞춰라. 무
엇보다 여유를 찾아야 한다. 그리고 객관적인 입장에서 앞으로
무엇을 새롭게 추진해야 하는지 고민하는 자세가 현명하다. 지
금 느끼는 혼란과 불안이 막 리더가 된 사람이라면 누구나 거치
는 지극히 정상적인 과정이라 생각한다면 조금은 여유로운 마
음으로 자신과 새로운 상황을 객관화할 수 있을 것이다.

자신의 업무를 파악하기 위해서는 먼저 조용히 들어라. 직원
들과의 소통에서 말하는 것과 듣는 것의 비율을 2대 8이나 3대
7로 맞춰놓는 것도 초기 실수를 줄이는 좋은 방법이다. 의욕에

넘쳐 처음부터 지나치게 일을 벌이기보다, 직원들이 일하는 모습을 주의 깊게 관찰하며 '이 일을 왜 하는 거지? 성과에 도움되는 것 같지도 않은데…' 같은 비효율적이고 관행적인 업무를 없애는 것부터 실천해보자. "이번에는 진짜 좋은 상사가 왔네!"라는 직원들의 감탄과 신뢰는, 새로운 일을 추진하기보다 비효율적인 업무를 제거해 자신들의 일이 편해졌다는 '혜택'을 실감하는 데서 생겨난다.

2. 이제까지의 성공비결은 과감히 잊어라

성공한 기업이나 리더가 몰락하는 과정에서 나타나는 가장 대표적인 징후 중 하나가, 과거의 성공에 대한 지나친 자만심과 이에 대한 집착이다.[2]

삼성의 대표적인 기업 CEO를 만나 저녁식사를 가끔씩 한다. 이분은 30여 년간 일하면서 직원들을 평가할 일이 수없이 많았는데, 사실은 그와 동시에 함께 일하는 상사도 평가해보는 습관이 생겼다고 한다. 물론 마음속으로만 말이다. 어떤 상사가 승진 후에 더 큰 성공을 하고, 어떤 상사가 승진 후 오히려 실패하는지 관찰하면서 이들의 특성을 파악하려 했다는 것이다. 아마도 이런 노력 덕분에 지금 그는 대한민국을 대표하는 기업에서 당당히 CEO 역할을 수행하는 성공한 리더가 되지 않았나 하는 생각이 든다. 그가 깨달은 것 중 하나가 승진해서 실패한 사람들은 대부분 과거의 성공과 자신의 역량을 지나치게 과신하고 남의 이야기를 듣지 않는 스타일이었다는 점이었다.

승진해서 리더의 역할을 잘 수행하고 싶다면 지금의 나를 있게 해준 '나만의 성공 노하우'를 과감히 잊고, 새롭게 맡은 역할에서 어떻게 하면 성공할 수 있을지를 열린 마음으로 고민해야 한다. 달라진 상황에서 나만의 성공방식을 무리하게 고집하다가는 자기중심적이고 독선적인 상사라는 느낌을 줄 뿐이다.

하지만 이렇게 하기가 말처럼 쉽지만은 않다. 특히 과거에 이룬 성공이 크고 직급이 높을수록, 자신의 성공 노하우를 내려놓기 어려워진다. 신임 임원들을 대상으로 리더십 강의를 하다 보면, '그래도 내가 이 자리까지 올라온 건 나만의 노하우 덕분이지, 당신이 말한 것들 때문이 아니야'라고 생각하고 있음을 이들의 표정에서 종종 읽을 수 있다. 충분히 이해되는 대목이다. 한 번도 해보지 않은 불확실한 방법을 택하느니 이제껏 내가 해왔던 방식, 더구나 지금의 나를 만들어준 방식을 선호하는 것은 어쩌면 인간의 본능일 터. 과거의 방식에 대한 집착은 위기가 찾아오거나 불확실성이 커질수록 점점 더 심해지기도 한다.

하지만 신임 리더로 성공하려면 기존의 업무방식과 성공 노하우를 잠시 옆으로 치워두겠다는 각오가 필요하다. 새로운 상황에서도 지속적으로 성공하기 위해 제로베이스에서 어떤 역량과 노하우가 필요한지 찾아보자. 나는 이것을 '배운 것을 고의적으로 잊다'라는 의미에서 '언러닝(unlearning)'이라 부른다.

언러닝이 신임 리더에게 중요한 이유는 첫째, 자신이 가진 노하우를 고집하지 않고 상황에 맞는 역할을 찾으려 노력하는 모습을 보여줌으로써 '고정관념에 사로잡히지 않고 유연하게 사고하는 상사'라는 인상을 줄 수 있기 때문이다. 그러면 자연스럽게 소통이 활발해진다. 둘째, 다양한 연구에 따르면 상황이 변했는데도 기존의 성공방식을 지나치게 고집하다 보면 실패 가능성이 더 커진다고 한다. 이 논리는 기업뿐 아니라 리더 개인에게도 그대로 적용된다. 특히 개인적 성과가 좋아서 처음 리더의 자리에 오른 이들이 실패하는 가장 큰 이유는, 개인으로서 성공하기 위해 필요한 것과 리더로서 성공하기 위해 필요한 것을 적절히 구분하지 못하기 때문이다. 리더십 교육기관인 CCL의 연구에서 발견한 신임 임원의 가장 큰 실패원인도 이전 역할과 행동을 그대로 반복한다는 것이었다. 새롭게 부여받은 역할을 제로베이스에서 생각하지 않으면, 지금의 성공을 만들어준 역량과 경험은 미래의 성공을 위한 자산asset이 아니라 더 큰 성공을 가로막는 걸림돌liability이 된다는 사실을 반드시 기억하자.

3. 직원들을 통제할 수 있다는 착각을 버려라

누구나 리더가 되면, 자신의 계획과 의도대로 척척 일을 진행해주는 직원들을 꿈꿀 것이다. 하지만 직원들을 완벽하게 관리할 수 있다고 믿는 것은 리더만의 착각이다. 실제 신임 리더들을 만나 이야기해보면, "임원(팀장)으로 승진하면 직원들이 제 지시를 100% 따를 거라 믿었는데, 큰 착각이었네요" 하며 좌절하는 이들이 의외로 많다.

어찌 임원뿐이랴! 하버드 경영대학에서는 매출이 1조 원 이상인 기업의 신임 CEO를 대상으로 '신임 CEO 워크숍'을 주최한다. 10여 명의 신임 CEO가 모여 서로 고충을 이야기하고, 리더로서 필요한 노하우나 역량을 공유하고 배우는 과정이다. 이 과정의 주임교수를 맡았던 마이클 포터Michael Porter 교수는 신임 CEO들과 나눈 대화를 바탕으로 이들이 겪었던 경험을 글로 쓰기도 했다(최근 CEO가 된 독자라면 일독을 권한다).[3] 그는 〈신임 CEO들이 겪는 7가지 놀라움〉이라는 흥미로운 제목의 글을 통해, 신임 CEO들이 이구동성으로 고백한 충격을 이야기한다. 다음의 7가지로, CEO가 되기 전에는 누구도 전혀 예상하지 못했던 것들이다.

1. 회사를 운영하는 것이 불가능하다.
2. 명령을 내리는 것은 큰 비용을 발생시킨다.
3. 회사에 무슨 일이 일어나는지 파악하기 힘들다.
4. 나는 언제나 직원들에게 메시지를 보내고 있다.
5. 나는 보스가 아니다.
6. 주주를 만족시키는 것이 나의 가장 중요한 목표는 아니다.
7. CEO인 나도 여전히 인간일 뿐이다.

이 중 무려 4가지 항목이 통제와 명령에 관련된 내용이다. 조직의 정점에 해당하는 CEO가 됐는데 회사를 운영하는 게 불가능하고, 명령을 내리는 데 큰 비용이 들고, 회사에 실제 무슨 일이 일어나는지도 모를뿐더러 자신이 보스가 아님을 깨달았다고 하니 놀랍기도 하고 흥미롭기도 하다.

'경영의 신'이자 '20세기 최고의 CEO'라는 화려한 찬사로 유명한 잭 웰치 역시 이와 일맥상통하는 말을 했다. 그는 은퇴 후의 인터뷰에서 CEO로서 가장 큰 실수가 무엇이었냐는 질문에 망설이지 않고 이렇게 답했다고 한다. "회사에서 어떤 일들이 일어나는지 내가 가장 늦게 아는 사람이란 걸 깨닫지 못한 것입니다."

회사에서 어떤 일이 일어나는지 CEO가 가장 마지막에 알다니… 믿기 어려운 일이지만 사실이다. 나는 많은 리더들에게 "여러분의 지위가 점점 높아질수록 여러분에게 전달되는 정보는 심하게 걸러지고 왜곡된 것이란 사실을 반드시 기억해야 합니다"라고 조언하곤 한다. 리더에게 보고되는 정보는 사실상 직원들이 리더에게 보여주고 싶어 하는 정보일 가능성이 높기 때문이다.

왜 이런 현상이 벌어질까? 먼저 리더가 되면 직원들은 본능적으로 방어적 태도를 취하게 되고 주어진 정보를 자신에게 유리한 방향으로 가공하기 시작한다. 특히 나쁜 정보일 경우 적극적으로 상사의 입맛에 맞게 혹은 조금이라도 더 긍정적으로 보이게끔 왜곡하기 시작한다. 이를 심리학에서는 '정보의 필터링 filtering'이라 한다. 결국 리더로서 나는 엄청난 정보를 접하지만 정작 정확하고 객관적인, 그래서 쓸모 있고 믿을 수 있는 정보의 양은 점점 줄어드는 셈이다.

나만 모르는 상황이 일어나는 또 다른 이유는, 직원의 작은 잘못을 동료들 앞에서 감정적으로 지적하고 야단치는 리더의 행동 때문이다. 생활가전제품을 만드는 선빔Sunbeam-Oster의 CEO였던 알 던랩Al Dunlap은 미국의 대표적 '또라이' 보스 중 하나였다. 그의 밑에서 일하던 직원 한 명은 이렇게 묘사했다. "그는 몇 시간이고 사람들 앞에서 짖어대는 개 같았습니다. 잘난 체하고, 싸움꾼에, 예의라고는 조금도 모르는 사람이었지요." 직원들은 그를 '전기톱'이라 부르며 피했고, 어느새 그들의 가장 중요한 관심사는 회사 발전이나 수익 증대가 아니라 사장으로부터 혼나지 않고 자신을 보호하는 것이 되어버렸다. 스스로도 사이코패스라 인정했던 던랩이 이끌던 선빔은 결국 2002년 파산을 신청하기에 이르렀다.

리더가 "왜 나만 몰랐을까?" 하게 되는 세 번째 이유는, 직원들 앞에서 완벽한 척하면서 명령과 지시만 일삼기 때문이다. 리더가 너무 완벽해 보이면 직원들은 자연히 침묵하게 돼 있다. 특히 회의에서 '나는 다 안다'는 자세로 일관하는 상사 앞에서는, 아무리 창의적이고 좋은 의견이 떠올라도 '저 사람은 나보다 훨씬 똑똑하니까 이런 생각쯤은 벌써 했겠지', 혹은 '저렇게 완벽한 사람에게 의견을 꺼냈다가 괜히 창피만 당하는 거 아냐?'하며 입을 다물어버린다. 결국 쌍방향 소통은 멈추고 정보의 흐름이 끊긴다. 잘난 상사 하나와 그를 모시고 아무 생각 없이 일하는 직원들 사이에 소통의 벽과 감정의 골이 생겨나고, 리더는 회사에 실제로 어떤 일이 일어나는지 전혀 파악하지 못하는 '헛똑똑이'가 되고 만다.

'나만 몰랐어' 병을 예방하려면 어떻게 해야 할까? 먼저 직원들 앞에서 너무 완벽한 상사인 척하지 말자. 과거에는 완벽해 보여야 상사로서 인정받곤 했다. 하지만 모든 정보가 공유되는 오늘날은 완벽한 모습을 보이는 것보다, 차라리 "이 분야는 전문가인 자네의 의견이 필요해"하며 도움을 청하는 것이 훨씬 현명하다.

또한 정보를 얻고 상황을 파악할 때 특정 직원에 대한 의존도를 줄이고 내 눈으로 현장을 확인하고, 공식 보고 채널 이외에 제2, 제3의 멀티채널을 활용해 정보를 취합하려는 노력을 해야 한다. 필요하다면 자신보다 몇 단계 아래의 실무 담당자에게 직접 문의하는 등 상대적으로 여과되고 왜곡되지 않은 정보를 얻기 위해 끊임없이 노력해야 한다.

이제부터라도 의사결정을 하기 전에 내가 가진 정보의 질과 정확도부터 체크해보자. 회사에 무슨 일이 일어나는지 혼자만 모르는 '헛똑똑이'가 되지 않으려면.

4. 권위는 직위가 아닌 '신뢰'에서 나온다

자, 직원들에 대한 명령과 통제가 불가능하다는 사실을 깨달았다면 어떻게 해야 할까? 리더로서의 진정한 권위와 힘은 직위가 아니라 평소에 쌓아둔 신뢰에서 나온다는 사실을 기억하자. 그래서 나는 리더십을 종종 은행계좌에 비유한다(이를 리더십에서는 'Idiosyncratic Theory'라 부른다). 매일매일 내가 리더로서 신뢰를 얻기 위해 긍정적인 행동을 하면, 내 리더십이란 저금통에 동전이 하나둘 쌓인다. 저금통에 가득 찬 동전은 직원들로부터 얻은 신뢰를 의미한다.

저금통에 가득 찬 동전(신뢰)이 빛을 발하는 순간은 일상적인 때가 아니다. 리더로서 잘못된 결정을 내려서 위기를 맞았거나 실수를 했을 때, 혹은 힘든 프로젝트를 맡아 직원들의 양보와 희생 혹은 큰 노력과 몰입이 필요할 때 평소 쌓아둔 신뢰가 힘을 발휘한다. 저금통 가득 동전을 모아둔 리더가 실수하면, 직원들은 대부분 "팀장님, 실수하실 수도 있죠. 저희가 뒤에서 응원하고 있으니 힘내세요!" 같은 반응을 보인다.

하지만 텅텅 빈 저금통을 가진 리더가 실수를 저지르면 직원들은 "내가 저럴 줄 알았어"라며 고소해한다. 대개 이런 리더는 리더십을 평소에 꾸준히 쌓아야 하는 저금이 아니라 일회성 이벤트로 생각하는 경향이 있다. 리더십은 힘들고 어려운 때 필요한 일종의 보험이라 생각하고, 매일 신뢰라는 화폐를 리더십이라는 은행계좌에 쌓으려는 노력을 해보라. 결정적인 순간에 직원들이 당신에게 가지고 있는 신뢰 덕분에 위기를 극복하거나 더 큰 성과를 창출할 수 있는 놀라운 경험을 하게 될 것이다.

리더로서 신뢰를 쌓는 데 가장 중요하고 기본적인 조건은 물론 업무를 잘 추진해 성과를 낼 수 있는 역량competencies이다. 하지만 이 외에도 신임 리더로서 신뢰를 얻는 방법은 다양하다. 다음 7가지 항목은 리더가 신뢰를 얻기 위해 지켜야 할 것들이다.

- 일관된 행동 : '무엇을 할 것인가' 보다 '얼마나 일관되게 행동할 것인가'에 더 큰 노력을 기울이고 있는가?
- 솔선수범 : 명령과 지시가 아닌 솔선수범을 통해 함께하는 리더라는 확신을 주고 있는가?
- 자기희생 : 종종 팀, 부서, 조직의 성공을 위해 개인적인 이익을 희생하고 기꺼이 불편함을 감수하는 모습을 보여주고 있는가?
- 공정함 : 의사결정이나 인사 관련 평가, 보상을 할 때 항상 공정함을 유지하려 하는가?
- 도덕성 : 개인적으로나 업무적으로 최소한의 기본적인 도덕과 윤리 기준을 지키기 위해 노력하는가?
- 명확한 기대치 공유 : 리더로서 직원들에게 기대치를 명확하게 전달하고 있는가?
- 인간미 : 직원들이 자발적으로 업무 외의 시간을 함께하고 싶어 할 만큼의 인간적인 매력을 갖추고 있는가?

구성원들의 신뢰를 얻는 방법은 물론 이 밖에도 많이 있을 것이다. 하지만 이 7가지를 실천했는데도 리더로서 신뢰를 얻지 못하고 실패하는 경우는 없다. 처음부터 너무 큰 계획을 세우지 말고 7가지 항목 가운데 하나라도 열심히 실행해보면 어떨까? 6개월만 진심을 다해 실천한다면 직원들이 보내는 신뢰가 지금의 두 배는 되리라 확신한다.

5. 직원들은 항상 당신의 행동을 관찰하고 있다

신임 리더로서 팀워크나 부서의 분위기를 해치는 가장 큰 실수 중 하나는 직원과의 관계를 돈독히 하겠다는 이유로 예외적인 결정을 하는 것이다. 이를테면 신임 부서장으로 부임했는데, 어느 직원이 "상무님, 집에 사정이 생겨서 일주일 정도 일찍 가봐야 할 것 같습니다" 혹은 "이번 출장은 제가 꼭 가게 해주십시오"라는 부탁을 한다고 치자. 이때 대부분의 리더들은 첫 관계를 잘 맺기 위해 '일주일 정도야 괜찮겠지' 혹은 '부서에 중요한 친구니까'라며 그들의 요구를 들어주곤 한다. 그러면서 한마디 한다. "김 과장, 자네만 알고 있어야 해!"

하지만 일단 부서를 이끄는 위치에 서는 순간, 직원들의 24시간 감시 대상이 된다는 사실을 잊지 말자. 안 보는 것 같아도 리더가 하는 말과 행동 하나하나는 직원들의 머릿속에 중요한 메시지로 각인된다. '이 친구에게만 해주는 것이니 다른 팀원들은 모르겠지' 내지는 '이번만 예외로 인정해줘야지. 한 번이니 큰 탈은 없을 거야'라며 무심코 결정하는 순간 생각지도 않은 후폭풍이 불어올 수 있다. 〈신임 CEO들이 겪는 7가지 놀라움〉에서 언급한 네 번째 놀라움, 즉 '내가 원하건 원하지 않건 나는 항상 직원들에게 메시지를 보내는 존재가 되었다'는 것도 같은 맥락이다.

　직원 개개인과 좋은 관계를 유지하는 것도 중요하지만, 팀이나 부서의 전체 분위기와 성과는 더욱 중요하다. 리더가 되면 자신의 결정이 팀과 부서 전체에 어떤 영향을 미칠지 습관적으로 고민해야 한다. 나는 항상 직원들의 관찰 대상임을 염두에 두고 내 머리 위에는 나를 졸졸 따라다니는 CCTV가 한 대 설치돼 있어 내가 하는 말이나 행동이 직원들에게 생중계되고 있다는 사실을 기억하자. 그래야 나중에 한숨을 내쉬며 '내가 왜 그랬을까' 하는 후회를 줄일 수 있다. 2014년의 이른바 '땅콩 회항' 사건을 보라. 한 가지 잘못을 계기로 오너 일가를 둘러싼 크고 작은 가십들까지 다 폭로되지 않던가. 그동안 말을 하지 않았을 뿐, 그들의 언행을 직원들이 모두 지켜보고 있었다는 뜻이다.

　'리더'라는 역할을 맡으면 누구나 불안하고 초조하기는 마찬가지다. 타고난 리더는 없다. 왕도王道 또한 없다. 자신감을 갖고 새로운 위치에서 성공하기 위해 필요한 것들을 찾고 또 찾아라.

지금껏 내게 성공을 안겨준 노하우는 잠시 접어두고 열린 마음으로 듣고 관찰하라.

특히 실무자로서 탁월한 성과를 거둔 덕에 남들보다 빨리 리더의 자리에 올랐다면, 과거의 성공이 독이 되지 않도록 스스로를 비울 필요가 있다. 그러면 어느새 당신의 후배들이 뒤에서 "다른 건 몰라도 우리 팀장님은 리더십 하나는 끝내줘!"라고 엄지손가락을 치켜세우게 될 것이다.

나에게 리더십이란 무엇인가

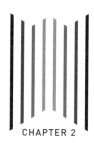

CHAPTER 2

지난 20년간 많은 분들과 함께 리더십에 대한 얘기를 나누면서 가장 많이 들은 질문은 의외로 단순한 것이었다.

'리더십이 왜 필요한 겁니까?'

'도대체 리더십이 무엇인가요?'

오랫동안 리더로 일해온 CEO들조차 리더십의 명확한 정의와 필요성을 말해보라고 하면 난감해하곤 한다. 그럴 수밖에 없을지도 모른다. 학자들조차 명쾌한 정의를 망설일 정도로, 리더십은 다양한 행동을 포함하고 상황과 개인에 따라 다른 의미로 해석되기 때문이다. 그런 만큼 리더가 되었다면 혹은 되고 싶다면, 먼저 이 두 가지 질문의 답을 찾아볼 필요가 있다.

그들은 회사가 아니라 리더를 떠난다

'평생직장'이라는 개념이 사라지고 있다. 어느 신문 조사에 의하면 직장에 다니는 사람들 중 무려 50%가 '이직'이란 단어를 염두에 두고 있다고 한다. 그리고 연봉을 얼마나 올려주면 이직하겠느냐는 질문에는 평균 430만 원을 적었다고 한다. 왜 절반에 가까운 직장인들이 한 달에 35만 원만 더 주면 기꺼이 자신이 몸담았던 회사를 떠날 수 있다고 대답했을까? 더 높은 연봉? 더 좋은 커리어? 아니면 비전을 찾아서?

이와 관련해 두 권의 흥미로운 책을 소개할까 한다. 첫 번째는 마커스 버킹엄Marcus Buckingham과 그의 동료 커트 코프먼Curt Coffman이 쓴 《유능한 관리자First, Break All The Rules》4라는 책이다. 이 책은 미국에서 150만 부 넘게 팔린 베스트셀러로, 저자들은 '뛰어난 직원들은 직장에서 무엇을 원하는가?'라는 질문에 대한 해답을 찾기 위해 25년간 100만 명이 넘는 직원과 8만여 명의 관리자들을 인터뷰했다. 저자들이 내린 결론 중 하나는 불행히도 '유능한 직원이 회사를 그만두는 가장 중요한 이유는 상사 때문'이라는 것이다. 다시 말하면 직원들은 회사를 떠나는 것이 아니라 함께 일하던 상사를 떠난다. 당신도 잠시 생각해보자. 직장생활을 적어도 10년쯤 한 분들이라면 치밀어 오르는 화를 못 참고 '진짜 때려치우든지 해야지'라는 생각을 몇 번쯤은 해봤을 것이다. 왜 그때 그런 생각을 했는지 생각해보면, 아마 십중

팔구 '그 인간' 때문이었을 게 분명하다.

비슷한 내용의 또 다른 책으로《직원이 직장을 떠나는 7가지 숨겨진 이유The 7 Hidden Reasons Employees Leave》5가 있다. 저자는 이 책에서 정작 '더 높은 연봉'이나 '더 좋은 기회' 때문에 회사를 떠나는 이들은 많지 않다고 주장한다. 이 두 가지는 이직하는 사람들이 내세우는 단순한 이유(convenient explanation)일 뿐, 정말 떠나야겠다고 결심하는 이유는 따로 있다는 것이다. 바로 이런 것들이다.

1. 일이나 직장이 애초의 예상과 다름
2. 일과 사람의 적합성 부족
3. 코칭 부족
4. 성장할 수 있는 기회 부족
5. 자신의 공헌에 대한 인식 부족
6. 일과 삶의 불균형
7. 리더로부터 신뢰와 인정을 받지 못함

위에 열거한 내용 또한 대부분이 '그 인간' 혹은 '그 인간의 못난 리더십' 때문이란 사실을 금방 눈치 챌 수 있을 것이다. 결국 두 책의 내용을 종합하면 직장인들이 회사를 떠나는 가장 큰 이유는 같이 일하는 상사 때문이라는 결론을 내릴 수밖에 없다. 다시 말해 상사의 리더십 때문이다.

잠시 생각해보자. 내 직원이나 후배들에게 나는 어떤 상사 혹은 선배일까? '회사는 그저 그렇지만 저분 때문에 내가 여기에 있는다'라는 생각을 하게 만드는 존재일까? 아니면 '회사는 좋지만 저 인간 때문에 언젠가는 그만둔다'라고 생각하게 만드는 존재일까?

스스로에 대한 평가는 리더십에서 아무 의미 없다. 리더십에서 유일하게 의미 있는 것은 '그들의 눈에 비친 나'다. 그러니 편안한 자리에서 직원들에게 내가 과연 전자인지 후자인지 농담처럼 물어보는 건 어떨까? 어떤 대답이 돌아올지 두려워진다면 당신은 후자일 가능성이 높다. 그렇더라도 상관없다. 왜냐하면 리더로서 성장하고 좋은 리더십을 발휘하고 싶다는 열망은 이런 두려움에서 나오기 때문이다. 지금 내가 어떤 리더로 인식되는지 두려워 현실을 확인하지 않고 실패한 리더로 전락할 것인가? 아니면 이 두려움을 딛고 당당히 리더로 성장하기 위한 첫발을 내딛을 것인가?

리더십 개발의 가장 중요한 첫 번째 스텝은 내가 그들에게 지금 어떤 리더로 인식되고 있는가를 겸허하고 객관적으로 확인해보는 자기인식(self-awareness)이다. 총 75명으로 구성된 스탠퍼드 경영대학 자문위원들에게 '리더로서 성공하기 위해 가장 중요한 것은 무엇인가?'라는 질문을 했을 때 절대 다수가 했던 대답도 바로 자기인식이었다고 한다. 리더십에서 자기인식이 이렇게 중요한 까닭은, 자신의 존재와 일치하는 리더십을 실천해야 하기 때문이다. 많은 리더들이 (심지어 대단히 성공한 리더들도) 자신이 추구하는 가치와 기준을 바탕으로 행동하지 않고, 단지 외적인 성공과 주위 사람들이 자신에 대해 가지고 있는 기대에 부합하고자 행동한다. 이런 사람들에게서는 왠지 '화려한 가짜'라는 인상을 지울 수 없다. 주위 사람들이 나에 대해 가지고 있는 기대치를 끊임없이 충족시키려는 노력이 처음에는 우리를 성공하게 만들지 몰라도 지속적인 성공과 심리적인 만족감을 줄 수는 없다.

자기인식을 높이기 위해서는 내가 이제까지 경험했던 내 인생의 스토리가 무엇을 의미하며 내가 어떤 사람이 되기 원하는지, 그리고 어떤 삶을 살고 싶은지에 대한 고민이 필요하다. 자신을 포장하고 있던 보호막을 걷어버리고 본인의 약점과 상처까지 보여줄 수 있는 용기 또한 있어야 한다.

'뚜껑의 법칙'을 기억하라

신문을 읽다 보면 'CEO의 탁월한 리더십 덕분에 회사가 기사회생했고…'와 같은 기사를 종종 접할 수 있다. 20세기 내내 번영을 구가하다 위기에 직면했던 AT&T는 마이클 암스트롱Michael Armstrong이 CEO에 취임하자 회사의 가치가 하루 만에 40억 달러(약 3조 9000억 원) 증가했다. 2008년의 스타벅스Starbucks도 마찬가지다. 미국 주식시장이 하락세를 보이던 와중이었지만 스타벅스의 1월 8일 주가는 무려 10.3%나 폭등했다. 회사의 창업주인 하워드 슐츠Howard Schultz가 CEO로 복귀해 경영에 참여하기로 결정했다는 뉴스 때문이었다.

반대로 회사의 부진에 책임을 지고 사임하는 CEO도 적지 않다. 2008년 서브프라임 모기지 사태로 위기를 겪고 있던 씨티그룹Citigroup의 척 프린스Charles Prince 회장은 회사 순이익이 57% 격감한 책임을 지고 사임했다. 또 흑인으로서는 처음으로 월스트리트 투자은행의 CEO에 올라 화려한 스포트라이트를 받았던 스탠리 오닐Stanley O'Neal 전 메릴린치Merrill Lynch 회장 역시 서브프라임 투자로 80억 달러에 이르는 손실을 낸 책임을 지고 비슷한 시기에 퇴임했다.

이들 사례의 공통점은 무엇일까? 주식시장과 주주들이 CEO에게 거는 기대가 그만큼 크다는 점일 것이다.

유능한 CEO가 취임한다는 소식에 회사 가치가 하루 만에 몇십 퍼센트가 올라간다. 반대로 회사의 상황이 나빠지고 실적이 기대치를 충족하지 못하면 이 모든 잘못이 CEO에게 있는 것처럼 희생양으로 삼는다. 미국 〈포춘Fortune〉 선정 500대 기업의 CEO 중 매년 20% 정도가 회사 실적이 시장의 기대에 못 미친 데 대한 책임을 지고 물러난다는 통계도 있다.

리더십에 조금이라도 관심이 있는 사람이라면 한 번쯤 해보았을 법한 질문 중 하나가 바로 CEO의 가치에 대한 의문이다. 과연 CEO의 리더십이 조직의 성과에 직접적인 영향을 미칠까?

만약 그렇다면 그 영향력은 얼마나 될까?

CEO가 조직에서 지니는 상징적 위치를 생각한다면 쉽게 "yes"란 대답이 나오겠지만, CEO의 리더십과 조직의 성과를 실증적으로 입증하기란 생각보다 쉽지 않다. 조직의 성과에 영향을 미치는 변수가 워낙 많기 때문이다. 조직이 크면 클수록 이들 간의 상관관계도 따라서 복잡해진다. 오죽하면 혹자는 CEO를 '조직의 성패에 모든 책임을 지지만, 성공과 실패를 결정하는 요인들에 대한 통제력은 조금도 없는 사람들'로 정의하기도 하겠는가.

그래서 몇몇 리더십 학자들은 리더십이란 개념 자체가 너무 과장되거나 남용돼왔다고 비판한다. 사람들은 심리적으로 어떠한 사건이나 현상에 대해 뭔가 원인을 찾는 경향이 강하다. 그런데 어떤 기업의 실적이 매우 뛰어나거나 혹은 나빠졌을 때 리더십은 사람들에게 편리한 '설명거리'가 되어준다. '역시 능력 있는 CEO가 오니 회사 실적이 좋아지는군!' 내지는 '작년에 CEO가 추진했던 그 형편없는 신사업 때문에 올해 우리 회사 실적이 이렇게 됐군!' 하고 생각한다는 것이다. 이러한 시각을 일컬어 '리더십의 로맨스(romance of leadership)'라 부른다.

실제로 이런 경향이 있는지 입증하기 위해 학자들은 재미있는 연구를 진행했다. 1972~82년까지 미국경제를 이끌었던 기업 34개를 표본 추출해 이들 기업의 CEO에 대한 기사가 〈월스트리트저널Wall Street Journal〉에 몇 번 나왔는지 조사한 다음, 기사의 빈도를 매년 각 기업의 경영성과와 비교 분석했다. 그 결과 기업의 실적이 매우 좋았던 해와 매우 나빴던 해의 기사 건수가 평균 수준의 실적을 보인 해에 비해 월등히 많았다. 또 1929~83년까지 매년 미국 대학에서 출간된 리더십과 관련된 박사 학위 논문의 편수를 조사했더니, 미국의 경제가 월등히 좋거나 월등히 나빴을 때 논문의 숫자가 평소보다 훨씬 더 많았다고 한다.

이러한 사실들이 CEO의 리더십과 조직성과 간에는 사실 별다른 상관관계가 없다는 점을 뒷받침할까? 물론 그렇지 않다. 나는 오히려 그 반대라고 생각한다. 리더에 대한 기사가 늘어나고 리더십에 대한 연구가 더 활발해지는 것은, 단지 어떤 현상을 설명하기에 적당한 구실을 찾은 결과만은 아니다. 그것보다는 조직의 최고 리더로서 CEO가 하는 모든 결정이 조직의 성과에 막대한 영향을 미친다는 우리의 신념이자 현실의 표현에 가깝다. 최근 연구에 의하면 한 조직이 얼마나 효율적으로 업무를 수행하며 효과적으로 목표를 달성하는가의 20~40%는 그 조직의 CEO가 어떤 리더십을 가지고 있는가에 기인한다고 한다.

CEO가 경영성과에 미치는 영향을 말할 때 자주 인용되는 리더가 애플Apple의 스티브 잡스다. 1997년 9월 애플의 CEO로 복귀한 잡스는 탁월한 창의력과 비전으로 5달러 남짓하던 주가를 10년 만에 150달러 이상으로 끌어올렸다. 애플은 〈포춘〉 지로부터 '미국에서 가장 존경받는 기업'으로 선정되기도 했는데, 거기에 흥미로운 부연설명이 달려 있었다. 역대 1위 기업 중 CEO

에 대한 의존도가 가장 높다는 것이다. 애플의 CEO 의존도는 잡스가 췌장암에 걸렸다는 뉴스가 보도된 다음 날 여실히 입증됐다. 애플의 주가가 2.4%나 하락했기 때문이다. 월가의 한 유명한 투자분석가는 "만약 어떤 이유에서든 스티브 잡스가 애플을 떠난다면 애플의 주가는 하룻밤 사이에 20% 정도 폭락할 것"이라고 예언하기도 했다.

　기업 성과에 리더십이 이토록 중요한 이유를 여러 가지 측면에서 설명할 수 있겠지만, 가장 직접적이고 중요한 이유를 하나만 꼽자면 결국 기업의 모든 활동은 사람을 통해 이루어질 수밖에 없기 때문이다. 그동안 많은 CEO들이 "좋은 전략도 뛰어난 실행력도 그리고 미래를 위한 혁신도, 결국 사람입니다"라고 토로하는 모습을 나는 셀 수 없을 만큼 보았다. 결국 나도 '아! 기업 경영은 결국 사람이구나' 하는 결론을 내릴 수밖에 없었다.

　조직을 움직이는 것은 사람이고, 사람을 움직이는 것은 궁극적으로 리더십인 까닭에 인류 역사상 가장 오랫동안 '리더십'이란 단어가 사람들의 입에 오르내리게 된 것이다. "리더십은 사회과학에서 가장 오랫동안 활발히 연구됐던 주제다"라고 단언한 리더십의 대가 버나드 배스Bernadrd Bass 교수의 주장도 그리 틀리지는 않을 것이다.

　이와 관련해 평소에 기억해두면 좋은 경구가 있다.

　'조직의 성과는 리더가 가진 리더십의 크기에 비례한다.'

이 문장을 읽고 순간적으로 고개를 끄덕였다면 당신은 리더로서 성공할 가능성이 높다. 만일 지금 리더의 역할을 맡고 있다면, 당신은 이미 성공한 리더에게 꼭 필요한 자질인 '책임감'을 갖추었다고 봐도 좋다.

'조직의 성과는 그 조직을 이끄는 리더의 리더십 크기에 비례한다'는 원리를 리더십에서는 '뚜껑의 법칙'이라 부른다. 이렇게 이름 붙인 이유는 용기容器가 커지려면 뚜껑의 크기도 그에 맞게 커져야만, 용기로서의 역할을 제대로 할 수 있기 때문이다. 용기의 사이즈가 뚜껑의 크기에서 자유롭지 못한 것처럼, 조직이나 부서의 성과는 이를 이끄는 리더십의 크기에 비례한다. 직장에 다니는 많은 분들이 흔히 하는 이야기 중 하나가 '팀장 능가하는 팀원 없다'는 것이다. 뚜껑의 법칙을 현실적으로 잘 말해주는 예라고 생각한다. 아무리 역량이 뛰어나고 열정적인 팀원이 있다 하더라도 팀장이 무능하고 리더십이 없다면 팀원의 역량과 열정을 인정하고 잘 활용할 기회를 주지 않는다. 그러니 팀원은 '잘해보려 해도 잘되지 않고 알아주지도 않는다'는 자괴감에 빠지고, 결국 그의 역량도 리더인 팀장의 수준에 맞춰지게 된다.

뚜껑의 법칙이 반대로 작용할 수도 있다. 저마다 직장생활을 돌이켜보면 '야~ 내가 그땐 정말 미친 듯이 일했지!' 하는 생각이 들 만큼 물불 안 가리고 열심히 일했던 순간이 있을 것이다. 그때 왜 그랬는지 생각해보라. 아마 십중팔구 일 자체가 보람이 느껴지거나 재미있었거나, 아니면 함께 일했던 상사의 기대를 저버리지 않기 위해서였을 것이다. 리더십이 뛰어난 상사와 함께 일하는 직원들에게 공통적으로 들을 수 있는 이야기가 바로 '그분을 실망시키고 싶지 않아서' 혹은 '그분에게 보답하고 싶어서'다. 이처럼 리더십이 뛰어난 상사와 함께 일하면 내가 가진 능력보다 더 많은 것을 이루고 더 열정적으로 일하게 된다. 결국 그 상사 덕분에 내 그릇의 용량이 커지는 셈이다. 이 역시 뚜껑의 법칙에 따른 결과라 할 수 있다.

물론 리더십이 조직이나 부서의 성과를 결정하는 유일한 요소는 아니다. 개인이 통제 불가능한 전반적인 경기나 유가, 환율, 정치적인 상황 등의 외적인 요소부터 조직의 역량, 문화, 자원, 시스템 등의 내적 요소들까지, 조직의 성과에 영향을 미치는 요인은 수없이 많다. 또한 리더십 연구를 보면 조직이 거대해지고 구성원이 많아질수록 리더가 조직의 성과에 미치는 영향은 점점 줄어든다는 결과가 많다. 다시 말하면 팀장의 리더십이 팀의 성과에 미치는 정도보다 CEO의 리더십이 기업의 성과에 미치는 영향이 상대적으로 작다는 이야기다.

하지만 리더가 자신이 이끄는 팀이나 부서, 조직의 성과에 무한 책임을 진다는 것은 리더가 성과에 얼마나 영향을 미치느냐는 사실fact의 문제가 아니라, 리더로서 가지고 있는 근본적인 '철학'과 '태도'의 문제다. 리더가 성과에 대한 모든 책임을 지려 하지 않고 핑계를 떠올리는 순간, 그 조직은 더 이상 좋은 결과를 기대하기 어려워진다. 조금 억울하고 분한 마음이 들어도 '내가 이끄는 조직의 성과는 오로지 내 리더십의 크기에 의해 결정된다'는 생각을 갖고, 결과에 대한 모든 책임을 지려 해보자. 그 순간 오히려 마음이 편해지면서 가장 리더다운 리더십을 발휘하게 될 것이다.

하지만 안타깝게도 지금껏 만나본 수많은 리더들 중에는 성과에 대해 무한 책임을 지겠다는 이들보다는 갖은 핑계를 대며 책임을 회피하려는 이들이 더 많았던 듯하다. 이들의 핑계를 들어보면 대부분 두 가지 중 하나다. 첫 번째는 경기, 환율, 유가 등 자신이 통제할 수 없는 환경 탓을 하는 것이다. "환율이 이렇게 떨어질 줄 누가 알았겠어요?", "아무리 열심히 일해도 유가 변동폭이 너무 커서 성과를 낼 수가 없습니다" 같은 식이다. 더 흔한 유형은 두 번째인데, 직원들의 근무 태만이나 무능력을 탓하는 것이다. "우리 팀 성과가 순전히 내 책임입니까? 이것들(직원들)이 열심히 하면 성과가 좋은 거고 농땡이 치면 성과가 안 나는 것 아닙니까?"라는 식이다.

리더십의 본질이 무엇인지 고민하는 리더들은 이 말처럼 무책임한 태도가 없고, 이런 말을 하는 사람은 리더로서 직원들을 이끌 자격조차 없다는 것을 본능처럼 잘 알고 있다. 리더는 처음부터 끝까지 '자신이 통제할 수 없는 일에 책임을 지는 사람'이어야 한다. 이것이야말로 리더를 리더답게 만드는 가장 중요한 태도다. 이 때문에 리더로 산다는 것은 때로는 고독하고 때로는 힘겹다. 잊지 말라. 책임과 희생이야말로, 리더가 된 당신이 감내해야 할 지독한 현실이다.

그런데 많은 이들이 리더가 되면 누릴 수 있는 권한과 혜택부터 떠올린다. 리더에게 권한은 최적의 결과를 이끌어내기 위해 주어진 것인데, 이를 효율적으로 사용하기는커녕 악용하는 경우가 많아 사회적으로 물의를 빚기도 한다. 극단적인 예가 2014년 4월의 세월호 사건이다. 온 국민이 '진정한 리더'의 역할에 대해 논할 만큼, 세월호 선장은 리더로서의 책임을 완전히 망각했다. 승객들을 어떻게 탈출시킬지에 대한 의사결정을 내리지 않았고, 앞장서서 실행하기보다는 자기 한 몸 챙기기에 급급했으며, 애초에 승무원들과 차별화된 자신만의 원칙이나 자부심도 없었다. 그는 리더라기보다 단순한 피고용인에 불과했다.

리더십 부재가 비단 세월호만의 문제이겠는가. 직원들에게 온갖 비윤리적 방법을 동원해 성과만 높이려는 경영자, 사명감이나 영혼은커녕 자리보전에만 급급한 정부 관료, 표를 얻기 위해 수단 방법을 가리지 않는 정치인… 이들의 리더십 부재가 몰고 온 크고 작은 사회적 위기가 얼마나 많은가. 물론 리더가 모든 문제의 궁극적인 원인일 수는 없다. 하지만 우리의 조직, 회사, 사회를 위해서라도 제대로 된 리더십이 필요하다는 것은 부인할 수 없는 사실이다.

스티브 잡스나 잭 웰치 따위는 잊어라

　　　　　　　　　　　　이쯤에서 물어보자. 당신
에게 리더십은 무엇일까? 잠시 책을 옆에 내려놓고 1~2분 정도
눈을 감은 채 생각해보자. 자신의 경험을 떠올리며 리더십이 어
떤 의미인지 가슴에서 우러나는 대로 적어보기 바란다. 멋있는
말을 떠올리려 애쓸 필요도 없다. 어디선가 본 듯한 리더십의 정
의를 옮겨 적는 게 아니라 '나만의 리더십'에 대해 쓰면 된다.

　　나에게 리더십은 ⌷⎯⎯⎯⎯⎯⎯⎯⎯⎯⎯⌷ 이다.

　　자, 다시 한 번 직접 쓴 리더십 정의를 읽어보라. 당신은 눈치
채지 못했을지 모르지만, 위에 적은 리더십 정의에는 당신이 지
향하는 리더의 상像이 반영돼 있다. 실제 리더십 강의에서도 수
강생들에게 리더십에 대한 정의를 쓰라고 하면, 분명히 자신의
경험을 바탕으로 '나만의 리더십'에 대해 쓰라고 했는데 자신
이 되고자 하는 '이상적인 리더'를 쓰는 분들이 많다. 어찌 보면
리더십 개발은 자신이 추구하는 이상적인 리더와 현재의 나를
비교해 그 '차이'를 줄여나가는 과정이라 생각할 수 있다. 유명
한 CEO나 리더를 무조건 따라 하는 것이 아니라 내가 도달하고
자 하는 리더십을 벤치마킹하는 것이다.

　　시중에 출간된 리더십에 관한 책들을 보면 대부분 유명한
CEO들의 일화나 행동으로 채워져 있다. 마치 이들의 행동을 따

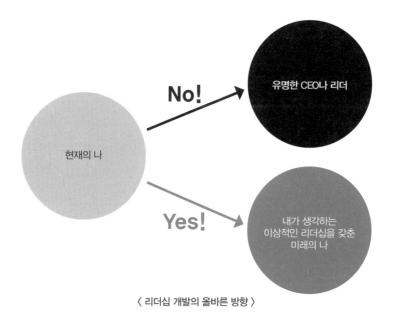

　〈 리더십 개발의 올바른 방향 〉

라 하다 보면 자연스럽게 리더십을 키울 수 있을 것처럼. 하지만 이런 방법은 바람직하지 않을뿐더러 위험하기까지 하다. 우리가 보고 있는 유명한 CEO의 리더십은 그 사람의 성격과 과거의 경험이 합쳐진 결과물이기 때문이다.

　가령 스티브 잡스의 리더십과 여러 행동은 그만의 독특한 성격과 그가 자라면서 겪은 수많은 상황들을 토대로 형성된 것이다. 그런데 그가 성공한 CEO라는 이유만으로 잡스 따라잡기를 한다면, TV에서 유명한 요리사가 먹음직스러운 스파게티를 만드는 걸 보고 국수와 고추장으로 무작정 흉내 내는 것과 무엇이 다를까? 비빔국수 재료로는 스파게티를 만들 게 아니라 맛있는

국수를 만들어야 하지 않겠는가?

많은 사람들이 음식 재료에 해당하는 자신의 성격이나 역량, 경험 등을 고려하지 않고 무조건 유명한 인물의 리더십을 모방하려는 것을 보면 안타깝다. 정말 맛있는 비빔국수를 만들 수 있는 재료를 가졌으면서 무조건 스파게티만 만들려다 보면 결국 '아, 나는 리더의 역할에 적합한 사람이 아니구나'라는 좌절만 남게 된다.

이상적인 리더십 개발은 타인을 모방하는 것이 아니라 자기 스스로를 발견해가는 과정이어야 한다. 앞서 말했듯이, 성공한 리더가 되려면 먼저 명확한 자기인식이 필요하다. 자신의 장점과 단점을 파악한 다음, 장점을 극대화하고 단점을 개선하기 위해 노력해야 한다. 물론 자신의 꿈과 실천해야 할 가치를 발견한 후에 이를 달성하기 위한 방법론의 일환으로 누군가를 따라 할 수는 있을 것이다. 하지만 리더십 개발의 가장 중요한 첫 단계인 '자기인식'을 생략한 채 맹목적으로 남들을 따라 한다면, 효과적인 리더십 개발은 고사하고 본인의 정체성에 혼란을 느낄 가능성만 높아진다.

그렇다면 리더십을 어떻게 정의하면 좋을까? 수많은 학자들이 저마다 수천 가지 방식으로 리더십을 정의하고 있지만, 내가 생각하기에 가장 보편타당하고 리더십의 본질을 잘 나타내는 정의는 다음과 같다.

'리더십은 구성원들에게 긍정적 영향력(positive influence)을 통해 자발적 협조와 추종을 불러일으켜 조직이나 부서에서 원하는 목표를 달성(achievement of goals)하는 능력과 과정이다.'

아마 조금 전에 당신이 작성해본 리더십의 정의와 크게 다르지 않을 것이다. 이 정의를 잘 살펴보면 결국 리더십은 두 가지 요소로 이루어져 있음을 알 수 있다.

- 긍정적 영향력을 통한 구성원들의 자발적 협조와 추종
- 성과창출을 위한 방향설정과 실행

착한 리더가 좋은 리더는 아니다

리더십의 첫 번째 요소는 긍정적인 영향을 미쳐 타인의 자발적 추종을 불러일으키는 능력이다. 우리가 흔히 '덕이 있는 리더'라 하는데, 나는 덕이 있는 리더를 현대적으로 표현한 것이 바로 '긍정적 영향력'이라고 생각한다. 요즘 사회적으로 이슈가 되고 있는 소통, 칭찬, 배려, 존중 등의 단어들도 궁극적으로는 리더가 타인에게 미치는 긍정적 영향이라는 테두리 안에서 이해될 수 있다. 리더의 영향력이 긍정적이고 진정성이 높을수록, 직원들도 자발적으로 따르게 된다.

그러나 직원들의 자발적 추종을 이끌어내고 그들의 사랑과 존경을 받는 것이 중요하다고는 해도, 그것이 리더의 궁극적인

책임이자 목적이 되어서는 안 된다. 그래서 리더십의 두 번째 요소는 전략적 사고를 통해 올바른 방향을 설정하고, 이를 효율적으로 실행해 성과를 창출하고 궁극적으로 조직이나 팀에 필요한 목표를 달성하는 것이다.

나는 강의를 하면서 누누이 "리더의 궁극적인 목표이자 책임은 직원들의 존경과 사랑을 받는 게 아닙니다"라고 강조한다. 자연히 많은 분들이 "그렇다면 왜 긍정적 영향력이 필요한 겁니까?"라는 질문을 해온다. 긍정적 영향력이 필요한 이유는 리더가 성과창출과 목표달성을 위해 과거처럼 강압적인 명령이나 지시 심지어 폭언과 처벌 등 부정적인 방법을 동원하다 보면 너무 많은 부작용과 저항이 생기기 때문이다.

직원들의 존경과 사랑이 목표나 책임이 되는 순간, 리더는 소위 '착한 사람 병(good guy syndrome)'에 걸리기 쉽다. 리더로 성공하려면 직원들에게 인기를 얻겠다는 욕망을 접어둬야 한다. 리더십은 유권자들의 표를 얻기 위해 그들이 원하는 것은 무엇이든 들어주는 인기주의(populism)가 아니다. 때로는 더 좋은 결과를 얻기 위해 직원들의 의견과 반대되는 결정도 과감히 내릴 수 있어야 진짜 리더다.

그런데 여기서 반드시 기억해야 할 것이 있다. 직급이나 지위가 올라갈수록 긍정적 영향력과 전략적 사고라는 두 요소의 상대적 중요성이 바뀌어야 한다는 사실이다. 다음 그림에서 알 수 있듯이 직급이 올라갈수록 리더의 상대적 초점은 긍정적 영향보다는 전략적 사고와 올바른 방향설정, 그리고 효율적인 실행을 통한 목표달성을 향해야 한다. 이를 '리더십 전이(leadership transition)'라 하는데, 한마디로 자신의 직급이 높아지고 책임이 달라지면서 리더십의 초점도 조금씩 변해야 한다는 뜻이다.

"성격 좋고 착한 상사들이 왜 임원 선발에서는 번번이 밀리는지 모르겠어요."

인사철이면 흔히 들을 수 있는 말이다. 이 또한 리더십 전이라는 측면에서 보면 쉽게 이해할 수 있다. 임원처럼 높은 직급을 맡으려면 직원들과 동고동락하며 사기를 높이는 큰형님(큰누님) 리더십 이상의 것이 필요하다. 직원들에게 긍정적 영향을 미

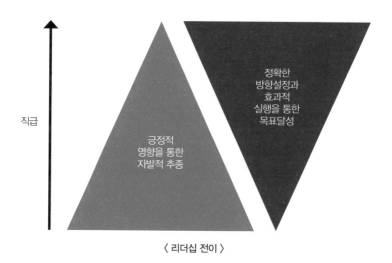

직급

긍정적 영향을 통한 자발적 추종

정확한 방향설정과 효과적 실행을 통한 목표달성

〈 리더십 전이 〉

침으로써 자발적 추종을 이끌어내는 것도 중요하지만, 그보다는 좋은 성과를 낼 수 있도록 도와야 한다. 즉 직급이 올라갈수록 올바른 방향을 설정하고 도전과 자극을 통해 좀 더 높은 목표와 결과를 달성하게 하는, 소위 '성과창출형 리더'로 거듭나야 한다.

'부장 때는 잘나갔는데 임원이 되고 나서 내가 왜 이러지…'라는 고민이 든다면, 반드시 '리더십 전이'를 떠올려보기 바란다. 인재개발을 잘하기로 유명한 GE 같은 기업은 '리더십 파이프라인Leadership Pipeline' 모델을 통해 승진한 직원들에게 향후 성공하기 위해 필요한 역량을 미리 알려주고 준비할 수 있도록 돕는다. 이런 미래지향적인 인재육성과 리더십 개발 시스템이야말로 GE를 미국의 대표적인 인재사관학교로 만든 비결이다.

자발적 추종이 없으면 비용이 발생한다

혹자는 이렇게 생각할 수도 있을 것이다. '결국 성과가 좋아야 한다는 말인데, 어째서 자발적 추종을 리더십의 첫 번째 요소로 꼽는 것일까?'

그 이유는 직원들의 자발적 추종이 기반이 되지 않으면 '비용cost'이 발생하기 때문이다. 신뢰가 수반되지 않은 관계에서는, 직원들이 일을 제대로 하는지 감시하고 사사건건 간섭해야 하는 '감시비용monitoring cost'이 발생할 수밖에 없다.

간혹 자신의 지위를 내세우며 일방적인 지시와 명령으로 일을 추진하는 상사가 있다. 그들은 직원들이 자신의 말을 듣는 이유가 본인의 뛰어난 리더십 때문이라고 착각하지만, 엄밀히 말하면 이런 상사는 직원을 '이끄는(leading)' 게 아니라 '관리(managing)' 하는 것이다. 따라서 리더의 위치에 있다 해도 관리자라 불려야 마땅하다. 나는 지금 이끄는 리더인지 관리만 하는 상사인지 고민해볼 일이다.

감시비용이 높아질수록 리더는 마음의 여유를 잃게 되고, 자연히 미래에 대해 전략적이고 창의적인 사고를 할 수도 없다. 직원들이 제대로 일하는지 확인하기도 바쁜데 앞날까지 생각할 틈이 어디 있겠는가. 시장의 변화를 감지하지 못하는 상황은 올바른 방향을 설정할 수 없는 전략적 사고의 부재로 이어진다. 직원은 상사의 눈치만 보며 수동적으로 일하고, 결국 '감시비용'이 높아짐에 따라 리더로서의 수명이 줄어들기 시작한다.

만약 '우리 팀은 나 없으면 돌아가지 않아'라고 생각하는 분이 있다면, 자신의 능력이 그만큼 뛰어나기 때문이라는 착각에서 빨리 벗어나야 한다. 그렇게 느낄수록 업무를 추진하고 직원들과 일하는 당신의 방식이 효율적이지 않다는 사실에 가까워질 뿐이다. 일일이 지시하고 간섭하느라 미래에 대한 준비와 올바른 방향을 찾으려는 노력을 소홀히 한다면, 결국 리더로서의 경쟁력을 잃게 될 것이기 때문이다. 내 몸의 배터리가 방전되면서 리더로서의 수명도 점점 줄어들 수밖에 없다는 위기의식을 잃지 말고, 이제부터라도 어떻게 해야 감시비용을 줄일 수 있을지 고민하자. 직원들 스스로 일하게 만들고 이를 통해 더 큰 성과를 창출하는 리더는 오히려 약간의 여유가 느껴지도록 '일 중심의 관리'가 아닌 '사람 중심의 관리'를 한다.

몇 년 전 경험했던 일이다. 국내 모 대기업 임원들을 대상으로 3일 동안 리더십 워크숍을 진행하던 중이었다. 사흘째인 금요일 아침, 첫 강의를 마치고 쉬고 있는데 한 임원이 오더니 불쑥 이런 질문을 했다.

"교수님, 교육을 3일이나 받고 있는데 직원들에게 전화 한 통 오지 않네요. 이거 좋은 겁니까?"

가만히 생각해보니, 3일이 아니라 2~3시간 강의할 때에도 전화통화에 문자전송으로 바빠 교육에 집중하지 못하는 임원들이 더 많았던 기억이 났다. 나는 그 임원에게 농담 반 진담 반으로 이렇게 대답했다. "상무님, '모' 아니면 '도' 같습니다."

농담이었지만 3일 동안 관찰한 그 임원의 행동을 보건대 '도' 보다는 '모'일 가능성이 높아 보였다. 이것이야말로 긍정적 영향을 미침으로써 자발적으로 일하게 만드는 리더가 즐길 수 있는 여유이자 경쟁우위 아니겠는가.

평소에 '나는 왜 매일같이 이렇게 정신없이 바쁠까?'라고 생각하는 분들이 있다면, 리더로서 직원들을 이끄는 방법을 반성해야 한다. 아니, 위기감을 느껴야 한다. 물론 그들이 해결할 수 없는 상황에 처했을 때는 최선을 다해 해결사가 되어야 할 것이다. 그러나 리더, 특히 경영자가 외부의 변화와 시장 그리고 고객을 예의주시하지 않고 내부만 챙기면 직원들의 불편함만 커지기 쉽다.

행동은 일종의 습관이므로 의도적으로 노력하지 않으면 바꾸기 어렵다. 그러니 지금부터라도 일일이 감시하고 관리하려 하기보다는, 자발적인 추종을 위해 무엇을 해야 할지 고민하고 꾸준히 실천해보자.

PART ONE

이끌 자격을 갖춰라

리더십의 핵심은 구성원들의 자발적 추종을 이끌어낼 수 있도록 긍정적 영향력을 행사하고 전략적 사고를 하는 능력이다. 1부에서는 이를 위해 '리더로서의 나'는 어떠해야 하는지에 대해 이야기를 나눌 것이다. 성공한 리더가 되기 위해 무엇을 해야 하는지, 어떤 태도를 가져야 하는지 생각해보자. 무엇보다 내가 리더로서 살고 싶다는 열망이 있는지에 대해서도 신중하게 고민해보자. 리더로 산다는 것은 분명 의미 있고 신나는 일이지만, 그에 상응하는 좌절과 고독도 따른다. 리더로 살아야겠다는 분명한 목적의식과 열망이 없다면, 이처럼 험난한 과정을 이겨낼 에너지는 고갈될 수밖에 없다.

어떤 영향력으로 이끌 것인가

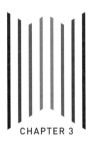

CHAPTER 3

'나는 다른 사람에게 어떻게 영향을 미칠까?'

언뜻 거창한 질문 같지만, 사실 그리 특별할 것도 없다. 우리가 일상에서 하는 말과 행동의 대부분은 다른 사람을 설득하고 그들의 행동을 변화시키기 위한 것이다. 이러한 관점에서 볼 때 리더십의 본질 또한 '긍정적 영향력'이며, 리더란 직원들에게 영향력을 행사하는 존재라 할 수 있다. 직원들에게 말과 행동으로 영향을 미치되, 긍정적인 방법으로 그들의 자발적 참여를 이끌어내야 하기 때문이다. 미국의 33대 대통령을 지낸 해리 트루먼Harry Truman은 "위대한 리더는 다른 사람이 하기 싫은 일을 하게 만들고, 나아가 그것을 좋아하게 만드는 능력을 가진 사람이다"라는 말로 자발적 추종과 참여를 강조했다.

당신은 구성원들에게 어떤 방법으로 영향을 미칠 수 있을까? 다음과 같은 상황을 가정해보자.

'오랜만에 기름진 음식이 먹고 싶다. 그래, 오늘 점심은 팀원들과 KFC에 가서 치킨도 같이 먹고 그동안 밀렸던 이야기도 해야지. 소통이 중요한 시대니까.'

그런데 난감한 일이 벌어졌다. 김 대리가 하필 오늘부터 다이어트를 시작했다며 샐러드를 먹으러 가야겠다는 것이다. 물론 김 대리만 빠지면 문제는 해결된다. 하지만 팀장으로서 점심식사를 함께하면서 팀워크도 높이고 중요한 이야기를 나눌 계획이라면 사정이 달라진다. 샐러드를 구할 다른 방도가 없다는 가정 하에 김 대리를 어떻게 설득해서 모두 함께 KFC에 갈 수 있을지 생각해보자.

이때 염두에 두어야 할 점이 있다. '김 대리를 설득하는 가장 효과적인 방법은 이것입니다'가 아니라 '나라면 분명히 이렇게 했을 것'이라 여겨지는 평소의 행동을 떠올려야 한다는 것. 누군가는 얼마 전 김 대리가 원하는 걸 먹으러 갔으니 이번에는 KFC에 가자고 할 것이다. 내가 팀장이니 내 뜻대로 하라고 강요하는 이도 있을 것이다. 혹은 치킨 값은 자신이 내겠다며 김 대리를 회유하려는 팀장도 있을 것이다. 심지어 치킨의 효용(?)을 나열하며 논리적으로 설득하려는 팀장도 있을 수 있다.

우리는 한평생 사회나 조직의 구성원들과 끊임없이 상호작용하며, 그들의 행동에 영향을 미치고 동시에 영향을 받으며 살아간다. 끊임없는 상호작용이 필요한 이유는 각자 원하는 바가 다르기 때문이다. 서로 목표가 다르고 달성방법에 대해서도 차이가 존재한다. 근본적으로는 사람마다 갖는 기본적인 욕구needs가 다르다. 이를 끊임없는 상호작용을 통해 절충해갈 수밖에 없다.

타인에게 영향력을 행사하는 방법은 수없이 많지만, 그중 내가 '주로' 사용하는 방법은 대상이나 상황에 관계없이 일관적이다. 당신은 다른 사람의 행동에 영향을 미치거나 타인에게 무엇을 하게끔 할 때 주로 어떤 방법을 택하는가?

리더십에는 사람들의 일관된 성향이나 패턴이 매우 중요한 의미로 작용한다. 앞에서도 말했다시피 구성원들의 행동을 변화시키고 이를 통해 목표를 달성하려면 리더는 끊임없이 영향력을 행사해야 한다. 그 방식은 대개 리더의 특성(예를 들면 성격이나 기질)이나 과거의 경험을 기반으로 한 반복적이고 습관적인 선택에서 비롯되게 마련이다. 당신이 선택한 '그 방법'은 당신이 어떤 리더인지 보여주는 자아의 표출이기도 하다.

여기서 반드시 기억해야 할 사실이 있다. 리더가 영향력을 행사하는 방법 못지않게 이에 대한 직원들의 반응도 천차만별이라는 점이다. 어떤 방법은 생각지도 못한 저항을 불러일으켜 김 대리가 화를 내며 뒤도 돌아보지 않고 샐러드바로 향하게 하는가 하면, 어떤 방법은 김 대리로 하여금 기쁜 마음으로 KFC에 가서 기꺼이 음식 값을 지불하게 한다. 김 대리가 기쁘게 동참하게 할 수 있다면 팀장 입장에서 더 이상 바랄 게 없지 않겠는가?

리더에게 주어진 5가지 권한

직원들에 대한 당신의 영향력은 어디에서 출발하는가? 직원들은 왜 당신의 지시에 따라 움직이고 일하는가? 그들의 자발적 추종을 이끌어내려면 이 질문에 먼저 대답해야 한다.

'그야 내가 사장이니까 내 이야기를 들어야지'라고 생각하는가? 이는 내가 가진 직급과 직책(사장, 상무, 부장 혹은 부서장, 팀장 등)이나 타이틀(박사, 교수, 판사 등), 즉 지위를 자신의 권력으로 삼아 타인에게 영향력을 행사하는 것이다. 여기서 권력이란 포괄적으로 '상대방을 내 의지대로 움직이는 힘'이라 정의할 수 있다.

타인에게 영향력을 행사하는 데에는 이 외에도 여러 가지 방법이 있다. 타인에게 영향력을 행사하기 위해 필요한 힘 또는 권력의 원천은 다음과 같이 크게 5가지로 구분된다.[6]

- 강압적 권력(coercive power) : 처벌이나 위협
- 합법적 권력(legitimate power) : 조직 내 지위
- 보상적 권력(reward power) : 돈, 승진 등의 보상

- 전문적 권력(expert power) : 전문적인 기술이나 지식 혹은 정보
- 준거적 권력(reference power) : 개인적 특성(카리스마, 인간미, 존경심 등)

당신이 가장 빈번하게 사용하는 권력의 원천은 무엇인가? 지난 몇 개월 동안 직원들과 일하면서 어떤 방식으로 그들에게 영향력을 행사하려 했는지 떠올려보자. 물론 상황에 따라 다양한 종류의 권력을 쓸 수 있겠지만, 누구나 특정 상황에 처하면 무의식중에 선택하는 방식이 있게 마련이다. 당신의 경우는 어떠한가? 직원들의 피드백을 받아보면 자신의 영향력에 대해 좀 더 객관적으로 파악할 수 있을 것이다.

1. 강압적 권력, 지나치게 일방적인 리더

"이번에 성과 못 내면 알아서들 해!"

"내 말 안 들으면 알지? 고생 좀 각오해야 할 거야!"

이런 방식으로 영향력을 내세운 적은 없는가? '강압적 권력'이란 여러 가지 제재나 처벌 혹은 부정적인 결과 등을 통해 타인에게 영향력을 행사하는 힘을 뜻한다. 직접적인 협박이 대부분이지만 공포 분위기를 조성해 무언의 위협을 가하는 것도 강압적 권력에 해당된다.

강압적 권력을 무조건 나쁘게만 볼 것은 아니다. 일을 하다 보면 강압적 권력을 꺼내 들어야 할 상황이 발생한다. 예를 들어 조직에 큰 위기가 찾아와서 긴급하게 의사결정을 하고 실행해야 할 때는 이런 권력이 필요하기도 하다. 성과를 창출하는 데 더 유리한 방법이 분명히 있는데, 직원들이 각자의 이익이나 나태함 때문에 따르려 하지 않을 때에도 유용한 방법이 될 수 있다. 조직이나 팀에 만연한 나쁜 습성(예를 들면 인종차별, 성희롱, 금전적 비리 같은 비윤리적인 행동)을 없애고 싶을 때에도 효과적이다. 때로는 강압적 권력을 행사해 누가 리더이자 보스인지 상기시킬 필요도 있다.

하지만 리더가 강압적 권력에 지나치게 의존하면 앞서 언급한 대로 '감시비용'이 증가하게 된다. 강압적 권력에 대해 구성원들은 대개 어쩔 수 없이 '복종'하거나 '저항'한다. 리더와 구성원의 관계는 지나치게 일방적이 되고 결국 리더 주변에는 아부하는 이들만 남게 된다. 강압적 권력을 주로 행사하는 리더의 지위는 불안할 수밖에 없으며 직원들은 틈날 때마다 당신의 영향권에서 벗어나려 하거나 반격을 시도할 것이다. 이런 관계에서는 리더의 위기가 직원에게는 기회가 된다.

선빔의 '또라이 보스' 알 던랩을 비롯, '차세대 GE'로 각광받으며 성공가도를 달리던 타이코 인터내셔널Tyco International의 CEO였던 데니스 코즐로브스키Dennis Kozlowski도 직원들을 강압과 공포로 지배했던 대표적인 인물이었다. 회사 내에서 절대권력을 행사하던 그는 2002년 회사 돈 1억 7000만 달러를 착복한 혐의로 결국 구속되고 말았다. 당시 타이코는 엔론Enron과 더불어 타락한 기업의 대명사가 됐다.

2. 합법적 권력, 조직이 부여한 지위에 기대는 리더

"시키는 대로 하지 무슨 말이 그렇게 많아? 대체 누가 상사야?"

직원에게 일을 시키면서 회사의 지위를 바탕으로 영향력을 행사하는 경향이 있다면, 당신은 주로 '지위'라는 힘에 의존하는 것이다. 이를 '합법적 권력'이라 한다. 합법적 권력은 조직이 부여한 지위를 바탕으로 하기에 강압적 권력보다는 조금 낫다고 할 수 있으나, 리더에 대한 직원의 반응이 여전히 저항에 가까우므로 바람직하다고 할 수는 없다.

주로 강압적 혹은 합법적 권력을 바탕으로 직원들을 이끌었던 시대를 나는 '리더십 1.0'이라 부른다. 안타깝게도 그동안 리더들을 관찰한 경험에 비추어볼 때, 강압적 내지 합법적 권력에 습관적으로 의존하며 직원들을 이끄는 사람들이 적지 않았다. '설마 내가 이렇게 바람직하지 않은 권력을 휘두르고 있을까?' 이렇게 생각할 독자가 있을지도 모르겠다. 만일 자신의 리더십을 한 단계 업그레이드하려는 의지가 있다면, 당장 내일 아침 직원들에게 솔직한 피드백을 달라고 요청해보라. 상사로서 자신이 보여주는 행동은 일종의 습관이므로 본인만 인식하지 못하는 경우가 훨씬 많다는 점을 잊지 말자.

3. 보상적 권력, 물질적 보상에 기반한 리더

"김 대리, 연말 보너스 두둑하게 받게 해줄 테니 이번 프로젝트 잘해봐!"

이런 말로 직원들의 사기를 북돋곤 하는가? 그렇다면 당신은 '보상적 권력'을 영향력의 기본으로 사용하는 리더다.

보상적 권력은 잘만 하면 직원들의 동기부여와 성과창출에 매우 긍정적인 영향을 미칠 수 있다. 블룸버그통신Bloomberg을 창업해 성공한 CEO의 길을 걷다 뉴욕 시장에 당선된 마이클 블룸버그Michael Bloomberg가 좋은 예인데, 그는 목표를 명확히 설정하고 이를 달성한 직원들에게 파격적인 보상을 아끼지 않은 것으로 유명하다. 구글Google도 혁신 활동을 장려하기 위해 2004년부터 분기별로 혁신을 통해 회사 발전에 가장 큰 공헌을 한 팀들을 선정해 창업가상(Founders' Award)을 수여하고 있다. 이 상은 창업가인 래리 페이지Larry Page와 세르게이 브린Sergey Brin이 직접 시상하며, 주식 형태로 제공되는 상금이 팀당 무려 1200만 달러나 되는 것으로 화제가 되었다.[7]

보상적 권력이 강압적·합법적 권력보다 긍정적인 것은 사실이지만, 그 한계를 인식하지 못하고 너무 습관적으로 의존하다 보면 부작용이 생길 수 있다. 지난 수십 년간의 연구를 종합해보더라도 보상으로 직원들의 동기를 유발하는 데는 한계가 있고, 그 효과 역시 잘해야 단기적이다. 상사가 사준 저녁식사의 고마움이 얼마나 지속되겠는가? 연봉 조금 올랐다고 얼마나 열심히 일하겠는가? 조금만 생각해보면 보상적 권력이 장기적으로 그다지 바람직하지 않다는 결론을 쉽게 내릴 수 있다. 실제로 삼성전자는 직원들과 성과를 공유한다는 이유로 매해 수조 원이나 되는 천문학적인 돈을 쓰고 있지만, 사업부문 간의 불균형과 다른 삼성 계열사와의 형평성 이슈 등 혜택보다는 문제점이 더 많이 생겨서 이를 계속해야 할지 매년 고민 중이다. 비용은 비용대로 들고, 동기부여라는 측면에서 보면 효과가 지속적이지 않기 때문이다.

물질적 보상에 기반한 영향력이 장기적으로 바람직하지 않은 가장 큰 이유는 사람들의 적응성 때문이다. 물질적 보상에 대한 인간의 적응력은 놀랍도록 효율적이다. 우리는 물질적 보상에 익숙해지면, 그에 따른 혜택보다 보상이 사라짐으로써 겪게 될 박탈감이나 억울함 같은 부정적인 감정에 더 초점을 맞추게 된다. 그러다 결국 일이 주는 즐거움과 성장의 기쁨은 미뤄두고 '돈'이 되는 일을 찾아 나선다. 많은 학자들이 동기를 부여하는 과정에서 물질적인 보상은 보조적이고 추가적으로만 쓰여야 한다고 말하는 이유다.

보상적 권력이 강압적 권력이나 합법적 권력보다 그나마 나은 이유는 직원들의 반응을 '저항'에서 '순응'으로 바꾸기 때문이다. 순응compliance이란 법이나 명령 등을 준수하고 따른다는 뜻으로, 응종應從이라고도 한다. 하지만 리더십의 본질이 구성원들의 '자발적' 추종을 이끌어내는 것임을 감안하면 장기적으로 볼 때 순응은 그리 바람직하지 못하다. 순응은 그 행위 자체가 의미 있고 바람직해서 기쁜 마음으로 하는 것이 아니다. 순응이란 향후 보상이 약속돼 있거나, 하지 않았을 때 부정적인 결과를 감수해야 하기 때문에 어쩔 수 없이 행동함을 의미한다. 운전자가 교통신호를 지키고 은행이 금융당국에서 제정한 법규를 준수하는 게 여기에 해당한다. 교통신호를 신나고 즐거워서 지키는가? 지키지 않으면 사고가 날 수 있고 범칙금을 내야 해서 지킬 뿐이다.

따라서 순응을 지속적으로 유발하려면 대상에 대한 지속적인 감시와 처벌규정(벌금이나 벌점 또는 구속)이 필요하다. 이때 규정을 어겨도 별 탈 없으리라는 확신이 들거나 감시가 소홀하면 슬쩍 어기고 싶은 유혹에 빠진다. 밤길 운전을 하면서 아무도 없으면 빨간불에도 멈추지 않고 그냥 지나쳐버리고 싶은 것 같은 유혹이다. 물질적 보상의 한계가 바로 이것이다. 물질적 보상에 길들여진 직원들은 전체 성과에 도움이 되더라도 자신에게 보상이 돌아오지 않는 일에는 관심을 갖지 않게 된다. 보상적 권력을 주로 사용해 구성원을 이끄는 리더십을 나는 그래서 '리더십 2.0'이라 부른다.

4. 전문적 권력, 역량을 전수하는 리더

자신의 전문적 기술이나 지식, 정보 그리고 업무에 필요한 노하우 등을 직원들과 공유하고 이를 바탕으로 영향력을 발휘한다면 당신은 '전문적 권력'을 주로 사용하는 리더다. 전문 지식이나 경험 등이 풍부한 리더는 직원에게 직접적인 도움을 주고 그들의 성장을 도모할 수 있기에, 앞에서 다룬 권력의 원천에 비해 장기적으로 훨씬 바람직하다. 이들은 직원들의 '롤모델'이 되고, 이때부터 비로소 자발적 추종이 나타나기 시작한다.

전문적 식견과 미래에 대한 탁월한 통찰력으로 자발적 추종을 이끌어낸 대표적인 리더가 바로 애플의 스티브 잡스와 구글의 에릭 슈미트Eric Schmidt다. 특히 스티브 잡스는 괴팍한 성격과 돌출행동으로 직원들을 곤혹스럽게 했지만, 그의 천재적인 혁신성과 완벽에 대한 열정은 존경심을 자아내기에 충분했다.

혁신과 창의성이 경쟁우위인 시대인 만큼, 지적 역량이 탁월하고 이를 직원들과 적극적으로 공유하는 상사로 알려질수록 당신 주위에 많은 사람이 모여들게 마련이다. 그들이 당신을 통해 역량을 키우고 더 성공할 수 있다고 확신하는 순간, 당신의 영향력은 극대화된다.

하지만 전문적 권력을 추구할 때 반드시 기억해야 할 것이 하나 있다. 내가 가진 지식과 역량을 적극적으로 직원들에게 전수해주지 않으면 자발적인 협조와 추종을 얻는 데 한계가 있다는 점이다. 리더십에서 '성장'이 중요한 이유가 여기에 있다. 직원 입장에서는 리더의 노하우나 기술을 배우고, 그럼으로써 내가 성장할 수 있다는 확신이 들어야 따르고 싶은 마음이 생기지 않겠는가? 더욱이 이때 지식과 노하우를 얻을 수 있다는 구체적인 혜택보다 더 감동스러운 것은, 상사가 나의 성장을 위해 기꺼이 자신의 시간과 노력을 투자할 만큼 내게 관심과 애정을 갖는다는 사실이다.

5. 준거적 권력, 존경할 수 있는 리더

지적 역량을 적극적으로 공유함으로써 리더의 영향력을 배가하는 데는 전제조건이 있다. 나의 지식과 경험이 다른 사람보다 뛰어나고 유용해야 한다. 하지만 나보다 스펙이 좋거나 역량이 뛰어난 직원들도 없지 않음을 리더들이라면 다들 실감할 것이다. 전문적 권력에도 한계가 있다는 말이다. 특히 지식이나 기술적 노하우 등은 업무가 바뀌거나 환경이 변화하면 그 가치가 사라질 수도 있다.

여러 측면에서 리더십에서 말하는 가장 이상적인 권력의 원천은 내가 가진 개인적 매력과 존경심 등을 바탕으로 한 '준거적 권력'이다. 준거적 권력은 자발적 협조와 헌신 같은, 성과창출에 반드시 필요한 반응을 지속적으로 이끌어내는 가장 훌륭한 영향력의 원천이다.

전문 지식과 달리, 준거적 권력을 완성하는 개인적 특성은 상황에 따라 변하거나 사라지지 않는다. 따라서 장기적이고 지속적으로 사람들에게 영향력을 행사하고 싶다면 준거적 권력이 전문적 권력보다 더 바람직하다.

준거적 권력은 자신이 가진 인간적인 매력에서 출발한다. 인간적 매력은 상대방으로 하여금 '저 사람과 함께 시간을 보내고 싶다'는 마음이 들게 하는 요소다. 나아가 리더가 가진 꿈을 함께 이루고 싶다는 생각을 하게 하며, 이는 궁극적으로 일과 조직에 헌신하게 하고 리더가 가진 가치를 자신의 신념으로 내재화하는 원동력이 된다. 이렇게 되면 일하는 과정 자체가 질적으로 바뀐다. 이것이 바로 긍정적 영향을 통해 자발적 추종을 불러일으키는 리더십의 핵심이다. 인도의 독립 운동을 이끌었던 마하트마 간디Mahatma Gandhi나 미국 국민들에게 꿈과 희망을 심어준 케네디 전 미국 대통령 등이 대표적인 예다.

이처럼 전문적, 준거적 권력을 바탕으로 이끄는 리더십을 나는 '리더십 3.0'이라 부른다. 창의적인 생각과 자발적인 헌신은 강압과 보상의 프레임에서 벗어나 일에 대한 흥미, 성장, 목적의식 등 긍정적인 영향을 바탕으로 직원들을 이끌어갈 때 비로소 가능하다.

당신은 지금 리더십 3.0에 적합한 방식으로 직원들을 이끌어가고 있는가? 아니면 여전히 리더십 1.0 시대에 머물며 시대착

오적 방식으로 직원들을 괴롭히고 있는가?

리더로서 어떤 영향력을 행사할지는 당신의 선택이다. 가령 자신이 편하다는 이유로 강압적 권력 같은 낮은 수준의 영향력을 선택하는 것은 리더의 자유다. 하지만 직원들이 어떤 반응을 보일지까지 리더가 결정할 수는 없다는 사실을 명심하자. 일에 대한 의욕도 없고 부서나 회사에 대한 충성도 없다며 직원들을 질책하기에 앞서, 내가 그들에게 어떤 방식으로 영향을 미치고 있는지 살펴보자. 그들의 태도는 리더인 내가 과거에 택했던 행동의 결과일 테니.

긍정적 영향력이 있는가

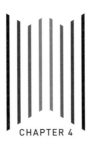

CHAPTER 4

리더십을 강의하는 직업 덕분에, 나는 성공한 리더들을 만나는 행운을 종종 누린다. 그럴 때마다 그들의 말과 행동에서 성공한 리더들의 공통점을 찾기 위해 마음이 분주해진다.

그들에게서 찾아낸 성공한 리더들의 공통점 중 하나는, 단순히 그들의 노력과 능력으로만 그 자리에 오른 게 아니라는 사실이다. 그들의 성공 뒤에는 현실에 안주하려 할 때나 잘못된 결정을 내리려 할 때, 끊임없이 그들을 자극하고 올바른 길로 이끌어준 훌륭한 멘토나 스승이 있었다. 그들에게 긍정적 영향을 미친 누군가가 있었다는 것이다. 이처럼 긍정적 영향이야말로 리더십에서 빼놓을 수 없는 단어다.

"33년 동안 매일 아침 거울을 보면서 나 자신에게 묻곤 했습니다. 오늘이 내 인생의 마지막 날이라도 오늘 하려던 일을 할 것인가? 대답이 여러 날째 연속해서 '아니오'일 때, 나는 무언가 변화가 필요한 때라는 걸 알 수 있었습니다."

스티브 잡스의 그 유명한 스탠퍼드 졸업 연설의 한 대목이다. 리더십 강의를 할 때면 종종 학생과 기업의 리더들에게 잡스의 연설을 보여주곤 한다. 당신도 리더로서의 삶에 약간 지쳐 있거나 영감이 필요하다면 인터넷에서 이 연설 동영상을 한 번쯤 꼭 보기 바란다. 현실에 안주하고 싶은 유혹을 극복하고 '매일 조금씩 나아지는 나'를 발견한다면, 리더로서 성공할 테니 말이다.

그러나 내가 만난 리더들을 관찰하면서 내린 결론은, 성공한 리더가 되는 것은 혼자만의 의지와 노력만으로는 불가능하다는 것이다. 흔히 '운칠기삼運七氣三'이라 하는데, 여기에서 7할의 운이란 요행수라기보다는 좋은 상사나 선배를 만나서 지속적인 자극을 받는 게 아닐까 싶다.

따라서 리더가 되기 원하는 독자라면 '나는 지금 누군가로부터 지속적으로 긍정적인 영향과 자극을 받고 매일 성장하고 있는가?'를 고민해보라. 혹시 그런 존재가 지금 없다면 주위를 둘러보고 닮고 싶은, 그리고 무엇보다 내게 긍정적 영향을 지속적으로 줄 수 있는 이를 찾아보자. 그런 분이 있다면 리더로서 성장할 수 있도록 도와달라고 정중하고 간곡하게 부탁드려보라. '쑥스러워서' 혹은 '성격이 소심해서' 따위의 핑계는 잠시 접어두고 내 인생의 성공과 리더로서의 보람된 삶을 위해 잠시 용기 내보자. 당신을 매일 성장시켜줄 멘토는 생각보다 가까이 있을 수도, 그리고 쉽게 생길 수도 있다.

만일 누군가로부터 긍정적인 영향을 받아 리더로 성장했다면, 당신은 지금 눈에 보이지 않는 채무를 지고 있는 셈이다. 그 빚은 당신을 이끌어준 그분들이 아니라 함께 일하는 직원들의 성장을 위해 관심과 노력을 기울임으로써 변제될 수 있다.

미국의 실리콘밸리에는 한 가지 전통이 있다. 다른 사람의 도움을 얻어 창업에 성공했다면 자신에게 도움을 준 사람에게 은혜를 갚는 것이 아니라 젊은 창업가들을 돕는 역할을 수행해야 한다는 것이다. 이런 문화는 전 세계 ICT의 혁신을 이끌고 있는 실리콘밸리의 경쟁력을 지속적으로 유지하는 요인이 되었다.

그러니 지금 리더의 삶을 살아가고 있다면 지속적으로 성장하려는 노력과 함께 '나는 지금 긍정적인 영향으로 누군가를 성장시키고 있는가' 라는 질문을 던져보아야 한다. 사실 꽤 부담스러운 질문이다. 내가 지금 이끌고 있는 팀이나 부서에서 나를 멘토로 여기는 사람들이 과연 몇이나 될까? 능력 있고 잘나가는 상사라고 해서 저절로 멘토가 되고 긍정적인 영향력을 행사하게 되는 것은 아니다. 퇴근 후 삼겹살에 소주 한잔 하면서 관계를 돈독히 하겠다는 식의 안이한 발상으로는 더더욱 될 수 없다. 무엇보다 혼자만 성공하겠다는 태도를 버리고 직원에 대한 애정과 관심을 갖고 함께 성공하겠다는 자세가 필요하다.

여기에 한 가지가 더 있어야 한다. 바로 그들의 성공에 필요한 것들을 보여주고 알려주기 위해 실질적인 시간과 노력을 투자하는 것이다. 지난 몇 개월 동안 직원들과 어떤 상호작용을 하며 일해왔는지 돌이켜보라. 업무와 관련된 지시와 명령만 일삼아왔다면, 당신을 기꺼이 따를 직원들은 그리 많지 않을 것이다. 반대로 관심과 애정을 갖고 성공에 필요한 무언가를 알려주려고 한 번이라도 노력한 적이 있다면, 필시 누군가는 당신을 멘토로 여길 것이다.

긍정적 영향력은 지위에서 나오지 않는다

"Why should anyone be led by me?"

리더십 강의 때 칠판에 이 문장을 적는 순간, 강의실은 깊은 침묵에 잠기곤 한다.

팀원들이 당신을 리더로 받아들이고 당신이 가고자 하는 방향에 기꺼이 동참하는 이유는 무엇인가? 상사이니까, 혹은 지위가 높으니까 리더의 지시나 명령에 순응하는 직원들은 많다. 그러나 나를 리더로 인정하고 내가 가려는 방향에 자발적으로 동참하는 것은 그들의 '선택'이다. 그들의 선택을 얻으려면 리더는 자신과 동행하고 싶다는 마음이 들도록 무언가를 끊임없이 주어야 한다. 그러한 노력과 역량 없이는 리더로서 긍정적 영향을 미칠 수도, 직원들의 자발적인 추종을 얻을 수도 없다.

조금 부담되는 상상을 한번 해보자. 당신이 일하고 있는 회사의 정책이 갑자기 바뀌었다. 모든 팀원들(부서원들)은 오늘부터 자신의 결정에 따라 팀을 선택할 수 있게 되었다. 그렇다면 이 책을 읽고 있는 독자들 중 과연 몇 명이나 "나와 같이 일하는 친구들은 모두 나를 다시 선택할 거야"라고 자신 있게 말할 수 있을까?

이런 상상은 이미 많은 기업들에서 현실이 되어가고 있다. 듀폰Dupont에서는 회사 발전에 도움이 될 수 있는 구체적인 업무와 자신을 기꺼이 따르겠다는 사람 몇 명만 있다면 팀장이 될 수 있다. 회사에서 연차에 따라 혹은 실적에 따라 팀장을 '임명'하는 것이 아니라 많은 직원이 기꺼이 따르고자 하는 사람이 자연스럽게 팀장이 되는 것이다. 구글에서도 정해진 지위에 따라 리더의 역할을 하는 것이 아니라, 자발적으로 만들어진 비공식적인 팀(informal teams)이 활발히 운영되고 있으며 회사의 많은 기술적 혁신이 이 팀들에 의해 이루어지고 있다. 10년 넘게 구글을 이끌었던 에릭 슈미트는 21세기형 기업이 갖추어야 할 가장 중요한 것 중 하나로 이런 자발적 협조가 이루어지는 리더십과 문화를 꼽았다.[8]

생각보다 많은 리더들이 어깨 위의 계급장(자신의 직위나 타이틀)을 자신의 리더십으로 착각한다. 리더십을 가르치는 나조차 예외가 아니다. 기말 보고서 과제를 내면 '공신(공부의 신)'에 가까운 나의 학생들은 거의 대부분 기한에 맞춰 제출한다. 그들을 보며 나는 '한 학기 동안 열심히 강의하고 긍정적인 영향을 줬더니 감동받아서 다들 열심히 하는군'이라는 착각에 빠진다. 한 명도 빠짐없이 리포트를 내는 이유가 과연 나의 리더십 때문일까? 물론 그중에는 내 강의와 리더십에 감동받아서 열심히 과제를 한 학생들도 있을 것이다(그렇게 믿고 싶은 게 나의 마음이다). 하지만 대부분은 그저 학점을 잘 받으려고 했을 뿐이다. 리더라면 피하기 어려운 근본적인 착각이다.

나와 학생들이 과제를 내고 평가해주는 관계에 그친다면, 내가 학생들에게 미치는 영향력은 극히 제한될 것이다. 그나마 그 영향력이 긍정적이라는 보장도 없다. 상사의 계급장이 사라져도(리더십에서는 이를 'leadership without leverage'라 부른다) 직원들이 여전히 리더의 긍정적 영향권에 남기를 원하고 리더의 영향을 받아 자신의 생각과 행동을 바꾸고 싶어 할 때, 비로소 자발적 추종은 자연스럽게 따라올 것이다.

가령 당신이 다른 회사로 옮긴 후에도 예전의 직원들이 고민이 있을 때마다 당신의 얼굴을 떠올릴까? 계급장이 없어도 그들에게 긍정적 영향력을 행사할 수 있을까? 막연히 '나 정도면 존경해주겠지'라고 생각하지 말고, 직원들이 나를 왜 따르는지 구체적인 이유를 하나만 떠올려보기 바란다.

실제로 나는 리더십 강의 때마다 한 명 한 명씩 중간관리자나 임원들에게 물어본다. "당신이 임원이나 부서장이 아닌 경우, 왜 직원들이 당신의 이야기에 귀를 기울이는지 그 이유를 하나만 얘기해보라"고. 그러면 대부분이 "나와 함께 일하면 실적이 난다", "내가 책임져주니까 그런 거 아닌가" 하는 식으로 대답하곤 한다. 그런데 문제는, 이런 질문을 듣고 대답하기 전까지는 누구도 그런 생각 자체를 하지 않는다는 것이다. 내가 가진 리더십의 영향력이 무엇인지, 대체 그 원천source이 뭔지 모르는 것이다.

긍정적 영향력이 리더십에서 얼마나 중요한지는 굳이 강조할 필요도 없을 정도다. 그러나 '어떻게 긍정적 영향력을 넓히지?' 하는 방법론에 대해서는 너무 무지하다. 기껏해야 '리더라면 해야 할 일'로 정리해놓은 정도일 뿐 막연하기 그지없다.

긍정적 영향력을 넓히려면 먼저 그것이 어디에서 나오고, 어떻게 길러질 수 있는지 알아야 한다. 그리고 그중 내가 잘하는 것을 선택해서 개발해야 한다. 외향적이고 모든 일에 앞장서는 성격이라고 하면 리더십의 트레이드마크를 솔선수범으로 삼아도 좋고, 내향적이라면 진정성 등 다른 원천을 강점으로 삼아도 좋을 것이다.

리더로서 성공하는 데 가장 중요한 출발점은 내가 가져야 할 무엇인가를 개발하는 것이다. 내게 긍정적인 영향을 베풀 무기가 없으면, 아무리 리더라도 말만 많은 속빈강정과 같게 된다. 그렇다면 리더로서 당신의 긍정적 영향력은 어디에 숨어 있을까? 이를 더욱 키우기 위해 어떤 노력을 해야 할까?

'인간적 매력'은 필수다

연초에 새로 부임한 김 상무는 누가 봐도 완벽한 리더임을 한눈에 알 수 있다. 탁월한 지적 역량, 사람을 매혹시키는 카리스마, 현란한 화술, 미래의 변화를 감지하는 역량까지. 김 상무가 새로 맡은 통신 사업부문의 성과가 기록적일 것이라는 예측이 뜨거웠다. 하지만 연말 실적은 기대 이하였고 소속 직원들은 다른 부서로 가기 위해 신청서를 작성하기 바쁘다.

반면 이 부장은 지난 수년 동안 맡은 부서마다 실적이 오르는 데다 직원들 모두 의욕이 고취돼 부서의 목표를 200% 달성하기 위해 최선의 노력을 다하곤 한다. 부서의 리더로서 직원들로부터 전폭적인 신뢰와 사랑을 받는 것은 물론이다. 물론 이 부장은 업무를 수행하는 데 필요한 능력도 갖추었고 학벌과 네트워크도 빠지지 않는다. 하지만 그렇다고 해서 이 부장이 김 상무처럼 누가 보기에도 첫눈에 완벽한 리더는 아니다. 그런데도 직원들이 이 부장과 일하게 되면 모두 변화하는 비결이 무엇일까?

성공한 리더가 되기 위해 우리는 부단한 노력을 기울인다. 자신의 리더십을 한 단계 업그레이드하기 위해 리더십 세미나에 참석하고 화술 학원에서 스피치를 연마하며 심지어 자신감 있는 모습을 보여주기 위해 성형수술도 마다하지 않는다.

이 모든 노력들에는 한 가지 중요한 가정이 내재되어 있다. 다름 아닌 '나는 누가 보기에도 완벽한 리더가 되어야 한다'는 강박관념이다. 마치 앞의 사례에서 언급한 김 상무처럼. 물론 성공한 리더가 되기 위해서는 리더로서 반드시 갖추어야 할 기본 역량이 필요하다. 카리스마, 비전, 에너지, 지적 역량, 커뮤니케이션 스킬, 전략적 판단능력 등이 그것이다. 하지만 카리스마로 무장한 완벽한 리더가 조직을 이끌던 시대는 끝났다. 이제는 구성원들의 참여를 자발적으로 이끌어내고 이들이 역량을 최대한 발휘할 수 있도록 몰입하게 해주는 리더가 더 필요한 시대가 되었다.

그렇다면 어떻게 리더로서 구성원의 신뢰를 이끌어내고 그들의 참여와 몰입을 높일 수 있을까? 아이러니하게도 자신의 인간적 약점을 선별해서 솔직하게 공유하고 도움을 요청하는 리더가 완벽한 리더보다 더 성공적인 경우가 많다. 왜 그럴까? 모든 것이 완벽해 보이는 리더는 구성원들에게 심리적 거리감을 느끼게 한다. 완벽한 리더는 모든 것을 스스로 할 수 있다는 인상을 주기 때문에 구성원으로서 리더를 도와야 한다는 생각을 할 수 없게 만든다.

하지만 상상해보라. 모든 것이 완벽한 줄만 알았던 김 상무가 팀원에게 마케팅 제안서를 보여주며 "내 전문 분야는 재무 쪽이라 마케팅에는 문외한인데"라며 도움을 요청하는 장면을. 직원의 반응은 어떨까? '그래, 네가 잘났으면 얼마나 잘났겠어~ 그러면 그렇지' 하고 김 상무를 폄하할 사람은 아마 많지 않을 것이다. 그보다는 아마도 '아, 김 상무님에게 이런 면이 있었네…

드디어 내가 도와줄 것이 생겼구나' 라는 반응을 보이지 않겠는가? 자신의 결점 내지는 약점을 공유함으로써 '완벽해 보이는 김 상무님도 나와 같은 사람이구나' 혹은 '이 사람은 내가 도와주어야겠다' 라는 동질감과 동기부여 그리고 몰입을 이끌어낼 수 있게 된다.

내가 아는 지인 중 기업을 시작해서 성공적으로 이끌어가고 있는 창업가 겸 CEO가 있다. 일류대학을 나오지도 않았고 스펙이나 경험이 화려하지도 않은 이분의 성공비결이 무엇일까 고민해보았더니, 직원들이 가진 역량을 최대한 존중해주고 명령과 지시보다는 부탁을 통해 자발적으로 이들이 주인처럼 일하게 만드는 능력이란 생각이 든다. 이분은 직원들에게 "내가 뭘 하고 싶은데 좀 도와주소!"라는 말을 유난히 자주 한다. 처음에는 '회사 직원들인데 지시하면 되지, 왜 부탁하듯이 말씀하시나' 하는 의문이 들었지만, 이런 나의 궁금증은 이내 풀렸다. 사장으로부터 지시가 아니라 "이 일을 하는 데 당신의 도움이 꼭 필요해"라는 말을 듣는 순간 직원들의 눈빛이 달라지는 것을 보았기 때문이다.

사실 리더의 인간적 매력은 리더십에서 자주 언급되는 주제는 아니다. 그러나 긍정적인 영향력을 키우는 데 빼놓을 수 없는 요소이자 가장 먼저 갈고닦아야 할 것이라 단언한다. 실제로 성공한 리더들을 만나보면 인간적 매력이 넘치는 경우가 많다.

메리어트 호텔Marriott Hotel의 빌 메리어트Bill Marriott 회장은 좋은 리더를 판단하는 쉬운 기준으로, 직원들의 이름표를 훔쳐보지 않고도 그들 한 명 한 명의 이름을 아는 것을 꼽는다. 메리어트 호텔은 2500명이나 되는 큰 조직이지만, 좋은 리더라면 직원들이 누구이고, 그들이 어떤 것에 흥미를 갖고 있는지 알고 있어야 한다는 것이다. 한 번은 뉴욕 메리어트 마퀴스 호텔의 총지배인과 직원 식당에 갔는데, 총지배인이 어떤 직원이 어떤 스포츠 팀을 좋아하는지 알고 있고, 몇 명과는 그들의 가족에 대해서도 대화하는 모습을 보았다고 한다. 그 지배인의 리더십은 이런 인간적 면모에서 나온 것임을 쉽게 짐작할 수 있다.

영국 버진그룹Virgin Group의 창업주이자 괴짜 CEO로 유명한 리처드 브랜슨Richard Branson은 자신의 결점을 솔직하게 인정하고 거리낌 없이 주위에 도움을 요청함으로써 전 직원의 사랑과 지지를 받는다. 그는 특히 대중매체와의 인터뷰 때 실수를 자주 하는 편이다. 그리고 그런 자신의 약점을 솔직하게 이야기한다. 이런 그의 솔직함은 그의 실수마저 매력으로 바꾸어놓는 역할을 한다.

다만 한 가지 중요한 사실은 결점과 약점에 솔직하되, 치명적이지 않은 것들만을 선별적으로 공유하는 지혜가 반드시 필요하다는 점이다. 업무를 추진하는 데 반드시 필요한 핵심역량이 결여된 리더나 약점이 너무 많은 리더를 좋아할 구성원은 별로 없을 것이다.

무한 긍정주의로 확신을 심어줘라

입만 열면 습관적으로 투덜대는 사람들이 있다. 당신은 어떤가? 회사나 업무, 직원들에 대해, 혹은 인생과 사회에 대해 불평하고 있지는 않은가? 부정적인 태도와 말투는 리더의 인간적인 매력을 떨어뜨리는 가장 큰 요인 중 하나다.

리더는 무한 긍정론자가 되어야 한다. 적어도 미래에 대해서는 말이다. 원대한 미래를 꿈꾸고 이를 달성할 수 있다는 긍정 마인드를 공유하는 것이야말로 리더가 해야 할 가장 중요한 역할 중 하나다. 물론 이를 계획하고 실행할 때는 역설적으로 까다로운 비판론자가 돼 끊임없이 더 좋은 방법을 추구해야 하지만 말이다.

직원들은 리더의 긍정 마인드를 보며 미래에 대한 꿈을 꾸고, 리더의 자신감을 통해 꿈을 이룰 수 있다는 확신을 갖는다. 특히 위기와 불확실성이 깊어질수록 리더의 긍정적 마인드는 더욱 중요해진다.

로널드 레이건Ronald Reagan, 윈스턴 처칠Winston Churchill, 넬슨 만델라Nelson Mandela, 콜린 파월Colin Powell, 마이클 조던Michael Jordan, 정주영… 이들의 공통점은 무엇일까? 언뜻 비슷한 점이 없어 보이지만, 모두가 긍정적 사고를 바탕으로 주위 사람들에게 꿈과 희망을 주었던 리더들이다.

로널드 레이건이 대통령으로 재임했던 1980~88년 사이, 미국에는 유난히 큰 사건들이 많았다. 2차 오일쇼크와 연 12%에 달한 인플레이션, 러시아와의 냉전, 레바논 사태 등 심각하고 복잡한 사건들이 연이어 터졌다. 레이건의 경제정책은 정부지출 삭감과 감세減稅로 대변되는 '작은 정부'와 규제 완화, 안정적 금융정책으로 요약된다. 그러나 이 '레이거노믹스'도 그의 첫 번째 임기가 끝날 무렵인 1984년까지 미국경제를 부흥시키기엔 역부족이란 평가를 받았다. 하지만 그는 재선再選에 도전해 미국 50개 주州 가운데 49곳에서 대승을 거둔다. 미국 대통령 선거 사상 가장 일방적인 승리였다. 그 요인은 바로 그의 긍정적 사고방식과 유머에 있었다.

그는 취임한 지 몇 달 만에 절체절명의 순간을 맞는다. 저격을 당해 심장에서 불과 1인치 떨어진 부위에 총알이 관통한 것. 폐가 손상된 그는 긴급 후송되는 동안 줄곧 피를 토하며 심각한 호흡 곤란에 빠졌다. 하지만 수술대에 누운 레이건은 집도를 맡은 의사들에게 "당신들 모두 공화당원이길 바랍니다!"라는 농담을 건넸다. 수술이 끝난 후 부인 낸시 레이건Nancy Reagan에게는 "여보, 미안해. 총알이 날아올 때 머리 숙이는 걸 깜빡했어!"라는 말로 주위를 웃음바다로 만들었다.

레이건의 긍정적 사고방식은 경제적으로 힘들었던 미국 국민들에게 희망과 꿈을 불어넣었고, 그에 대한 지지율은 70%를 훨씬 웃돌았다. 남아프리카공화국에 혁명적인 변화를 일으킨 넬슨 만델라는 27년간 감옥에 갇혀 있으면서 인종차별이 없는 나라를 만들겠다는 목적의식과 이에 대한 긍정적 생각으로 온갖 고초를 이겨냈다. 미국의 전설적 농구선수인 마이클 조던은 경기가 열리기 전에 항상 이기는 상상을 함으로써 스스로에게 긍정적인 기운을 불어넣고자 노력했다. 고故 정주영 회장은 조선소도 짓지 않은 상태에서 '할 수 있다'는 신념 하나만으로 선박을 수주하러 그리스로 향했다. 흑인 최초로 미 국무장관을 역임한 콜린 파월은 "리더십의 본질은 불가능하다고 생각되는 것들을 달성하는 데 있다"며 긍정적 사고방식을 강조했다.

리더의 가장 중요한 역할 중 하나는 자신의 렌즈를 통해 현실을 재해석하는 것이다. 상황이 악화될수록 오히려 리더는 긍정적인 시각을 구성원들과 공유하고 소통함으로써 희망을 심어주어야 한다.

리더의 긍정적 사고방식은 구성원들에게 자신감을 심어준다. 이를 심리학에서는 피그말리온 효과(Pygmalion Effect)라 한다. 리더가 주위 사람들에게 긍정적인 이야기를 하며 그들에 대한 높은 기대감을 지속적으로 드러내면, 사람들은 리더가 기대하는 대로 행동하고 좋은 결과를 낼 수 있다는 이론이다. 1968년 하버드 대학의 사회심리학자인 로젠탈Robert Rosenthal 교수는 초등학교 한 반에서 20% 정도의 학생을 무작위로 뽑았다. 그리고 교사에게 이 학생들은 이지적 능력과 학업 성취가 특히 뛰어나다고 말했다. 그리고 8개월 후, 이 학생들의 시험성적은 실제로 다른 학생들보다 월등히 높게 나왔다. 교사의 높은 기대가 높은 학업성취로 이어진 것이다.

나는 지난 수년간 한국의 많은 리더들을 만나면서 이들이 가진 공통점 중 하나가 바로 '긍정적 사고방식'임을 깨달았다. 특히 성공한 CEO는 어려운 상황에서도 무모하리만큼 긍정적으로 여긴다. 이들은 위기가 와도 순간적이고 지엽적이며 극복 가능한 일로 생각한다. 반면 비관적인 리더는 이를 영속적이고 광범위하며 자신의 능력으로 해결하기 힘든 일로 받아들인다. 동일한 현실에 대응하는 반응은 결국 다른 결과로 이어진다.

오늘은 한 번쯤 여유를 갖고 긍정적인 시각으로 주위를 둘러보자. 힘든 현실에만 사로잡혀 괴로워하기보다 이 위기를 효과적으로 극복한 후의 행복한 장면을 상상해보라. 마이클 조던이 그랬던 것처럼 말이다. 그리고 새롭게 발견한 꿈과 희망을 구성원들과 적극적으로 공유해보라. 우리는 위기를 극복할 능력이 충분하다는 높은 기대감을 표현해보라.

오늘날 우리에게 가장 필요한 것은 효과적인 전략이나 충분한 자금보다, 리더의 긍정적인 사고와 조직 구성원에 대한 신뢰와 기대다. 냉철한 현실 판단도 중요하지만 꿈과 희망을 줄 수 있는 리더가 더욱 절실한 상황이다. 다음 주 월요일 회의는 직원들에게 용기와 신뢰를 심어주는 이야기로 시작해보면 어떻겠는가.

진정성은 본능적인 신뢰를 낳는다

리더로서 긍정적 영향력을 넓힐 수 있는 세 번째 방법은 진정성 있는 행동을 지속적으로 보여주는 것이다. 기업을 방문해보면 많은 직원들로부터 "진정성 있는 상사 밑에서라면, 아무리 목표가 힘겨워도 충분히 감당할 수 있습니다", "아무리 상사가 일을 잘하더라도 혼자만 잘살겠다는 태도라면 따르고 싶지 않습니다"라는 말을 듣곤 한다. 하나같이 상사의 진정성에 대한 이야기다. 지난 10여 년 동안의 리더십 연구 흐름을 살펴봐도 카리스마나 변혁적 리더십 같은 강한 스타일의 리더십 이론에서 리더의 진정성이 핵심인 '오센틱 리더십(authentic leadership)'으로 바뀌고 있다.

직원들로 하여금 당신의 진정성을 느끼게 하려면 그들에게 믿음을 주어야 한다. 하나는 상사가 직원과의 관계에서 자기 이익만 추구하지는 않을 거라는 믿음이고, 다른 하나는 상사가 언제 어디서든 말과 행동이 일치하고 일관성 있을 거라는 믿음이다. 이를 기준으로 자신의 진정성 지수를 산출해보자.

진정성이 긍정적 영향력을 미치는 데 도움이 되는 이유는, 이를 통해 리더와 직원 간의 관계가 투명하게 발전할 수 있기 때문이다. 직원은 진정성 있는 리더의 모습에서 예측 가능성을 발견한다. 여기서 '예측 가능성'이란 리더의 말과 행동에서 정치적 계산이나 목표 같은 불확실성이 느껴지지 않는다는 뜻이다. 그러므로 직원들은 그를 믿고 따라갈 수 있다고 느끼게 된다. 리더의 진정성은 관계의 투명성으로 발전하고 신뢰를 쌓는 기초가 된다. 반대로 대다수 국민들이 많은 정치인들에게 불신을 느끼고 반감을 갖는 것은 그들의 행동에 진정성이 없기 때문이다.

그런데 진정성 있게 대하겠다고 결심하고는 무턱대고 살갑고 다정하게만 행동하는 이들이 있다. 하지만 사람들은 겉으로 드러나는 행동으로 진정성을 판가름하지 않는다.

어느 날 연구실에서 열심히 글을 쓰고 있는데 지인에게서 문자 한 통이 왔다. 그동안 잘 지냈는지 묻는 안부와 함께 시간 날 때 전화해달라는 내용이었다. 친절하고 다정한 문자였지만 왠지 가식으로 느껴져서 나도 모르게 미간이 찌푸려졌다. 반가움보다는 '뭐가 필요해서 연락한 거지?'라는 생각이 먼저 들었다. 그로부터 평소 '자신에게 도움이 되는 사람과 그렇지 않은 사람'으로 관계를 관리한다는 느낌을 받았기 때문이다. 만일 진심이 통한다고 느끼는 사람이 이런 문자를 보냈다면 반대로 반가움과 고마움으로 기분이 좋았을 것이다.

진정성은 자신의 이익과 목표달성을 위해 모든 인간관계를 계산된 관점에서 보지 않는 태도다. 내가 아는 리더 중에 정말 능력이 뛰어난 이가 있다. 작은 조직으로 출발해 그 분야의 대표 기업으로 키워낸 데다, 창의적인 아이디어와 사업 수완 그리고 대한민국 최고의 네트워크까지, 겉으로 보기에 부족한 게 없는 리더다. 하지만 그의 행동에는 도무지 진정성이 없다. 만나는 모든 사람은 자신에게 도움이 되느냐에 따라 등급(?)이 나뉜다. 그를 만날 때마다 무슨 생각을 하는지, 지금 저 행동도 치밀한 계산 아래 이뤄지는 것은 아닌지 하는 의구심을 지울 수 없다. 그의 회사가 유난히 이직률이 높은 이유가 혹시 이것 때문은 아닐까. 겉으로 보기에는 성공한 리더가 분명하지만 과연 그분의 인생도 속이 꽉 찬 옥수수마냥 내실 있고 보람 있을까. 만일 그분이 진정성이 느껴지는, 그래서 직원들이 자발적으로 따르고 싶어 하는 리더가 된다면, 지금보다 훨씬 더 크게 성공할 수 있지 않을까 하는 진한 아쉬움이 든다.

모 식품회사에서 '으리(의리의 발음을 비튼 신조어)'를 외치는 배우 김보성을 광고모델로 기용해 화제가 됐다. 이 광고를 담은 유튜브 동영상은 수백 만 건의 조회수를 기록했고 많은 TV 프로그램에서 수없이 패러디됐다. 이 배우가 지난 10년 동안 어떻게 한결같이 의리를 지켜왔는지를 정리한 '김보성 으리 어록'과 '김보성 으리 역사' 등이 인터넷에 떠돌아다니기도 한다. 덕분에 이 식품회사의 매출은 전년 동기 대비 무려 35%나 늘었다고 한다. 평소 단 음료를 즐기지 않는 나도 편의점에서 혼잣말로 '으리!'를 외치고 그 회사 제품을 사 먹었을 만큼 광고는 강렬했고 중독적이었다.

왜 그럴까? 도대체 한물 간 배우가 가마니를 샌드백처럼 두들기고 우리 몸과 전통음료에 대한 의리를 지키자며 식혜를 온몸에 들이붓는 우스꽝스러운 광고에 왜 사회 전체가 열광하는 걸까?

지난 10년간 한결같이 의리를 외치며 실천했던 김보성이란 배우의 진정성과 사회적 현실이 잘 맞아떨어졌기 때문일 것이다.

오랜 세월 김보성은 잊힌 배우였다. 하지만 그가 의리에 살고 죽는 사람이라는 한 가지만은 사람들에게 각인돼 있었다. 처음에는 '다 큰 어른이 무슨 의리야. 애들처럼 유치하게…'라고 생각했다. 하지만 누가 보든 말든 의리를 지키며 살려는 김보성을 보며 부정적 시각은 점점 긍정적으로 변했고, 많은 사람의 머릿속에 '저 사람은 다른 건 몰라도 의리 하나는 끝내주지'라는 이미지로 각인됐다.

세월호 사건은 리더들에 대한 불신의 기폭제가 됐다. 국민이 이렇게 위험해져도 정부와 관료, 정치인은 우리를 거들떠보지 않는다는 생각을 누구나 하기 시작했다. 반면 없는 살림에도 세월호 희생자들을 위해 은행에서 대출까지 받아 기부한 김보성의 한결같은 의리와 진정성은 대조적으로 화제가 됐다. 그의 행동은 세월호 참사조차 자신의 정치적 이익을 위해 활용하려고 잔머리를 굴리던 일부 정치인의 행동과는 확실히 달라 보였다.

우리는 지금 모든 정보가 공유되는 시대에 살고 있다. 이렇게 '열린 사회'일수록 리더의 진정성은 더더욱 중요한 요건이 된다. 2014년 지방선거에서 서울시 교육감 후보로 부동의 1위를 달리다 낙선한 모 후보 역시 진정성이 문제가 됐다. 고시 3관왕이자 '공부의 신'으로 불린 그였지만 '자기 자식도 제대로 책임지지 못했으면서 어떻게 서울시의 수많은 아이를 책임질 수 있겠냐'는 유권자의 마음의 벽을 넘지는 못했다.

당신은 직원들에게 '딴 사람은 몰라도 저 상사만큼은…'이라는 진정성 넘치는 리더로 인식되고 있는가? 직원들의 자발적 추종과 마음을 얻기 원하는가? 그렇다면 능력이 뛰어난 상사가 되려고 하기 전에 진정성을 바탕으로 일관된 행동을 통해 그들의 신뢰를 얻자. 진정성은 하루아침에 얻을 수 있는 이벤트가 아니다. 은행 계좌에 잔고가 쌓이듯 오랜 기간 지속적으로 노력해야만 얻을 수 있는 자산이기에 더욱 값지고 귀하다. 요즘처럼 혼란스럽고 불안한 상황이 계속될수록 사람의 마음을 얻을 수 있는 최고의 방법은 논리가 아닌 진정성임을 기억하자.

솔선수범은 리더가 보낼 수 있는 가장 강렬한 메시지다

'나는 말만 내세우지 않고 솔선수범하며 직원들을 이끌고 있는가?', '나는 회사, 부서, 팀의 성공을 위해 내 이익을 희생하는 모습을 보여주려 노력하는가?'

이 질문에 자신 있게 답할 수 있다면, 당신은 이미 긍정적인 영향력을 통해 구성원들의 신뢰를 얻었다고 봐도 좋다. 리더로서 긍정적인 영향을 넓힐 수 있는 네 번째 방법은 솔선수범과 자기희생이다. 리더는 화려한 말보다 솔선수범(leading by example)을 통해 직원들의 신뢰를 얻는다.

개코원숭이를 연구하는 인류학자들에 의하면, 부하 원숭이들은 평균 20~30초에 한 번씩 두목 원숭이를 쳐다본다고 한다. 자신의 행동과 앞날에 영향을 미칠 힘 있는 원숭이를 관찰하고 적절히 대응해야 살아남을 수 있다는 사실을 본능적으로 아는 것이다. 개코원숭이가 그럴진대 이보다 훨씬 더 뛰어난 두뇌를 가진 '사람'이 자신의 미래에 큰 영향을 미칠 리더의 말과 행동을 유심히 관찰하는 것은 당연하다. 리더는 자신이 언제나 모두의 관찰대상이며 원하든 원하지 않든 일종의 메시지와 시그널을 끊임없이 보내고 있음을 깨달아야 한다. 아예 자기 머리 위에 CCTV가 돌아가고 있다고 생각하고, 언제나 솔선수범하는 자세를 잊지 말자.

솔선수범이 리더에게 중요하다는 것은 동서양을 막론하고 별 차이가 없는 듯하다. 미국의 가장 오래된 여론조사기관 중 하나인 오피니언 리서치 코퍼레이션Opinion Research Corporation이 조사한 '리더로서 가장 중요한 자질이 무엇인가?' 라는 설문조사에서 미국 사람들이 선정한 상위 항목들은 다음과 같다.

- 솔선수범(leading by example) : 26%
- 윤리의식(strong ethics or morals) : 19%
- 업무 관련 지식(knowledge of the business) : 17%
- 공정함(fairness) : 14%
- 전반적인 역량(overall intelligence and competence) : 13%

• 직원에 대한 인정(recognition of employees) : 8%

이 결과만 봐도 직원들이 리더에게 무엇을 원하는지 알 수 있다. 지시만 하는 리더보다 먼저 실천하는 리더에게서 직원들은 본능적으로 신뢰를 느낀다. 특히 리더가 자신의 이익을 포기하고 희생하며 솔선수범하는 모습은 감동과 영감을 준다. 자기희생과 솔선수범은 리더의 지위를 넘어 직원들의 지속적인 추종을 불러일으키는 가장 중요한 방법일 것이다.

지금 젊은 인재들은 성장시키는 리더에 열광한다

마지막으로 리더로서 긍정적 영향력을 넓히려면, 직원들을 키우기 위해 자신의 시간과 노력을 투자해야 한다. 자신을 성장시키는 리더를 누가 마다하겠는가. LG경제연구원에서 젊은 직장인들을 대상으로 존경하고 싶은 리더의 유형을 조사한 적이 있다. 그들이 말한 존경받는 4가지 리더의 유형은 다음과 같다.

1위. 직원의 성장을 돕는 리더
2위. 직원을 배려하는 리더
3위. 직원의 의견을 존중하고 인정하는 리더
4위. 공을 직원에게 돌릴 줄 아는 리더

이 보고서를 토대로 결론을 내린다면, 자발적으로 따르고 싶은 리더란 나를 키워주고 내가 성공할 수 있도록 도와주는 존재다. 직원들의 역량개발을 위해 자신의 시간과 노력을 기꺼이 내주는 리더를 '인에이블러enabler', 이런 리더십을 '인에이블링 리더십(enabling leadership)'이라 한다.

직원의 역량을 키우는 것이야말로 자발적 추종을 이끌어내는 가장 좋은 방법인데, 이를 위해 지속적으로 노력하는 리더가 생각보다 많지 않아서 안타깝다. 대체 그 이유는 무엇일까?

단적으로 말해, 리더들의 관심 부족이 아닐까 싶다. '인재사관학교'로 소문난 기업들은 한결같이 임원 평가에 직원들의 역량 향상과 성장을 위해 다양하게 지원하는지를 포함시키고 있다. 미국 금융계의 대표적 인재사관학교로 꼽히는 골드만삭스Goldman Sachs도 임원의 성과를 평가할 때 70%는 업무 관련 결과를, 나머지 30%는 직원들을 얼마나 잘 길러냈는지를 본다. 인재 육성의 책임이 단순히 교육부서만의 것이 아니라 리더 개인의 책임이라는 사실을 강조하는 것이다.

당장 골드만삭스처럼 리더에 대한 평가 기준을 바꾸기 어렵다면, 우선 직원들을 성장시키는 것이 리더로서 성공하는 가장 효과적인 방법이라는 시각 변화부터 이루어져야 한다. 물론 조직 차원의 평가 시스템 변화도 반드시 병행되어야 할 것이다. 시각과 시스템의 변화가 이루어진다면 리더들이 자연스럽게 직원들의 역량개발과 성장에 투자하게 될 것이다.

당신의 리더십에 따라 직원들은 '부하subordinate'에서 '팔로어follower'로 변화하게 된다. 'subordinate'는 부하라는 뜻 외에 하급자, 졸개, 아랫사람이라고도 표현되고, 동사로는 종속되다 혹은 경시하다는 뜻으로 쓰인다. 한마디로 재능 등이 부족해 누군가에게 종속돼 그의 명령과 지시를 받아서 수동적으로 일하는 사람이다. 하지만 'follower'는 같은 부하이더라도 '자신의 판단과 의지를 바탕으로 추종할 가치가 있는 리더를 따라가는 사람'이라는 긍정적이고 능동적인 의미가 내포돼 있다.

일이나 조직에 몰입하지 않고 아무 생각 없이 시키는 일만 하는 직원들 때문에 답답하다고 하소연하는 리더들을 종종 만난다. 혹시 당신 또한 그런 고민 속에 있는지도 모르겠다. 하지만 직원이 '부하'가 되는지 '팔로어'가 되는지는 오로지 리더의 몫이지 그들의 탓이 아니다. '나를 따라야 하는 이유'를 보여주는 것은 리더의 책임이자 사명이다.

리더로서 긍정적 영향력을 키우는 방안은 이 외에도 많을 것이다. 그러나 가짓수가 문제이겠는가. 과연 나는 리더로서 무엇으로 직원들의 자발적 추종을 끌어낼 수 있을지 진지하게 고민해보자. 그리고 잘할 수 있다고 생각되는 행동을 하나만 찾아서 당장 내일 아침부터 실천해보자.

전략적 사고를 하는가

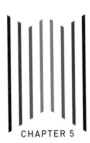

CHAPTER 5

1921년, 윌리엄 비브William Beebe라는 학자는 남미 가이아나 정글에서 이상한 광경을 목격했다. 한 무리의 병정개미들이 큰 원을 지어 움직이다가 며칠 만에 대부분 죽고 만 것이다. 개미는 속성상 앞에 가는 개미를 따라 움직이게 돼 있다. 그런데 선두 개미가 경로를 잘못 설정했더니 무리 전체가 헛되이 원을 돌고 또 돌며 죽음의 행진을 계속한 것.

이 개미는 지구상에서 가장 부지런한 곤충이다. 이런 그들이 몰살하는 이유는 결국 리더가 갈 길을 올바로 제시하지 못했기 때문이다. 인간이라고 다르겠는가. 나는 오랜 기간 동안 성과를 내지 못하는 많은 기업과 부서를 관찰해왔다. 그리고 성과 부진과 목표달성 실패의 원인이 대부분 직원들이 일을 열심히 하지 않아서가 아니라, 리더가 방향을 잘못 정하기 때문이라는 결론을 조심스럽게 내릴 수 있었다. 병정개미들처럼 리더가 세운 잘못된 목표와 방향으로 달려가기 위해 직원들이 점점 더 열심히 일하는 어처구니없는 상황이 자주 일어나고 있다.

이 때문에 리더의 전략적 사고 역량이 더욱 중요하다. 예전에는 기업의 CEO나 임원들을 대상으로 강의할 때 '전략strategy' 그 자체를 강조하곤 했다. 아무래도 기업의 미래를 책임질 이들이기 때문이다. 그런데 얼마 전 모 그룹의 교육담당 상무를 만났더니, 자신은 이제부터 전략보다 리더십을 강조하겠다고 했다. 모든 것이 하도 빠르게 바뀌다 보니, 이제는 회사 리더들에게 시간을 많이 투자해 엄청난 전략을 수립하는 역량을 강조하기보다 뛰어난 리더십으로 적응 역량(adaptability)와 실행(execution)을 극대화할 수 있는 역량을 갖추도록 하겠다는 것이다. 다시 말해 정적 분석에 초점을 맞추는 전략 자체보다 실시간 필요한 방향을 판단하는 리더의 전략적 사고 역량과 실행력에 집중하겠다는 것이다. 죽은 전략을 강의하기보다 리더십을 갖고 어떻게 빨리 바꾸느냐가 중요해졌기 때문이란다.

일리 있는 지적이다. 환경이 워낙 빨리 변하다 보니 이제는 GE 같은 기업도 중장기 전략을 포기하는 지경이다. 기업의 어떤 전략도 리더십 없이 이루어질 수는 없다. 그러한 의미에서 리더의 전략적 사고는 갈수록 중요해지고 있다.

전략적 사고란 무엇인가? 리더십에서 말하는 전략은 통찰에 가깝다. 즉 고객, 시장 그리고 기술에 대한 통찰력을 지속적으로 활용해 미래의 경쟁력 향상과 성공을 위해 무엇을 해야 할지 고민하는 과정이다.

리더로서 올바른 전략적 목표를 설정하려면 고객과 시장에 대한 통찰력을 길러야 한다. 그래서 하버드 경영대학원의 마이클 포터 교수는 "전략적 사고를 대체할 수 있는 것은 없다. 경쟁력을 극대화하기 위해 어떤 요소의 질을 높여야 하는지 모른다면 질을 향상시키려는 어떤 노력도 큰 의미가 없다"고 말하며 리더의 전략적 사고를 강조했다.《백만 불짜리 습관Million Dollar Habits》등을 쓴 자기계발 전문가 브라이언 트레이시Brian Tracy도 "미래를 위한 생각과 계획을 전략적으로 사고하는 능력은 성공 리더가 되기 위한 가장 중요한 역량이다"라며 리더십에서 전략적 사고의 역할을 강조한 바 있다.

올바른 목표와 방향설정이 때로는 동기부여보다 더 중요하다

리더십을 가지려면 무엇보다 그에 걸맞은 역량이 있어야 한다. 올바른 전략적 목표를 세우고 달성방향을 정해, 효율적인 자원 분배와 강한 실행력을 바탕으로 목표를 달성하는 역량 말이다.

일부 학자들은 전략적 사고 역량을 리더십이 아닌, 리더가 당연히 해야 할 일로 생각하기도 한다. 하지만 생각해보라. 리더가 성과를 내지 못한다면 과연 긍정적 영향력과 자발적 추종이 무슨 의미가 있을까? 그러한 의미에서 전략적 사고를 기반으로 성과를 창출하는 역량이야말로 리더십의 본질 중 하나라고 나는 생각한다. 앞서 설명한 '자발적 추종'을 이끌어내는 능력이 동기부여자로서 리더의 역할이라 한다면, 올바른 방향을 설정해주고 실행력을 높이는 능력은 전략적 사고를 해야 하는 리더에게 반드시 필요한 역량이라 할 수 있다.

책을 읽는 독자 중에도 '나는 직원들과 관계도 좋고 일도 열심히 하는데 왜 성과가 좋지 않을까?'라고 고민하는 분들이 있을 것이다. 그럴 때에는 '어떻게 해야 더 열심히 일하게 만들지' 고심하지 말고, '과연 내가 그들을 올바른 방향으로 가도록 하고 있는지'를 먼저 자문해봐야 한다.

그런데 자신을 돌아보기는커녕 성과가 나지 않으면 직원들 탓을 하는 리더들이 적지 않다. 주인의식 없는 직원들 때문이지, 자신이 방향을 잘못 정해서는 아니라는 것이다. 심리학에서 말하는 '자기고양적 편향(self-serving bias)'이다. 자신이 초래한 좋은 결과에 대해서는 스스로를 과대평가하는 반면, 부정적인 결과에 대해서는 주변 상황이나 타인의 탓으로 돌리는 것이다.

한때 업계를 주름잡았던 노키아Nokia와 코닥Kodak, 모토롤라Motorola와 같은 기업을 보라. 이들 기업이 몰락한 이유 역시 구성원들의 노력 부족보다는 전략적 의사결정을 하는 리더들이 올바른 방향설정을 못했기 때문이다. 경영 사상가 짐 콜린스^{Jim} Collins 역시《위대한 기업은 다 어디로 갔을까^{How the Mighty Fall}》라는 책에서 위대한 기업이 몰락하는 이유가 직원들의 나태함 때문은 아니라는 결론을 내렸다. 그것보다는 리더의 자만감 때문이거나 올바른 방향설정을 하지 못해 몰락의 길을 걷게 되었다는 것이다. 그런데도 이를 과감히 인정하기보다 직원들이 최선을 다하지 않았거나 변화를 수용하지 않았다는 식으로 책임을 전가하는, 일종의 피해의식에 빠진 리더들을 보면 안타깝기만 하다. 그럴 때마다 나는 "리더 잘못 만나서 직원들이 '개고생'한다"고 노골적으로 말하곤 한다. 지금 직원들이 나 때문에 고생하고 있지는 않은지 끊임없이 고민하는 것이야말로, 나쁜 실적을 남의 탓으로 돌리는 자기고양적 편향을 극복하는 유일한 방법이다.

조직을 망치는 리더의 착각

성공한 리더나 기업에서 흔히 나타나는 자기고양적 편향은 기업이 갑자기 위기에 빠지는 직접적인 원인이 되기도 한다. 도대체 리더들은 어떤 착각을 하는가?

첫째, 무엇이든 자신이 다 할 수 있다고 생각한다. 성공이 계속될수록 CEO는 모든 것이 계획대로 이루어질 거라는 착각에 사로잡힌다. 하지만 모든 일에는 통제 불가능한 요소가 존재

한다. 가령 기업의 주가를 보자. 백번 양보해서 기업의 실적이 CEO의 뜻대로 움직인다 해도, 주가는 회사 실적만이 아닌 전반적인 경기, 주식시장의 상황에도 큰 영향을 받는다.

　때로는 위기가 눈앞에 닥쳐도 아무런 문제없다는 자신감이 화를 부른다. 품질경영을 내세우며 '일본의 자존심'으로 불리던 도요타Toyota는 2010년 대규모 리콜로 위기에 빠진 바 있다. 문제가 처음 발생했을 당시 도요타는 리콜을 단행하고 생산방식을 점검해 사태를 해결하지 않고, 내부에서 적당히 처리하면 되리라는 착각으로 문제를 숨기려다 더 큰 역풍을 맞았다.

　둘째, 성공한 기업의 CEO는 자신을 지지하는 이들을 기반으로 절대적인 권한을 행사하게 된다. 기업이 성공할수록 CEO는 '신神'이 되어간다. 자연히 그를 보좌하는 가신이나 측근들의 영향력도 절대적이 된다. 이들은 골치 아픈 이야기보다 리더가 듣기에 '달콤하지만 왜곡된 현실'을 전달한다. 또한 CEO의 힘이 막강해질수록 회사는 사업적인 측면에서 객관적인 의사결정을 내리기보다 CEO의 취향을 살피기 시작한다. "그건 회장님이 원하는 방식이 아닌데요" 혹은 "사장님이 그러시는데요…" 하며 회장님(사장님)의 이름으로 모든 것을 정당화하는 것이다.

　이러한 일이 회사 내에서만 일어나는 것이 아니다. 도요타가 세계적인 기업으로 승승장구하던 2000년대 중반부터, 일본의 모든 언론은 최대 광고주인 도요타의 비위를 거스르지 않기 위해 부정적인 내용은 보도하지 않고 애써 은폐하려 했다고 한다.

셋째, 핵심역량과 무관한 구색 갖추기를 추진한다. 기업이 성공할수록 사업 다각화라는 명목 하에 엉뚱한 사업에 뛰어드는 것이다. 때로는 '국내 재계 ○위' 같은 상징적 목표를 위해 조직의 많은 자원을 낭비한다. 언젠가부터 합리적인 의사결정은 사라지고, CEO의 개인적 소망을 위해 과도한 충성과 모험을 하려는 사람들이 조직에서 큰 목소리를 내기 시작한다. '이 정도 성공했으니 폼 나게 글로벌 회사의 CEO가 되고 싶다'는 최고경영자의 '소망' 때문에 철저한 시장분석이나 준비는 뒷전으로 밀려나는 것이다. 외국 기업 M&A와 해외시장 진출을 추진하다 쓰디쓴 실패를 경험한 기업이 한둘이 아닌 이유다.

당신은 혹시 이렇게 왜곡된 현실에 둘러싸여 착각 속에 살고 있지는 않은가? 스스로 성공했다고 생각할 때가 가장 위험한 법이다. 성공의 정점에 있던 기업들이 갑자기 위기에 빠지는 이유를 리더십이라는 렌즈를 통해 살펴보라. 전략적 사고와 올바른 방향설정이라는 리더의 역량이 얼마나 중요한지 실감할 수 있을 것이다. 나아가 리더의 착각에 빠지지 않으려면 겸손하게 시장과 고객의 소리를 경청해야 한다. 진리는 항상 그곳에 있으므로.

위기탈출과 성장을 동시에 꾀하는 전략이 있는가?

리더의 착각 외에도 전략적 목표설정이 어려운 이유는 많다. 우선 우리가 겪고 있는 변화의 폭과 정도가 과거와 비교할 수 없을 만큼 크고 심하다. 보스턴컨설팅그룹^{BCG}은 이러한 격변의 정도를 '업계 내 순위 변화(volatility in market position)'와 '기업 경영의 결과에 대한 예측 불가능'이란 측면에서 설명한다. 우선 업계 3위 안에 있다가 밀려난 기업의 비중이 1960년대에는 전체의 2%였는데, 2008년에는 14%까지 높아졌다. 경영환경을 분석해 경쟁기업과 차별화된 제품과 서비스를 개발하면 성공할 거라는 믿음, 그리고 실제로 기업 성과가 좋아지리라 예측할 수 있는 가능성은 그 어느 때보다 낮아졌다.

올바른 목표설정이 힘들어지는 두 번째 이유이자 더 중요한 원인은, 시장이라는 개념이 점차 넓어지고 모호해졌기 때문이다. 과거에는 시장과 경쟁상대가 비교적 명확했기에 리더는 상대적으로 뛰어난 경쟁우위를 유지하는 방법을 생각하는 데 집중할 수 있었다. 하지만 지금은 시장의 범주와 경계해야 할 플레이어들이 하루아침에 바뀌곤 한다. 가령 소주회사의 가장 중요한 경쟁자는 누구일까? 소주회사이기도 하지만 방송국 같은 미디어 기업이기도 하다. TV 드라마 시청률이 30%만 되어도 저녁에 집에 일찍 들어가는 사람들 때문에 소주 소비량이 감소하기 때문이다. 현대자동차는 SK이노베이션이나 GS칼텍스 같은 에너지 회사들과 전략적 파트너십을 유지해왔지만, 수소자동차나 전기자동차의 개발을 기점으로 그들의 존재기반을 뒤흔드는 가장 위협적인 존재가 되었다. 자동차 업계 전체로 보면 애플과 구글 등 과거에는 그들의 경쟁 카테고리 안에 존재하지 않았던 기업들 때문에 경쟁방식이 급격히 변화하는 단계에 직면해 있다. 지금의 경영환경에서는 그야말로 영원한 친구도 적도 없다. 그저 잠재적 수익 창출의 기회만이 존재할 뿐이다.

이런 상황에서 살아남기 위해서는 리더의 시각과 태도를 달리 해야 한다. 심도 깊은 분석과 장기적 계획에 의거해 실행하는 역량보다는 시장과 고객, 기술의 변화패턴을 빠르게 감지해 제품과 서비스 개발에 반영하고 다양한 실험을 통해 위험을 최소화하는 역량이 더 필요하다. 21세기 전략적 패러다임이 경쟁우위(competitive advantage)에서 적응우위(adaptive advantage)로 바뀌었다고 주장하는 학자나 컨설팅회사가 많은 이유다. 과거에는 미래를 예측하고 이에 대한 대응전략을 잘 수립하는 것이 스마트한 기업이 갖추어야 할 핵심역량이었다. 하지만 미래의 경영환경에 대한 예측이 불가능해진 지금, 선도기업이 갖추어야 할 가장 중요한 역량은 시장과 고객의 변화를 남보다 먼저 파악하여 이를 비즈니스의 기회로 연결시키는 실행력이 될 수밖에 없다. 이런 변화의 과정에서 리더의 전략적 사고와 통찰력은 기업의 운명을 한순간에 뒤바꿔놓을 만큼 중요하다.

시스코Cisco를 보라. 30여 년의 역사를 가진 시스코는 전 세계 인터넷 사용자의 70%가 자사 제품을 사용할 만큼 세계 최대 규모를 자랑하지만, 존 체임버스John Chambers 회장은 2000년대 초

IT 버블이 붕괴되는 시점에서 시장의 변화를 빨리 감지하지 못해 큰 위기에 빠졌던 악몽이 있다.

1990년대 말의 인터넷 붐을 타고 회사가 성장일로에 놓이자 존 체임버스는 고도성장을 유지하기 위해 7년 동안 무려 73개의 회사를 사들였다. 그러나 IT 버블 붕괴와 함께 시스코는 엄청난 대가를 치러야 했다. 네트워킹 장비 수요가 급감하면서 수익률이 절반으로 줄어든 것. 시스코의 주가는 7%까지 곤두박질쳤고, 직원 8500명이 일터를 떠나야 했다.

악화된 경영환경에서 전략적 리더는 가장 먼저 조직의 모든 역량을 효율성 개선에 집중해야 한다. 마른 수건도 다시 쥐어짜는 심정으로 구석구석에 산재한 비효율적인 제도나 인적, 물적 자원을 다시 한 번 점검해야 한다. 시스코 또한 가장 먼저 방만하게 결정하던 투자관행을 없앴다. 투자위원회가 모든 투자를 엄격하게 심사했고, 투자를 결정한 중역이 성과에 대해 개인적으로 책임지게 만들었다. 이에 따라 2000년에만 24개의 회사를 사들였던 시스코는 2001년에는 불과 두 개의 회사만을 합병하게 된다. 그리고 원가절감과 효율성을 높이기 위해 당시 효율성이 가장 뛰어났던 기업인 월마트^{Wal-Mart}와 델^{Dell} 컴퓨터를 벤치마킹 대상으로 삼아 이들의 조직운영 시스템을 시스코에 이식하기 시작한다. 이런 뼈아픈 구조조정 덕분에 시스코는 효율성이 높고 책임이 강조되는 기업문화를 정립할 수 있었다. 2002년의 매출은 189억 달러로 전년과 비슷한 수준이었지만, 수익은

36억 달러로 거의 두 배나 불어났다.

　체임버스 회장은 지나친 자신감 때문에 다른 사람들보다 위기를 늦게 파악했지만 그 이후의 대응은 탁월했고, 이 과정에서 미래에 대한 통찰력과 전략적 사고 역량을 십분 발휘했다. 다른 CEO들이 위기상황에서 원가를 절감하며 살아남는 데만 급급한 반면, 체임버스 회장은 미래의 성장동력을 발굴하기 위해 선별적이지만 과감한 투자를 단행했다. 시스코는 당시 매출의 80%를 차지하던 네트워킹 장비 관련 사업 일변도에서 벗어나 보안이나 무선인터넷 같은 새로운 제품 개발에 주력했다. 그리고 '5년 이내에 이들 새로운 사업 영역에서 전체 매출의 40% 이상을 달성한다'는 구체적이고 도전적인 목표를 설정했다. 위기가 끝나고 성장할 수 있는 기회가 왔을 때 어떻게 할 것인지 흐름을 읽고, 새로운 성장동력을 찾은 것이다.

　만만치 않은 경영환경 아래서 리더는 '효율성 개선'과 '미래 성장동력 발굴'이란 다소 상반되는 두 마리 토끼를 동시에 잡을 수 있어야 한다. 리더의 치밀한 전략적 사고가 필요한 이유다. 매일같이 변화하는 세상에서는 차가운 머리로 현실을 직시하고, 뜨거운 가슴으로 미래를 내다보는 전략적 사고 역량이야말로 리더의 놓칠 수 없는 본질이다. 체임버스 회장이 20년 가까이 시스코를 이끌면서 실리콘밸리 최장수 CEO가 된 가장 큰 이유도 이런 전략적 사고 역량과 미래에 대한 통찰력 덕분이다.

조작된 현실에서 벗어나 '자신의 눈'으로 보라

그렇다면 전략적 사고를 할 수 있는 역량을 기르기 위해 어떤 노력을 해야 할까?

무엇보다 고객, 시장 그리고 기술에 대한 끊임없는 관찰이 필요하다. 많은 기업들이 시장조사라는 이름으로 어떤 제품과 서비스를 개발할 것인지에 대해 고객의 목소리에 귀를 기울이지만, 그리 좋은 방법이 아니라는 것은 잘 알려진 바다. 고객은 이미 존재하는 제품과 서비스를 평가할 수 있을 뿐이다. 헨리 포드Henry Ford처럼 통찰력이 뛰어난 리더들은 오래전부터 "고객의 목소리에 귀를 기울였다면 자동차가 아니라 더 빨리 달리는 말에 천착했을 것이다"라 말하며 혁신을 주도했다. 한발 더 나아가 스티브 잡스는 시장조사를 극도로 싫어했다. 고객은 자신이 무엇을 원하는지 잘 모른다고 믿었기 때문이다.

통찰력을 갖춘 리더는 시장, 고객, 기술에서 일어나는 변화를 종합적으로 파악한다. 그러려면 수동적 관찰자가 아니라 적극적 관찰자로서 끊임없이 시장과 고객의 단편적인 정보를 통합하고 큰 그림과 현상의 본질을 이해할 수 있어야 한다. 단편적인 사실이나 현상들을 연결해 의미 있는 패턴을 찾고, '이것이 회사에 어떤 영향을 미치고, 이를 경쟁자보다 먼저 활용하려면 어떤 준비를 해야 할지' 끊임없이 고민하는 게 리더의 역할이다. 큰 그림을 그리고 현상의 본질을 읽기 위해 노력하다 보면, 어느덧 미래에 대한 확신과 리더로서의 자신감을 갖게 된다.

직원들이 요약해준 보고서나 컨설팅회사에서 제공한 자료를 보는 것도 큰 그림을 이해하고 변화의 추세를 파악하는 데 도움이 되지만, 더 중요한 일은 '자신의 눈'으로 고객과 시장을 끊임없이 관찰하는 것이다. 나는 종종 임원을 포함한 경영진에게 "여러분이 공식적으로 보고받는 현실은 준비되고 조작된 것일 뿐, 고객이 매일 경험하는 현실이 아닙니다"라고 이야기한다.

이런 점을 알아서일까. 존 체임버스 회장은 지금도 일주일에 30시간 이상을 현장에서 보내며 고객들을 관찰하고 변화를 자신의 눈으로 확인한다고 한다. 시장과 고객에 대한 강박 수준의 관찰이야말로 지금의 그를 만든 동력이 아닐까.

반대로 리더가 현장에서 멀어지고 시장에 대한 통찰력을 잃어버린다면, 아무리 위대한 기업이라도 몰락의 길을 걸을 수밖에 없다. 예컨대 GM이 그렇다. 영원할 것 같았던 자동차 업계의 거인 GM이 파산보호를 신청할 줄 어찌 알았겠는가.

GM이 몰락한 계기는 2008년의 금융위기라 하지만, 리더십의 관점에서 볼 때 진짜 이유는 따로 있다. '카가이(car guy)'라 불리는 밥 루츠Bob Lutz는 2011년 6월에 쓴 《빈 카운터스Car Guys vs. Bean Counters》라는 책에서 "GM이 그렇게 된 가장 큰 이유는, 본사 임직원들이 일반 고객의 입장에서 자동차를 산 적이 없기 때문"이라고 단언했다. 나 또한 100% 동감한다. 당시 GM은 본사 중간관리자 이상의 임직원들에게 1~2년에 한 번씩 공짜로 차를 바꿔줬다. 차를 선택하는 과정도 간단하기 그지없었다. 본인의 사무실로 직원이 리플릿을 들고 오면 원하는 차종을 고르기만 하면 됐다. 그러면 며칠 후 2년 동안 몰게 될 차가 주차장에 세워져 있었다. 영업소에 가서 제품을 고르고 가격을 흥정하는 등 일반 고객이 겪어야 할 일들을, 정작 회사의 임직원들은 한 번도 경험하지 않아도 된다는 모순이 '직원 복지'라는 이름으로 횡행했다. 상황이 이렇다 보니 고객과 시장에 대한 현실감을 상실했고, 그 결과 자사 제품에 대한 통찰력마저 잃은 것이다. 실제로 GM이 2000년대 초 생산한 폰티액 아즈텍Pontiac Aztek은 〈포춘〉이 선정한 '역사상 가장 못생긴 차'라는 끔찍한 평을 받기도 했다. 고객과 시장의 니즈가 반영된 차가 아니라 2년쯤 적당히 타고 버리는 차를 만든 것이다.

중요한 의사결정을 하는 기업의 리더라면 마땅히 '미스터리 쇼퍼mystery shopper'가 되어야 한다. 고객의 눈으로 고객을 관찰하고 시장의 흐름과 변화를 머리가 아닌 몸과 마음으로 접하려는 노력을 끊임없이 해야 한다. 리무진 안에서 보는 현실과 시장 한복판에서 피부로 느끼는 현실은 전혀 다르기에, 기업을 이끌어가는 최고경영자와 임원들이라면 더더욱 해야 할 노력이다. 이코노미 클래스를 한 번도 타보지 못한 항공사의 리더, 세일 품목을 하나라도 더 건지려고 북새통을 헤쳐본 적이 없는 할인마트와 백화점의 리더, 콩나물시루 같은 지하철과 버스를 타보지 못한 CEO가 어떻게 고객의 니즈를 발견하고 시장의 변화를 감지하는 통찰력을 가질 수 있단 말인가.

어디 그뿐인가? 삼성을 포함한 한국의 많은 기업에서 경영기획 혹은 전략을 담당하는 부서의 인재들 중, 고객 접점에서 그들의 불편함과 니즈가 무엇이고 기업에 무엇을 원하는지에 대한 치열한 고민과 경험을 해본 비율이 얼마나 될까? 지금의 기업구조와 운영방식은 직원의 능력이 뛰어날수록 고객과 시장으로부터 점점 멀어지는 모순을 안고 있다. 물론 기업을 이끌어가는 CEO 입장에서 능력이 뛰어난 직원이 생기면 곁에 두고 여러 가지 일을 맡기고 조언도 듣고 싶은 마음은 이해할 수 있다. 하지만 이 과정에서 그 직원은 현장과 점점 멀어지고 고객을 보고서에서나 접하게 되고 만다. 그런 사람이 치열하게 변화하는 현장과 고객들을 어떻게 이해하며 제품을 개발하고 전략을 짤 수 있을까? 그런 의미에서 현장 중심의 전략과 혁신을 실현하기 위해서는 핵심인재일수록 고객 접점에서 치열하게 이들의 니즈와 경험을 파악하는 일부터 경험하게 해야 할 것이다.

실제로 그동안 만나온 통찰력 있는 리더들을 보면, 고객과 시장 그리고 미래에 일어날 변화를 조금이라도 먼저 감지하기 위해 현장 리더십을 발휘하려 노력했다는 공통점이 있다. 그리고 이것이야말로 그들의 결정적인 성공 노하우라 할 것이다. 불확실성이 높아져 미래에 대한 예측이 불가능한 사회일수록, 강박 수준의 의지를 갖고 시장과 고객과 사회현상을 끊임없이 관찰해야 한다. 아울러 경쟁자보다 한발 앞서 변화에 대응하기 위해 조직 전체의 시스템을 민첩하게 유지할 수 있어야 한다.

나는 이를 '소방관 방식(firefighter approach)'이라 부른다. 내가 어릴 적 살던 동네 근처에 소방서가 있었다. 그 옆에는 마을에서 가장 높은 망루가 있었는데, 소방관이 교대로 그곳에 올라 불 난 곳이 없는지 살피던 모습을 신기하게 바라보던 기억이 난다. 효율성을 따지자면 요즘 같은 세상에서야 다소 황당한 방법이지만, 언제 어디서 불이 날지 모르는 불확실한 상황에 대응한다는 관점에서 보면 가장 효과적이자 필요한 일이었을 것이다. 물론 보초를 서면서 한눈 팔지 않는다는 가정 하에 말이다.

　때로는 기업의 소방관 역할을 해야 할 리더들이 개인적인 인생을 너무 즐기는 나머지 독한 마음으로 주변을 관찰하는 일을 소홀히 하는 게 아닌가 싶다. 리더십을 강의하는 교수여서 그런지 몰라도 내 주위에는 대기업의 CEO뿐 아니라 중소기업을 이끌어가는 분들이 제법 많이 있다. 가끔씩 이들과 저녁식사를 하며 대화하다 보면 주말마다 골프 친 이야기며, 얼마나 자주 클래식 음악회에 참석하고 해외여행을 다니는지 자랑스럽게 말하는 분이 종종 있다. 물론 CEO라고 해서 항상 고독하게 살며 문화생활을 누리지 말라는 것은 아니지만 가끔씩은 이분들이 인생을 너무 즐기고 있지 않나 하는 생각이 들곤 한다. 그럴 때마다 평생을 독하게 살다 간 스티브 잡스 같은 리더가 그리워진다.

　앞에서 언급한 그의 스탠퍼드 졸업연설을 찾아본 독자라면 "Stay hungry, stay foolish"라는 마지막 문장을 기억할 것이다. 나는 한국의 많은 리더들이 스티브 잡스에게 배워야 할 가장 중요한 교훈이 천재적 상상력이나 혁신 역량이 아니라 한평생 최고의 제품을 만들기 위해 처절하게 노력했던 그의 헝그리 정신이라 생각한다. 그는 지구상에서 가장 부유한 사람 중 한 명이었지만 집에 화려한 가구 하나 없이 소박하게 생활했다. 가끔씩 집에 찾아오는 지인들이 왜 이렇게 초라하게 사느냐고 물으면 "좋은 가구 들여놓고 호화롭게 생활하다 보면 최고의 제품에 대한 열정이 식을까 봐 두렵다"고 대답했다 한다. 예술이나 경영이나 너무 배부르고 여유가 생기면 나태해지기 쉽고 걸작이 나오기 어려워진다는 것은 나만의 선입견일까.

말이 나온 김에 스티브 잡스의 리더십에 대해 생각해봤으면 좋겠다. 위대한 기업을 3번씩(두 번의 애플과 픽사^{Pixar})이나 만들고 인류의 라이프스타일을 바꾸며 21세기 가장 혁신적인 기업을 만들었던 스티브 잡스야말로 가장 위대한 리더 중 한 명이었음에 분명하다. 그러나 그의 리더십을 분석한 수많은 책과 글들은 대부분 천재적 창의성과 혁신역량에만 초점을 맞추고 있다. 나는 잡스가 보여준 리더십의 본질은 다른 데 있다고 생각한다.

첫 번째는 미래에 대한 통찰력이다.

매킨토시 컴퓨터로 PC 시장의 새 역사를 쓴 이래, 그의 통찰력은 사람들에게 새로운 라이프스타일을 선사했다. 직원들이 밤새워 만든 결과물을 거침없이 '쓰레기'라 폄하했던 괴팍한 리더였지만, 그럼에도 그를 믿고 따랐던 직원이 많았던 이유는 결국 잡스가 옳으리라는 믿음이 있었기 때문이다.

그가 지녔던 미래에 대한 통찰력은 단순히 천재성의 산물이 아니다. 그보다는 오히려 미래에 대한 강박관념 덕분이었다고 보아야 한다. 잡스는 강박적으로 고객과 시장, 기술을 관찰했으며 이를 통해 미래를 보았다. 2005년 아이팟의 매출은 천정부지로 치솟아 애플 수익의 45%를 차지할 정도가 되었다. 대부분의 리더라면 이쯤 되면 조금 느슨해진다. 하지만 잡스는 휴대폰의 카메라 기능이 디지털카메라 시장을 위협하는 현상을 발견하고, 아이팟도 조만간 같은 운명에 처할 수 있다는 사실을 직감했다. 당시 그는 식은땀을 흘릴 만큼 긴장했다고 한다. 그 통찰과 위기의식의 결과물이 바로 아이폰이다.

통찰력 있는 리더는 천재적 직관력과 강박관념을 가지고 시장, 고객, 기술에 일어나는 변화와 트렌드를 파악해 "이것이 내일에 어떤 영향을 끼칠까?" 하는 질문을 반복한다. 의사결정에 대한 확신은 얼마나 서류를 오랫동안 검토하느냐에서 나오기보다는 시장과 고객에 대한 관찰과 이를 통한 통찰력에서 나온다. 지금 해야 하는 결정에 확신이 없다면 사무실에서 보고서만 만지작거리지 말고 당장 현장에 나가 눈과 귀를 쫑긋 세우고 고객을 관찰해보라. 답은 항상 현장에 있는 법이다.

두 번째는 완벽한 제품에 대한 예술가적 열정이다.

열정의 가장 중요한 원천은 명확한 목적의식과 일에 대한 의미다. 하드웨어와 소프트웨어 그리고 콘텐츠까지 완벽하게 통합된, 사용자에게 최고의 제품을 쓰게 하겠다는 그의 목표는 많은 갈등을 불러 일으켰지만(특히 빌 게이츠와), 이러한 목적의식이 그를 마지막까지 열정적인 삶을 살게 했다. 그리고 이런 목적의식을 공유했던 직원들이 있었기에 2년간의 역경을 극복하고 아이폰이란 혁신을 만들어낸 것이다.

세 번째는 본질에 대한 집착과 이를 통한 선택과 집중이다.

리더로서 잡스의 가장 큰 장점 중 하나는 제품과 일의 본질에 대해 근본적으로 고민하고, 가장 중요한 것에 집중하는 능력이다. 1997년 애플로 복귀한 잡스가 가장 먼저 한 일은 20여 개로 불어난 제품을 과감하게 4개로 줄이고 수익성을 높이기 위해 노력한 것이다. 평생 서로에 대한 적대감을 숨기지 않았던 빌 게이츠조차 "중요한 부분에 집중하는 스티브 잡스의 능력이 놀랍다"고 하며 그의 탁월한 선택과 집중 역량을 높이 샀다.

그는 제품과 경영의 본질이 무엇인지를 고민했고, 이는 시장과 기술에 대한 통찰력을 기르는 데 중요한 근간이 되었다. 애플이 추구하는 극단적 미니멀리즘도 그 고민의 결과라 할 수 있다. 본질적이지 않은 부분을 제거하려면 역설적으로 제품의 본질에 대한 심도 깊은 이해가 선행되어야 하기 때문이다.

네 번째, 스티브 잡스의 리더십에서 배워야 할 뜻밖의 사항 중 하나는 책임소재를 명확히 하는 태도와 디테일에 초점을 맞추는 리더로서의 행동이다.

나는 혁신이 직원들을 자유롭게 풀어놓고 마음껏 뛰어놀게 한다고 이루어지지는 않는다고 믿는다. 창의적인 아이디어와 이를 제품과 서비스 그리고 비즈니스 모델로 발전시키는 혁신은 질적으로 다른 과정이기 때문이다. 엄격한 책임감과 명확한 책임소재 그리고 성과에 대한 철저한 평가 없이 구글의 '20% 룰' 같은 방식을 따라 하다가 조직 전체가 혼란에 빠지는 일이 훨씬 많다는 사실을 기억해야 한다.

혁신은 창의적인 아이디어가 중요하지만 이는 시작에 불과하다. 이를 바탕으로 경쟁자보다 먼저 혁신적이고 사업성 있는 제품을 만들려면 명확한 책임소재를 부여하고, 개발과정 하나하나에 리더의 숨결을 불어넣어야 한다. 필요하다면 본질적으로 중요한 일들에는 마이크로매니저가 되어도 상관없다. 체크하고 또 체크해서 일의 진행상황을 파악하고 자신의 의견을 명확하게 알려주어라. 이것이 어설프게 권한위임하고 마지막에 마음에 들지 않는다고 직원들을 괴롭히는 것보다 훨씬 현명한 처사다.

다섯 번째, 그는 최고의 인재를 뽑아 그들에게 끊임없는 도전기회를 주었다.

스티브 잡스의 인재상은 매우 단순했다. 바보 멍청이 아니면 천재 혹은 영웅. 그는 애플에 '머저리' 혹은 '2류 인재'가 존재하는 것을 극도로 경계했다. 아울러 그는 탐내는 인재를 설득하는 능력이 타의 추종을 불허했다. "한평생 설탕물이나 팔면서 남은 인생을 보내고 싶습니까, 아니면 세상을 바꿀 기회를 붙잡고 싶습니까?"라는 말로 펩시의 존 스컬리John Scully를 영입한 일화는 유명하다. 이렇게 선별한 핵심인재에게는 물질적 보상은 물론 세상을 바꾼다는 꿈과 목적의식을 공유함으로써 그들의 가슴을 뛰게 했다.

잡스는 리더의 가장 중요한 역할이 인재들에게 원하는 것을 주고 사랑과 존경을 받는 것이 아님을 잘 보여준다. 리더의 가장 중요한 역할은 구성원들에게 끊임없는 도전과제와 목표를 설정해주고 이를 통해 그들의 역량을 발전시켜 성공으로 이끄는 것이다. 이 과정에서 필요하다면 기꺼이 원망의 대상이 되겠다는 용기와 결단이 필요하다. 그들의 역량개발과 성공을 위해 의도적으로 높은 목표를 설정한다는 진정성만 있다면 말이다.

경험을 통찰로 바꾸는 일상의 습관

지금까지 살펴본 잡스 리더십의 5가지 핵심은 리더라면 반드시 실천해야 할 보편타당한 원리다. 그러나 세부 실천항목으로 내려오면 그의 리더십은 함부로 따라 하다가는 큰 부작용이 있을 수 있다. 리더로서 그가 보여준 행동들이 무조건 따라 하기에는 너무 극단적이었기 때문이다. 직원들의 약점을 공격해 위축시키고 이를 이용한 것, 타인에 대한 배려 없이 자신이 원하는 목표를 달성하기 위해 했던 수많은 문제적 행동들, 목표달성을 위해 공동창업자이자 가장 친한 친구인 워즈니악Steve Wozniak에게까지 거짓말을 하고 배신했던 비윤리적인 행동들, 모든 것을 조종하고 싶어 했던 것 등….

그의 리더십이 위대한 것은 이 모든 부정적인 면들을 상쇄하고도 남을 만한 카리스마와 재능 그리고 매력이 있었기 때문이다. 어설프게 따라 하다가 '위대한 리더'가 아니라 그냥 '또라이 보스'가 될 확률이 훨씬 더 높기에 주의를 요한다. 통찰력 있는 리더로서 그가 고수했던 큰 원칙은 잊지 않되, 좀 더 보편타당한 실천방법을 모색해볼 필요가 있다.

간혹 보면 10년 이상 한 분야에 종사하면 통찰력이 저절로 길러지는 것처럼 말하는 리더들이 있다. 그러나 개인의 10~20년 경험이 전략적 사고와 통찰로 바로 이어지는 것은 아니다. 통찰력이란 의식적으로 그리고 꾸준히 연마해야 생길 수 있다.

나는 10년 넘게 리더들을 관찰하고 대화를 나누면서, 통찰력이 뛰어난 리더들은 어떤 노력을 했는지 발견하기 위해 노력해왔다. 다음은 내가 발견한 몇 가지 노하우다. 당신도 한번 실천해보기 바란다.

첫째, 통찰력이 뛰어난 리더는 사회에서 일어나는 다양한 현상들을 끊임없이 관찰하는 습관이 있다.

이때 관찰은 지극히 능동적이어야 한다. '이 일이 지금 당장은 아니더라도, 우리 일에 궁극적으로 어떤 영향을 미칠 수 있을까?'라고 끊임없이 질문하는, 미래지향적인 관찰이어야 한다.

또한 현실적인 관점에서 바라봐야 한다. 지나치게 낙관적으로 현상을 바라보면 CEO의 개인적 야심과 장밋빛 환상에 젖어 감당할 수 없는 위험을 자초하거나 전략적 목표를 정확하게 설정할 수 없게 된다. 반대로 지나치게 부정적으로 바라보면 장애물과 위협에만 주목하게 되어 엄청난 기회를 날려버릴 수도 있다.

리더의 가슴은 뜨거울수록 좋고 머리는 차갑고 까칠할수록 좋다. 그런데 많은 리더를 만나보면 가슴이 뜨거우면 머리도 뜨겁다. 그러면 근거 없는 낙관주의로 흐를 수 있다. 반대로 머리가 차가운 사람은 가슴까지 차갑다. 그러면 직원들이 따르지 않는다. 이상적인 리더는 차가운 머리와 뜨거운 가슴이 공존한다.

20년 동안 회사를 매년 20% 이상 성장시켜 '20세기 최고의 CEO'에 선정된 잭 웰치는 차가운 머리와 뜨거운 가슴이 가장 이상적으로 결합된 리더 중 한 명이다. 그의 리더십에 대해서는 종종 평가가 엇갈리지만, 이는 과거의 리더십을 오늘날의 잣대로 판단하려는 오류일 수도 있다고 생각한다. 리더의 차갑고 냉철한 머리는 특히 위기나 불황에 더욱 빛을 발하는 법이다. 이를 잘 보여주는 사례가 하나 있다.

잭 웰치가 GE의 CEO에 올랐던 1981년은 미국 경제가 아직도 불황의 늪에서 허덕이던 때였다. 부임을 해서 웰치가 가장 먼저 했던 일 중 하나는 전 사업부를 돌며 보고를 받고 상황을 파악하는 것이었다. 당시 GE의 대표사업 중 하나는 원자로 사업이었다. 원자로 사업부는 GE의 엘리트라면 한 번쯤 가서 일해보고 싶은 부서로 소문나 있었다.

잭 웰치가 원자로 사업부에 가서 앞으로의 사업계획에 대해 보고를 받는데, 내용이 온통 장밋빛으로 가득 차 있었다. 앞으로 미국에서만 해마다 3기의 원자력 발전소를 수주하고 이를 바탕으로 연평균 20% 이상 성장하겠다는 계획이었다. 하지만 문제는 1979년에 쓰리마일섬에서 원자력 발전소 방사선 누출사고가 발생해서 미국이 떠들썩했고, 미국 연방정부가 원자력 발전에 대한 의존도를 대폭 낮추겠다는 선언을 했다는 점이었다. 이런 상황은 고려하지 않고 '무조건 잘' 식의 사업계획을 보고하는 직원들에게 잭 웰치는 불같이 화를 내며 앞으로 원자로 주문을 하나도 받지 못하면 어떻게 먹고 살 것인지를 담은 '플랜B'를 세워 당장 운용하라고 호통쳤다. 보고했던 임원들 입장에서는 열심히 해보겠다는데 야단을 치는 웰치가 야속하기도 했겠지만 울며 겨자 먹기로 비상상황이 발생하면 실행할 수 있는 '플랜B'를 세우기 시작했다.

그 결과 어떻게 되었을까? 아니나 다를까 잭 웰치의 예상대로 GE는 그 후 20년 동안 전 세계에서 단 4기의 원자력 발전소를 발주받는 데 그쳤고, 미국에서는 하나도 발주를 받지 못했다. 미국에서만 1년에 3기씩 수주하겠다는 최초의 계획과 전혀 동떨어진 상황이 웰치의 예상대로 벌어진 것이다. 하지만 웰치의 협박(?) 덕분에 GE의 원자력 사업부는 이런 상황이 벌어지면 직원 수를 2410명에서 1985년까지 160명으로 줄이고 원자로 건설설비 대부분을 매각하여 건설과 판매 중심의 비즈니스 모델에서 탈피해 이미 건설한 72개의 원자력 발전소에 연료 공급과 유지보수 서비스를 제공해서 생존하겠다는 비상경영 계획을 수립해둔 터였다. 이 덕분에 위기를 잘 극복할 수 있었다. 뜨거운 가슴과 차가운 머리가 공존하는 리더십이 위기 상황에서 얼마나 도움이 되는지 잘 보여주는 좋은 예다.

사회적 현상을 미리 예측해보는 것도 시장과 고객의 변화를 감지하는 데 도움이 된다. 전략적 의사결정을 해야 하는 리더라면, 미래학자나 인류학자들이 예측하는 미래의 사회적 현상에 대해 지속적인 관심을 가져야 한다. 전략적 사고는 멀리 있지 않다. 유의미한 사회적 현상과 변화를 관찰하고, 이런 변화들이 내게 어떤 의미가 있는지 지속적으로 고민하다 보면 본질이 보이기 시작한다. 이는 미래의 기회를 선점하기 위해 지금 무엇을 준비해야 하는지 하는 통찰력으로 발전한다.

새로운 프로젝트나 신상품 개발 혹은 신사업을 진행하다 보면 자신이 내린 의사결정에 반대하는 직원이 많을 수 있다. 혹은 실행 초기에 예상했던 결과가 나오지 않으면 초조해질 수 있다. 그러면 아무리 경험 많은 리더라도 자신감을 상실하고 흔들리기 쉽다. 이럴수록 의사결정에 대한 확신은 시장과 고객을 끊임없이 관찰하고 전략적 사고를 통해 얻은 통찰력에서 나온다는 사실을 기억하자. 여기서 중요한 것은 '확신'이다. CEO는 회사의 미래를 위해 중대한 결정을 해야 하는 존재이지만, 불확실한 상황에서 확신을 갖고 의사결정을 하기란 말처럼 쉽지 않다. 하지만 사회적 현상에 대한 본질적인 고민을 통해 변화의 패턴을 읽게 되면, 지금 내가 하는 일이 성공할 거라는 확신을 갖고 의사결정할 수 있다.

이때 반드시 기억해야 할 것이 전략적 사고와 통찰력을 기르기 위해 지속적이고 습관적인 노력을 해야 한다는 사실이다. 생각날 때 한두 번 해보는 정도로는 다양한 현상들을 의미 있게 꿰는 능력을 개발할 수 없다. 사회에 나타나는 수많은 현상들은 워낙 복잡하거니와 서로 아무런 연관도 없어 보여서 자칫 혼란만 느끼기 쉽다. 하지만 지속적으로 관찰하며 현상의 본질과 핵심, 그리고 이러한 현상들의 잠재적 영향을 찾아내려 노력하다 보면 점차 명확한 그림을 그릴 수 있을 것이다. 이 과정을 꾸준히 반복해 전략적 사고 역량을 개발하는 습관을 들이자. 혼자만 하지 말고 132쪽의 표를 바탕으로 같이 일하는 직원들과 6개월에 한 번씩 브레인스토밍을 해보라. 강의실에 앉아서 강의 몇 번 듣는 것보다 이런 브레인스토밍을 주기적으로 하면 미래를 생각하고 좀 더 멀리 넓게 바라보는 전략적 사고 역량과 통찰력이 훨씬 더 빨리 개발될 수 있을 것이다.

둘째, 통찰력 있는 리더들은 새로운 지식을 끊임없이 습득하려 노력한다.

얼마 전 모 경제연구소에서 주관하는 조찬 강의에 초대받아서 강의할 기회가 있었다. 그런데 아침 7시에 시작되는 이 강연

1. 우리 업계에 중대한 영향을 미칠 만한 기술과 소비자의 변화는?	예) 인터넷(트위터, 페이스북 등)과 스마트폰이 사람들의 라이프스타일을 바꾸기 시작한다.
2. 이런 변화가 우리에게 어떤 의미가 있는가?	
3. 이런 변화가 수익으로 연결되려면 어떤 일들이 일어나야 하는가?	
4. 3번과 관련해 우리가 해야 할 역할은?	

〈 전략적 사고 훈련 브레인 스토밍 〉

에 무려 800여 명이 참석해서 놀랐던 기억이 있다. 이렇게 끊임없이 배우려는 리더들이 있는 한 한국의 앞날은 여전히 밝을 것 같다는 생각이 저절로 들었다. 주어진 시간을 넘겼는데도 일어나는 분들이 거의 없이 강의에 집중하는 모습을 보며 내가 더 많은 것을 깨달을 수 있었던 시간이었다.

리더로서 지속적인 성장을 하려면 습관적으로 배움을 실천해야 한다. 호기심을 바탕으로 끊임없이 학습하는 습관은 마음을 늙지 않게 해주는 비타민과 같다. 요즘 몸에 좋은 건강보조제를 복용하는 이들이 주위에 많은데, 몸을 위한 건강보조제보다 더 중요한 것이 정신적 건강을 위한 호기심과 지속적인 배움이다. 피터 드러커Peter Drucker는 "컨설턴트로서 나의 가장 큰 장점은 아는 척하지 않고 이것저것 물어보는 것"이라고 말하며 호기심과 학습의 중요성을 강조했다. 리더로서의 성공도 결국 자만하지 않고 열린 마음과 겸손한 자세로 다양한 분야에 대한 호기심을 유지하느냐에 따라 결정된다고 할 수 있다. 리더십 학자인 워렌 베니스Warren Bennis와 버트 나누스Burt Nanus 역시 90여 명의 리더들을 관찰한 후, 성공한 리더의 가장 큰 비결은 끊임없이 배움을 실천한 '평생 학습자(life-long learner)'였기 때문이라고 결론 내렸다. 개인적으로 '평생 학습자' 하면 가장 먼저 SK텔레콤 사장을 역임한 김신배 SK 고문을 떠올리게 된다. 평소 교수인 나보다 훨씬 더 많은 책을 읽고, 공부를 하고, 항상 미래에 대해 고민하는 모습을 볼 때마다 존경스럽기만 하다. 배움에 대한 남다른 열정이야말로 그분이 SK텔레콤을 급성장시키고 한국경제의 대표 CEO 중 한 분으로 성장한 가장 큰 이유가 아닐까 생각한다.

하지만 한 달에 한두 번 듣는 강의만으로 전략적 사고 역량과 통찰력이 뛰어난 리더가 되는 것은 불가능하다. 평소에 개인적인 배움을 지속하는 것이 무엇보다 중요하다. 잭 웰치는 학습문화를 강조한 CEO로 유명하다. 그가 가장 중요하게 여긴 배움의 원칙은 '언제 어디서나 그리고 누구에게서나(anytime, anywhere, and from anyone)'였다. 이러한 철학을 잘 반영한 것이 바로 '역 멘토링'이다.

잭 웰치는 1999년 출장길에서 우연히 만난 젊은 엔지니어로부터 인터넷의 가치에 대해 듣게 된다. 사안의 중요성을 깨달은 웰치는 500명이 넘는 GE의 고위 임원 모두에게 젊은 인재들로부터 인터넷과 관련 기술에 대해 학습하라는 지시를 한다. 이게 바로 요즘 유행하기 시작한 역 멘토링의 공식적인 출발점이다. 역 멘토링이야말로 누구에게서나 언제 어디서나 새로운 것을 배우고 받아들이려는 학습원칙을 잘 보여준다 하겠다. 우리 기업들 중에도 '학습'을 조직적인 차원에서 강조하는 곳이 적지 않다. 그중에서도 동화약품의 윤도준 회장은 직원이 공부할 수 있는 환경을 조성하는 데 투자를 아끼지 않는 것으로 유명하다. 특히 본인이 학습하는 최고경영자 과정에서 실력이 느껴지는 강사들을 회사로 초청해 직원들이 강연을 듣도록 하는 '동화특강'은 2008년 7월부터 한 번도 쉬지 않고 이어져오고 있다. 다른 것도 마찬가지겠지만 '학습'에서도 리더의 철학과 소신이 얼마나 중요한지를 새삼 실감하게 된다.

강의를 듣고 책을 꾸준히 읽는 것도 중요하지만, 동시에 매일 일어나는 여러 가지 사회적 현상을 관찰하기 위해 신문을 읽거나 다양한 분야의 전문가들과 지속적으로 만나 대화를 나누려는 노력도 중요하다. 이때 중요한 것은 강의와 독서, 대화 등을 통해 받아들인 정보와 지식을 제대로 정리하고 분석해 '꿰는' 것이다. 신문이나 책을 읽는 노력은 누구나 할 수 있다. 특히 신문을 읽으면서 '이건 생각지도 못했던 사실인데…', '이야, 이건 진짜 중요한데!' 혹은 '이렇게 하면 좋겠는데…'라고 생각되는 기사를 일주일에 몇 번씩은 접할 것이다. 또는 자신의 일이나 회사에 직간접적으로 큰 영향을 미칠 만한 사실이나 변화, 시야를 넓혀줄 지식이 담긴 기사를 보게 될 것이다. 그러나 이런 기사들을 통해 얻은 지식을 지속적이고 체계적으로 꿰지 않으면 전략적 사고 역량이나 통찰력에 아무런 도움이 되지 않는다.

한번 테스트해보자. 지난주에 읽은 신문기사 중에서 지금 기억나는 것이 몇 개나 되는가? 2~3개라도 기억하는 독자들이 그리 많지는 않을 것이다. 기억력 문제는 아니다. 이제껏 내가 강의하면서 확인해본 결과, 2~3개라도 기억하는 사람은 채 10%도 되지 않았다. 우리의 뇌는 제한된 자원을 최적화하는 효율성에 초점을 맞추고 있기에, 뇌 속 정보를 저장하는 바구니가 가득 차면 이를 비우려는 속성이 매우 강하다. 따라서 정보를 습득하는 과정에서 의미 있고 중요한 정보를 접하면 뇌에 잘 저장해놓으라는 명령을 내려야 한다. 가장 효과적인 방법은 그 정보를 체계적으로 분석해 정리하고 중요한 의미를 부여하는 것이다.

매일 접하는 기사들에서 통찰을 얻고 이를 강의와 기업 자문에 활용하기 위한 나만의 방법을 소개할까 한다. 나는 신문을 읽고 중요하다고 생각되는 기사는 반드시 컴퓨터에 저장하는 습관이 있다. 컴퓨터에 '강의자료'라는 폴더를 만들어두고, 무릎을 칠 만큼 신선한 기사나 강의나 집필에 유용한 자료를 접하면 파일로 바꾸어 저장한다. 종이 신문에서 본 기사라도 반드시 인터넷에서 다시 찾아 저장해둔다. 그리고 한 달에 한 번씩 정해진 시간에 폴더에 저장된 기사들을 검토하면서, 중요한 사회적 현상이나 변화의 방향과 패턴을 찾으려는 노력을 한다. 단편적인 정보들을 어떻게 의미 있게 꿸 수 있을지 고민하고 다양한 카테고리를 만들어보기도 한다. 또한 중요하다 싶은 기사들은 파워포인트에 강의안 형식으로 일단 만들어놓는다.

한 달에 1~2시간 남짓의 투자이지만, 많은 강의를 하고 다양한 리더를 만나 대화하고 여러 매체에 기고하는 내게 없어서는 안 될 습관 중 하나다. 한 달에 한 번씩 그동안 모아놓은 단편적인 지식을 꿰어보는 작업은 교수이자 학자로서 나의 경쟁력을 유지해주는 가장 중요한 비밀 병기가 되었다.

책을 읽을 때도 마찬가지다. 경영관련 서적들은 결코 소파에서 가볍게 읽지 않고 항상 책상 앞에서 컴퓨터를 켜놓고 읽으려 한다. 책을 읽다 중요한 내용이 나오면 반드시 파일에 옮겨 적는다. 책 한 권을 다 읽고 나면 대개 14~15쪽 분량의 책 내용과 책을 읽다 떠오른 내 생각들이 정리된다.

단순한 독서행위를 넘어 이렇게 기록으로 남기는 것이 중요한 이유는, 우리는 살면서 접하는 대부분의 지식과 정보를 며칠 후면 자연스럽게 잊기 때문이다. 하루에 적어도 30분씩 신문을 보고 금쪽같은 시간을 쪼개서 책을 읽는데 남는 게 없다면 차라리 그 시간을 어학공부에 투자하는 게 더 가치 있을 것이다. 그러니 책을 다 읽었다면 내용과 느낌을 한 장에라도 정리해보는 습관을 들이자.

내용을 정리하는 것도 좋지만 빠뜨려서는 안 될 것이 '실천 항목'이다. 기업 리더에게 학습의 궁극적인 목적은 실천을 통한 성과향상이다. 그런데 간혹 실행이 아니라 '지식 자랑'을 위해 배우는 것 아닌가 싶은 CEO들이 있다. 너무 많이 배운 나머지 본인이 다 알고 있다는 자만에 빠진 경우도 있었다. 한마디로 '과잉 교육된 리더(over-educated leader)'다. 이런 리더에게는 나는 "조금 덜 배우고 조금 더 실천하라"고 조언하곤 한다. 독자들도 얼마나 배웠는가보다는 배운 것들을 얼마나 실천했는지, 즉 '실천비율^{execution ratio}'이 우선시되는 학습을 했으면 한다.

아울러 무엇이든 경험을 하면 밤에 5~10분 정도 정리해볼 것을 권한다. 가령 이런 직원에게 이렇게 코칭했더니 직원이 어떻게 변하더라는 내용을 정리해보는 것이다. 업무를 하고 직원들과 상호작용하면서 당신 나름대로 시도해본 것들이 있다면 효과가 있건 없건 간에 반드시 정리하자.

한발 나아가 5년 후에 '이 세상 어디에도 없는 나만의 경영학 책'을 쓴다는 목표를 세워서 나만의 방법을 만들고 반영해보자. 책, 신문, 강의에서 배운 내용뿐 아니라 '평소 경험'을 바탕으로 얻게 된 교훈을 나만의 책을 쓰겠다는 생각으로 꾸준히 정리하는 것이다. 대부분의 리더들이 직장생활을 수십 년 했는데 자기 노하우를 얘기해보라고 하면 제대로 표현도 못하면서 머릿속에다 있다고만 말한다. 당신도 그러하다면 이제부터라도 배우고 정리하기를 꾸준히 시도해보자. 이런 과정이 습관이 된다면 시장과 고객을 보는 눈, 그리고 변화의 패턴을 읽어낼 통찰력이 지금보다 몇 배는 더 향상될 것이라 확신한다.

마지막으로 통찰력이 뛰어난 리더들의 세 번째 공통점은 '산책'이다.

사소해 보이는 산책 습관 뒤에는 통찰력을 높일 수 있는 놀라운 비결이 숨겨져 있다. 깊은 생각을 할 기회를 지속적으로 부여함으로써 사회적 현상에 대한 통찰력을 높이고, 전략적 의사결정에 필요한 큰 그림을 이해하려는 노력을 끊임없이 할 수 있다. 만유인력의 법칙 같은 인류의 위대한 발견이나 발명 상당수가 산책길에서 시작됐다는 사실은 결코 우연이 아닐 것이다.

홀로 하는 산책은 다양한 정보를 통해 큰 그림을 찾는 '사고의 통합'을 가능케 한다. 또한 익숙한 현상을 다른 각도에서 보려는 '관점의 전환' 기회를 준다. 산책은 중요한 정보를 현재만이 아닌 과거와 미래의 눈으로 바라보려는 '사고의 다양성'을 선사한다. 무엇보다도 산책은 방해받지 않고 중요한 현상의 본질적 의미를 성찰하는 '정신적 몰입'의 시간이다. 사고의 다양성과 정신적 몰입, 이를 바탕으로 한 새로운 시도에서 창의적인 아이디어가 나오고 시장과 고객에 대한 통찰력이 생긴다. 산책이야말로 우리를 성공하게 해주는 취미라 해도 과언이 아니다.

작가 레이먼드 인먼Raymond Inmon은 "창의적인 아이디어를 구한다면 밖으로 나가 걸어라. 천사는 산책하는 사람에게 속삭

인다(If you are seeking creative ideas, go out walking. Angels whisper to a man when he goes for a walk)"라고 산책의 중요성을 멋지게 표현했다. 또 다른 미국의 유명 작가인 할 볼랜드 Hal Borland 역시 "모든 산책은 발견이다. 산책을 통해 우리는 시간을 가지고 사물의 전체를 보게 된다(All walking is discovery. On foot we take the time to see things whole)"며, 통찰력을 얻기 위해 필요한 전체론적 시각holistic view이 산책을 통해 형성될 수 있음을 강조했다.

이 책을 읽고 있는 독자들에게 권하고 싶다. 시간과 감정의 낭비가 심한 돈내기 골프보다, 통찰력을 통해 나를 성공하게 해주는 산책의 깊은 묘미에 빠져보라고. 반드시 산책이 아니어도 좋다. 외부의 방해 없이 정보나 상황을 360도 다양한 관점에서 성찰할 수 있는 당신만의 방법이면 된다. 중요한 것은 생각의 몰입을 위해 나를 심리적, 물리적으로 단절시켜주는 환경을 마련하는 것이다. 나이키의 '이노베이션 키친Innovation Kitchen'이나 P&G의 'THE GYM'과 같은 단절된 공간에서 수많은 창의적 상품이 쏟아져 나온 것은 결코 우연이 아니다.

외부로부터 단절된 공간에 들어가 창의적인 생각을 잉태할 수 있는 환경을 주위에 많이 만들자. 당신만이 아니라 구성원 모두를 위한 공간이라면 더욱 좋을 것이다.

PART TWO

따를 이유를 밝혀라

1부에서는 리더로서 '나'에 초점을 맞추었다. 하지만 리더십의 본질은 내가 아니라 '그들(구성원들)' 그리고 그들과 나와의 '관계'에 있다. 역량이 뛰어난 전문가가 리더가 된다고 해서 성공 확률이 높아지는 것은 아니다. 스포츠 세계에는 '명선수는 명감독이 되기 어렵다'란 속설이 있다고 한다. 실제로 메이저리그 통산 승수 상위 감독들은 선수 시절 평범한 성적을 낸 소위 B급 선수인 경우가 많다.[9]

"리더란 다른 사람을 통해 목표를 달성하는 사람이다(Leaders are those who accomplish goals through other people)."

리더십을 연구하고 많은 리더들을 만날수록 절감하는 사실이다. 이 문장의 진정한 의미를 이해하지 못하거나 가슴 깊이 받아들이지 못한다면, 리더로서 성공할 수 없다. 아니, 성공할 수 있을지는 몰라도 직원들을 이끌 줄 아는, 진정한 리더로 성장하는 것은 불가능하다.

그렇다면 리더로서 당신은 무엇을 어떻게 해야 할까?

첫째, 미래에 대한 '꿈'과 비전을 보여줌으로써 당신을 따라야 하는 이유를 분명히 제시해야 한다.

둘째, '목적의식'을 통해 일에 대한 의미를 고취해야 한다.

셋째, 직원들의 역량을 인정하고 존중함으로써 그들의 '자존감'을 높여야 한다.

넷째, 직원들에 대한 관심과 배려로 그들과의 '관계'를 다져야 한다.

'꿈'을 통해 나는 상사에서 비로소 리더가 된다

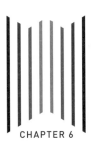

CHAPTER 6

이 책을 여기까지 읽었다면 당신은 아마도 몇 페이지 읽다 말고 방 어딘가에 던져둔 사람보다는 리더가 되고픈 열망이 강할 것이다. 그리고 리더로서 성공하기 위해 다양한 노력을 게을리 하지 않으리라 믿는다.

그러나 노력한 결과 리더로서 지위가 점점 올라갈수록 당신은 아이러니한 상황에 직면하게 된다. 조직에서 일정한 지위에 도달하게 되면 내 개인의 성공과 그 성공의 크기가 나의 노력과 능력에 의해 결정되기보다는 직원들의 노력과 능력에 의해 결정될 가능성이 높아진다는 사실이다. 어쩌면 리더가 된다는 것은 자신의 미래와 성공을 직원들에게 전적으로 의지하게 되는, 그들의 볼모가 되어가는 과정일지도 모른다.

이쯤에서 중요한 질문 하나를 하고 싶다.

'리더와 직원의 가장 큰 차이가 무엇일까?'

'왜 누구는 리더가 되고, 누구는 항상 주어진 일만 하는 자리에 머무는 걸까?'

다음 두 사람의 대화를 읽어보면 리더와 리더가 아닌 사람의 가장 큰 차이가 무엇인지 알게 될 것이다.

두 남자가 미네소타의 광활한 숲을 바라보며 이야기를 하고 있었다.

A : "이봐, 내가 지금 뭘 보고 있는 줄 아나? 아직 개발되지 않은 엄청난 자원일세. 컨소시엄을 구성한 개발회사들이 1조 5000억 원이 넘는 산림자원을 개발할 걸세. 펄프 공장과 광산도 저기 어딘가에 위치해 있을 거고. 그뿐인가? 호수 사이에는 최고급 콘도와 골프장도 들어설 거야. 자네는 뭐가 보이나?"

B : "어, 나는 그냥 나무밖에 안 보이는데…."

어느 책에서 읽은 내용이다. A와 B의 차이는 무엇일까? 그건 바로 꿈이 있느냐와 없느냐의 차이다. 반드시 꿈을 가져야 성공한다는 식의 추상적인 말을 하려는 것은 아니다. 여기서의 꿈은 '미래의 가능성'이다. 리더는 꿈을 통해 다른 사람이 보지 못하는 미래의 가능성을 봐야 한다. 그 꿈은 목표이자 나의 열정을 일깨우는 에너지가 되고, 역경을 헤쳐갈 수 있는 강인한 의지가 된다. 그래서 꿈은 리더의 존재 가치이자 리더를 리더답게 만드는 데 가장 중요한 역할을 한다. 그리고 그 꿈과 가능성을 직원들과 공유할 때 폭발적인 에너지와 열정이 생기고 주인같이 일하는 문화가 비로소 만들어진다.

리더의 꿈은 곧 조직의 방향이 된다

위대한 리더들은 끊임없이 꿈을 꾸었고 그 꿈을 조직의 비전으로 승화시켜 구성원들과 공유하려 했다는 공통점이 있다. 자동차의 아버지라 불리는 헨리 포드의 꿈은 단순히 가격이 저렴한 자동차를 많이 생산하는 것이 아니었다. 그가 꾼 꿈은 '값싼 자동차를 대량으로 만들어 말과 마차에 의존하던 인류의 교통 시스템을 바꾸는 것'이었다. 나아가 '중산층 가정이라면 누구나 자동차를 구입해 가족과 여가를 즐기게 하고 이를 통해 삶의 질을 향상시키자'는 꿈으로 인류 발전에 이바지하려 노력했다. 마틴 루터 킹^{Martin Luther King}이 지금도 미국 역사상 가장 위대한 리더로 추앙받는 이유는 '인종에 상관없이 자유롭게 자신의 꿈을 실현할 기회를 제공하는 사회를 만들고 싶다'는 꿈을 위해 자신의 모든 것을 바쳤기 때문이다. 이처럼 리더의 꿈은 항상 변화와 발전의 출발점이 된다.

리더의 진정한 존재 가치는 단기간에 이뤄낸 성과에서 나오지 않는다. 물론 지금 무엇을 이루었는지도 중요하지만, 미래에 대한 리더의 꿈이야말로 조직의 흥망성쇠를 좌우한다 해도 과언이 아니다. 리더로서 품고 있는 간절한 소망을 조직의 구성원들과 공유할 때 당신이 가진 긍정적인 영향력은 극대화된다.

조직과 미래에 대한 꿈이라니, 나와는 거리가 먼 얘기라고 생각할지도 모르겠다. 그러나 대기업의 CEO만이 꿈을 꿀 수 있는 것은 아니다. 팀장이든 부서장이든 누구나 리더로서 꿈을 꿀 수 있다. 지금은 주어진 일을 충실히 하고 CEO가 되면 꿈은 그때 가서 꿔도 늦지 않다고 생각한다면 오산이다. 반대로 이렇게 생각하라. 꿈은 CEO가 된 후에 꾸는 것이 아니라, CEO가 되기 위해 꾸어야 한다.

당신은 지금 어떤 꿈을 간직하며 살고 있는가? 현실에 안주하고픈 달콤한 유혹 때문에 꿈이 점점 작아지고 있지는 않은가? 아마존닷컴Amazon.com을 일군 제프 베조스Jeff Bezos의 꿈은 '가장 큰 오프라인 서점보다 10배 이상 큰 초대형 온라인 서점을 만든다'는 것이었다. 이를 위해 막대한 연봉과 투자회사 부사장 자리를 포기해야 했지만, 20여 년이 흐른 지금 그는 세계 최대 전자상거래 생태계와 함께 엄청난 부를 거머쥐었다.

다시 한 번 묻는다. 당신은 지금 어떤 꿈을 간직하며 살고 있는가? 3년 후, 혹은 5년 후 직원들의 눈에 어떤 리더로 보이고 싶은지 한 문장으로 정리해보자. 혹은 5년 후에 무엇을 이루고 싶은지 구체적인 목표를 적어보자. 목표는 높을수록 좋다. 이왕

이면 높은 목표를 명사형(무엇이 되고 싶다)보다 동사형(무엇을 하고 어떤 목표를 이루고 싶다)으로 적어보자.

꿈이 중요한 이유는 역경이 닥쳤을 때 후회하지 않고 포기하지 않는 열정을 주기 때문이다. 제프 베조스가 아마존 창업을 결심한 이래 의사결정의 판단기준으로 삼았던 것이 있다. 'regret minimization rule', 즉 '후회 최소화 법칙'이다. '이걸 내가 지금 하지 않으면 죽기 전에 후회하지 않을까?' 이 질문을 스스로에게 던지면 하고 싶은 일을 하는 데 필요한 용기를 얻을 수 있다. 아마존이 하향세를 걷던 〈워싱턴포스트Washington Post〉를 인수한 것도 후회를 최소화하기 위한 결정이었다.

포기하지 않는 열정이 비단 리더에게만 중요하겠는가? 이것이야말로 조직 전체에 반드시 필요하다. 그래서 리더는 평소에 자신의 꿈을 구성원들에게 밥 먹듯 이야기해서 공유해야 한다. 리더의 꿈이 조직의 꿈이 될 때, 우리는 이것을 '비전'이라 부른다. 리더 개인이 이루고 싶은 이상적인 결과가 꿈이라면, 비전은 리더가 미래에 자신의 조직이 무엇을 달성하기 원하는가를 표현한 것이라 보면 된다. 즉 비전이란 '조직의 미래에 대한 리더의 신나는 꿈'이다. 비전을 통해 조직은 살아 숨 쉬는 생명체로 발전할 수 있다.

비전을 말할 때 흔히 함께 거론되는 단어가 있다. 바로 '미션'이다. 이 둘은 어떻게 다를까? 미션은 기업의 존재 이유이자, 고객에게 어떤 가치를 제공하겠다고 약속하는 일종의 선언문이다. 그리고 비전은 조직이 달성하고자 하는 이상적 미래에 대한 공유된 꿈을 말한다.

그럼에도 헷갈린다면, 굳이 엄밀히 구분할 필요는 없을 것 같다. 미션과 비전을 시시콜콜히 따져가며 '시장점유율 1위', '5000억 매출 달성' 같은 수치를 비전으로 삼는 것보다, 좀 더 의미 있고 가치 있는 꿈으로 구성원들을 설레게 하는 것이 훨씬 중요하기 때문이다. '매출 얼마'라는 식의 문구는 리더가 가진 꿈과 비전을 달성하면 생기는 자연스런 결과여야지, 그 자체가 목표이자 꿈이 되어서는 안 된다.

좋은 예가 혼다Honda 자동차다. '꿈의 힘을 믿는다(The Power of Dreams)'라는 그들의 슬로건은 혼다이즘을 단적으로 드러내는 구호이자, 혼다의 전 직원을 상상력의 세계로 이끄는 단초가 된다. 오토바이 엔진을 만들던 혼다가 자동차를 넘어 로봇과 제트기까지 제작하게 된 데는 구성원의 가슴을 뛰게 하는 조직의 미션이 큰 역할을 했다.

그러나 지금껏 보아온 많은 한국 기업들의 비전이나 미션 관련 문구를 보면 도무지 무엇을 말하고자 하는지 명확하지 않은 경우가 많다. 나는 경영진 혹은 임원들과 리더십 워크숍을 진행하면 비전과 미션을 얼마나 잘 공유하고 있는지 종종 테스트해보곤 한다. 그해의 조직목표 하나와, 가장 시급한 목표 한 가지를 써서 서로 일치하는지 맞춰보는 것이다. 적어낸 내용이 일치하는 조직은 비전 공유와 소통이 잘 이루어지는 기업일 터. 하지만 대부분은 자기 회사의 비전과 미션을 기억하지도 못할뿐더러, 그에 필요한 목표를 정반대로 써내는 경우도 한두 번이 아니었다.

대개 이런 기업들은 열심히 일하고는 있지만 한 방향으로 움직이지 않고 각자의 방향으로 가려 하기 때문에, 조직 전체의 성과가 잘 나지 않고 발전 속도도 느리다. 내부의 리더들이 조직이 나아가야 할 방향을 확실히 이해하지 못하는 데다, 단기간에 달성해야 할 목표가 상충돼 서로 방해가 된다면 그 조직의 미래는 어떻겠는가. 방향이 제각각인 상태에서 속도를 높이라는 요구만 하니 일을 할수록 직원들 사이에 혼란과 좌절이 쌓일 뿐이다.

비전은 장밋빛 미래를 담은 미사여구나 공허한 슬로건이 아니라, 조직이 반드시 달성해야 하는 미래이자 구성원들의 구심점이 되어야 한다. 따라서 조직을 이끄는 리더라면 미션과 비전이 직원들 모두가 쉽게 이해하고 공감할 수 있는 것인지 확인해야 한다.

나의 잘못된 비전은 그들의 고통과 희생을 부른다

비전이 모든 구성원들의 가슴속에 생생한 가치로 존재하고 열정을 불어넣을 수 있으려면, 다음과 같은 요소들을 반드시 포함해야 한다.

첫째, 좋은 비전은 그 조직이 달성하고자 하는 이상적인 미래를 구체적specific이고 적절하게relevant 표현해야 한다. 여기에서 '구체적'이라는 말은 무엇을 달성할지가 명확히 드러나야한다는 뜻이다. '적절함'이란 그 조직의 실제 활동이 잘 반영돼야 한다는 뜻이다. 듣기 좋고 일반적인 목표만 나열하는 슬로건은 좋은 비전이 될 수 없다. 아래의 비전을 보자.

"To achieve sustainable growth, we have established a vision with clear goals.

Profit : Maximizing return to share owners while being mindful of our overall responsibilities.

People : Being a great place to work where people are inspired to be the best they can be.

Portfolio : Bringing to the world a portfolio of beverage brands that anticipate and satisfy peoples; desires and needs.

Partners : Nurturing a winning network of partners and building mutual loyalty.

Planet : Being a responsible global citizen that makes a difference."

'포트폴리오Portfolio' 항목에 있는 'beverage(음료)'란 단어만 없다면 자동차 회사의 비전이 될 수도 있고 IT 회사의 비전이 될 수도 있고 패션 회사의 비전이 될 수도 있다. 이 비전은 구체적이고 적절하다는 기준에서 그다지 바람직하지 않다. 참고로 이는 코카콜라Coca-Cola의 비전이다.

둘째, 좋은 비전에는 '우리는 죽을힘을 다해 이런 기업이 되겠다'는 바람직한 미래상(desirable future)이 담겨 있어야 한다. 이때 지나치게 매출(revenue-driven)이나 이익(profit-driven) 위주의 재무적인 목표만 세워서는 안 된다.

몇 년 전 많은 한국 기업들 사이에 '비전 2020'이라는 이름으로 '매출 얼마를 달성하겠다'는 비전을 세우는 게 유행처럼 퍼진 적이 있다. 나는 이런 현상을 보면서 '비전 2020'이 많은 한국 기업을 위기에 빠뜨릴 수도 있다고 주위의 CEO들에게 염려하곤 했다. 특히 그것이 회장님이나 CEO로부터 나왔다면, 대부분의 임직원들은 이에 동의할 수밖에 없다. 그 비전이 달성되면 어떤 의미가 있는지, 고객에게 어떤 가치를 제공할 수 있는지에 관한 건강하고 진지한 논의는 전혀 없는 상태에서 말이다.

문제는 이런 비전은 대개 현재 매출의 5배 혹은 10배가 넘는 수준이므로, 자생적인 성장을 통해서는 달성 불가능하다는 사실이다. 유일한 방법은 적극적인 M&A를 통한 단기간의 매출 증대뿐이다. 결국 지금껏 해온 사업의 특성과 맞지도 않고 조직 차원의 핵심역량과 경험도 없는 상태에서, 시너지를 창출할 가

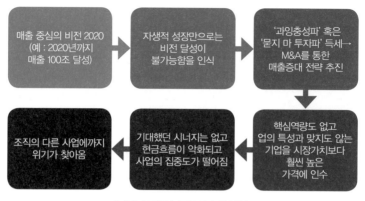

〈 매출 중심의 '비전 2020' 악순환 〉

능성이 매우 희박한 기업을 사들이기 시작한다. 때로는 시장 가격보다 훨씬 높은 금액도 불사한다. 회장님의 뜻이라는데 가격이 문제랴.

여기서 '비전 2020'의 악순환이 시작된다. 내실을 기하면서 의미 있는 성장을 원하는 임원들보다는 회장님의 뜻이 그러하니 무조건 인수하고 보자는 '과잉충성파' 혹은 '묻지 마 투자파'가 득세하는 것이다. 그러다 위기에 빠진 기업이 적지 않다. 기업을 살려야 할 비전이 되레 기업을 고사시킨 것이다.

셋째, 좋은 비전은 이를 달성했을 때 소비자의 삶이 어떻게 달라질지, 어떤 가치를 창출할 수 있는지가 반드시 내포돼 있어야 한다. 예컨대 맥도날드의 비전처럼 말이다.

"우리의 비전은 세계에서 가장 빠른 레스토랑 서비스를 경험하게 하는 것이다. 여기서 '최고'란 매장을 방문하는 모든 고객이 웃을 수 있도록 뛰어난 품질, 서비스, 청결 그리고 가치를 제공하는 것을 의미한다(Our vision is to be the world's best quick service restaurant experience. Being the best means providing outstanding quality, service, cleanliness, and value, so that we make every customer in every restaurant smile)."

이때 유념할 것. 이러한 초심은 단지 슬로건에 머물지 않고 조직의 구심점으로 항상 존재해야 한다. 위대한 기업들이 몰락해가는 과정을 분석한《위대한 기업은 다 어디로 갔을까》라는 책에서 저자 짐 콜린스는 위험한 기업이 몰락하는 첫 단계의 징후 중 하나로 '초기의 이상과 열정을 상실한다'를 꼽았다. 맥도날드 역시 빠르고 청결하고 맛있는 음식으로 고객들에게 웃음을 선사하겠다는 초기 비전이 이윤이라는 현실에 자리를 넘겨준다면 위기를 피할 수 없게 될 것이다. 원대한 비전에서 의미와 보람을 찾던 직원들이 매일같이 한 푼이라도 더 벌어오라는 강박관념에 시달리게 된다면 어떻게 제품을 만들고 고객을 응대하겠는가? 그래서 항상 조직 구성원들이 공유할 수 있는 꿈과 비전을 바탕으로 이들을 이끌어가려는 노력을 해야 한다.

좋은 비전은 고객가치를 제시함은 물론, 이로써 구성원이 회사에 자긍심을 느끼고 업무에 몰입할 수 있는 이유를 부여한다. 내가 열심히 일함으로써 고객의 삶이 개선될 수 있다는 확신이 있다면, 월요일 아침 출근하는 발걸음이 조금은 가벼워지지 않을까? 고객의 삶을 더 편리하고 풍요롭게 만드는 기업에서 일한다는 사실에 자부심을 느끼지 않을까? 월드클래스 조직들을 보면 하나같이 원대한 비전을 통해 조직 구성원들에게 자긍심을 심어주려 노력하고 있다. '좋은' 제품과 서비스가 아니라 고객들에게 '의미 있는' 제품과 서비스를 제공하려 할 때 비로소 명품 기업이 될 수 있음을 명심하자.

지금 당신의 직위가 기업의 CEO이든 사업부장이든 팀장이든 상관없이 '미래에 달성하고 싶은 나만의 꿈' 혹은 '우리 기업, 부서, 팀이 어떤 목적을 향해 나아가야 하며 어떤 가치를 고객과 시장에 제공하고 싶은가'에 대한 명확한 정의를 한 문장으로 정리해보기 바란다. 그리고 이를 습관적으로 직원들과 공유해보라. 그럴 때 비로소 직원들이 당신을 매출과 실적 그 이상의 것을 추구하는 리더로 보기 시작할 것이다. 이것이 곧 긍정적 영향의 출발점이다.

공유되지 않은 비전은 리더의 욕심일 뿐이다

신나는 꿈과 원대한 비전은 리더십에서 가장 중요한 단어임이 분명하다. 하지만 여기서 반드시 기억해야 할 사실이 있다. 리더로서 비전과 목적의식을 갖고 있는 것과, 그 비전을 효과적이고 체계적인 소통으로 구성원들과 공유하는 것은 별개라는 사실이다. 즉 비전 그 자체보다 '비전의 공유(shared vision)'가 더 중요하다. 아무리 훌륭한 비전을 세워도 조직 구성원들과 공유하기 위해 적극적으로 노력하지 않으면, 비전이 현실에서 이루어질 가능성은 '0'이다.

여러 조직에서 리더는 비전이 있지만 조직 구성원들이 모두 공감하는 '공유된 비전'은 존재하지 않는 모습을 많이 볼 수 있었다. CEO가 신년사에서만 외치는 개인적인 비전, 강당 액자 속에만 존재하는 '죽은 비전'은 기업 발전에 전혀 도움이 되지 않는다. 이 때문에 스티브 잡스는 회사의 홈페이지에 비전이나 조직의 핵심가치를 올리는 것에 극도로 거부감을 보였다. 비전과 핵심가치는 실천의 대상이고 구성원 모두가 공유하는 조직문화이지 선전문구가 아니라는 신념 때문이었다.

비전을 공유하는 것은 비전 수립만큼이나 중요하지만 쉽지는 않다. 언젠가 강의에서 이런 질문을 받은 적이 있다. 경영진의 의도는 '100'인데 어째서 아래로 내려갈수록 '50'도 채 전달되지 않는지, 계획이나 비전은 야심차게 세웠는데 직원들에게 제대로 전해지지 않아서 고민이라는 내용이었다. 기업을 자문할 때도 이러한 애로사항을 털어놓는 이들이 종종 있다.

공유되지 않은 비전은 욕심에 불과하다. 조직의 비전과 가치는 일회성 일장연설이 아니라 평소에 일상적인 행동으로 각인시켜야 한다. 이를 위해 실행해야 할 사항들을 정리하면 크게 다음과 같다.

첫째, 비전과 가치를 정립할 때 조직 구성원들이 참여할 수 있는 기회를 주자.

비전이 공유되지 않는 가장 중요한 이유 중 하나는, 직원들에게 비전에 대해 의견을 말할 기회를 전혀 주지 않고 경영진이 일방적으로 정하기 때문이다. 비전을 수립하는 과정에서 구성원들의 생각과 열망을 담아내기 위해 얼마나 노력했느냐에 따라 비전 공유의 성패가 좌우된다. 일방적으로 말하면 상대방은 잊어버린다. 보여주면 기억할 수 있고, 참여하고 관여하게 하면 상대방은 이해하고 몰입하게 된다.

비전과 가치를 수립하기 위해 구성원들의 적극적 참여를 유도한 대표적 사례가 IBM의 '밸류 잼Value Jam'이다. 2003년 7월 23일, 당시 IBM의 CEO였던 샘 팔미사노Sam Palmisano는 회사 내부의 웹캐스트를 통해 IBM의 핵심가치를 정립하는 데 직원들이 참여해줄 것을 호소했다. 그리고 7월 29일부터 72시간 동안 새로운 IBM의 핵심가치에 대한 자신의 생각을 공유하는 밸류 잼을 실시했는데, 32만 명의 전 세계 임직원 중 무려 70% 이상이 참여하고 1만 개 이상의 아이디어가 채택되어 IBM의 새로운 핵심가치 수립에 활용됐다.[10]

그 후 밸류 잼은 일회성 이벤트가 아니라 'IBM 밸류 잼 오피스'라는 별도의 기관이 주도해 지속적으로 시행되고 있으며, 직원들의 의사를 경영에 적극 반영하려는 IBM의 문화이자 전통으로 자리 잡았다. 2006년에 실시한 '이노베이션 잼Innovation Jam'

은 104개국 67개사에서 15만 명이 넘게 참여해 IBM 사상 최대 규모의 브레인스토밍 회의로 기록되기도 했다. 그 결과 IBM은 10개의 신사업에 착수했는데, 총 투자 규모가 1억 달러에 달할 정도로 비중 있는 투자였다.[11] IBM의 임직원들은 회사의 비전과 핵심가치 정립이나 혁신을 위한 사업구상에 자유롭게 참여할 수 있다. 자연히 직원들은 이 모든 것을 '그들의 일'이 아닌 '우리의 일'로 느끼게 되고, 수동적으로 지시에 따라 움직이는 '고용인'에서 적극적으로 비전을 공유하는 '주인'이 된다.

한때 '공룡'이라 놀림 받았던 IBM은 미국에만 10만 명, 전 세계에 43만 명이 넘는 직원을 둔 거대기업이다.[12] 그런데도 이처럼 적극적으로 구성원의 의견을 반영하고 있다. 간혹 회사 규모가 너무 커서 구성원들의 의견을 반영하기 어렵다고 말하는 CEO들에게 '그래도 불가능한 일은 아니다'라고 말하고 싶다. 거대해도 민첩한 기업은 분명 존재하기 때문이다.

둘째, 700번 말하겠다는 각오로 외쳐라.

망해가던 JAL을 회생시킨 '경영의 신' 이나모리 가즈오 명예회장이 회사를 살리기 위해 가장 먼저 실천한 것이 무엇인지 아는가? '다른 사람을 소중히 여겨달라', '다른 사람을 속여서는 안 된다' 등의 도덕선생 같은 경영철학을 무한 반복해서 외친 것이었다.

많은 리더들이 신년사에서 비전을 한두 번 언급하면서, 그 정도면 직원들이 가슴에 소중히 담고 열심히 일할 거라고 기대한다. 하지만 마른 목을 축일 틈도 없이 바쁘게 돌아가는 현장에서는 리더의 비전이 자칫 뜬구름 잡는 소리나 사치처럼 느껴질 수 있다. 비전과 핵심가치는 직원들의 일상적 업무에 직접적이고 단기적인 혜택을 주는 것이 아니기 때문에 직원들이 자발적으로 공유하고 실행에 옮기기 어렵다. 더욱이 비전은 조직의 이상적인 미래를 나타내므로, 이를 달성하는 과정에서 많은 변화와 희생이 일어난다. 그처럼 어려운 일이 한두 번의 연설로 가능하리라고 믿는 것은 지나치게 순진한 기대다.

그들이 마음으로 비전을 공유하게 하려면 가급적 쉬운 언어로, 끊임없이 반복해서 말해야 한다. 잭 웰치의 말대로 '700번 이상 반복해서 직원들에게 말해야 한다.' 아울러 리더의 솔선수범이 중요하다. 변화와 희생이 요구되는 상황에서 직원들은 리더의 행동에 더욱 주목하게 된다. 이때 리더가 솔선수범해 비전 달성에 필요한 것들을 실천하고 자기희생을 보여줘야만 비로소 비전에 대한 확신이 생기고 리더의 진정성을 신뢰하게 된다.

그러니 직원들이 비전에 대해 관심도 없고 노력도 하지 않는다고 불평하기 전에, 스스로 비전과 가치를 실천하기 위해 얼마나 진정성 있는 모습을 지속적으로 보여주었는지 돌이켜보자.

셋째, 의사결정과 평가기준에 비전을 포함시켜라.

리더가 회의 때마다 비전은 외면한 채 단기적 매출과 이익만 고려해 의사결정을 하면 직원들은 결국 비전은 공허한 슬로건일 뿐이라고 느끼게 된다. 그 모습 자체가 리더조차 비전에 대한 '헌신commitment'이 없음을 보여주는 시그널 같은 것이다. 기업에서 실무자들과 대화하다 보면 "비전이고 핵심가치고 다 필요 없습니다. 결국 KPI Key Performance Index만 중요하죠"라고 푸념하는 직원들이 적지 않은데, 이쯤 되면 비전 공유는 이미 물 건너갔다고 봐야 한다. 그러니 중요한 의사결정을 할 때마다 '이 결정이 우리의 비전 달성에 이렇게 공헌할 것'이라고 계속 말하라. 조직의 비전과 가치가 직원들의 업무에 중요한 가이드라인이 되어야만 비전이 그들의 가슴에 살아 숨 쉴 수 있다.

지난 몇 년간 자문해온 모 미디어 기업은 창업자에게서 다음 세대로 경영권이 넘어가는 과도기에 새로운 비전을 선포하고 그에 맞는 핵심가치와 인재상을 정립했다. 그 후 경영권을 물려받은 부회장은 비전 체계도를 한 장에 일목요연하게 정리해서 기회 될 때마다 강조하기 시작했다. 사내 강연 때마다 비전 체계도를 꺼내놓고 이것이 어떤 의미이고 새로운 미디어 기업을 만드는 데 어떤 역할을 할지 말했고, 기획부터 홍보에 이르기까지 모든 의사결정을 할 때 비전과 가치를 고려해달라고 당부했다. 많은 기업을 자문해본 나로서도 기억에 남을 만큼 보기 드문 열정이었다. 얼마 전 우연히 그 부회장을 만나서 비전 체계도를 보았는데, 척 봐도 코팅한 종이가 낡은 것이 한두 번 가지고 다닌 게 아닌 듯했다. 그 회사에서 제작하는 프로그램이 언젠가부터

타사의 프로그램과 조금씩 달라 보였던 이유를 비로소 실감할 수 있었다.

인간은 평가와 보상에 민감한 존재다. CEO가 외치는 비전과 동떨어진 채용방식, 평가, 보상 시스템이 여전히 존재한다면 직원들은 당연히 좋은 평가를 받을 수 있는 데만 집중하게 된다. 그런 상황에서 리더들이 비전과 조직의 핵심가치를 아무리 강조해봐야, 아니 강조할수록 직원들은 혼란에 빠질 수밖에 없다. 비전과 핵심가치를 직원들과 공유하고자 한다면 전반적인 인사 시스템에 대한 적절한 수정이 반드시 뒤따라야 한다.

다행히 최근 국내 많은 기업들이 인사 시스템과 비전 그리고 핵심가치가 일관성을 띨 때 폭발적인 시너지 효과가 난다는 사실을 인식하고 다양한 노력을 하고 있다. 모 대기업은 글로벌 위상에 맞게 인재상을 재정립하고 새로운 핵심가치를 정리했다. 나아가 새롭게 정해진 비전에 따라 직책 별로 핵심역량을 재설정하고, 그러한 역량을 키우기 위해 교육체계를 개편하고 평가방식과 내용을 수정하는 작업을 추진하고 있다. 이 작업을 완수하는 데에는 2~3년가량 걸리고 많은 투자와 노력이 요구된다. 그럼에도 직원들에게 조직의 비전과 핵심가치를 열심히 실천하면 좋은 평가를 받을 수 있고 성공할 수 있다는 확신을 심어줄 수 있기에 반드시 수행해야 한다.

아마존이 거액에 인수해 화제가 되었던 온라인 쇼핑몰 자포스Zappos는 신입사원을 선발할 때, 조직의 비전과 가치 그리고 지원자의 적합성을 바탕으로 한 흥미로운 방식을 택한다. 신규 직원은 4주간 '고객 로열티 훈련 프로그램Customer Loyalty Training Program'이라는 수습기간을 거친다. OJT 교육을 이렇게 부르는 것부터가 흥미롭다. 하지만 정말 흥미로운 것은 교육이 끝난 다음이다. 회사는 직원에게 4주간의 경험을 토대로 자포스가 자신의 비전 및 가치와 일치하는 조직인지, 그리고 조직의 비전과 가치를 위해 열정적으로 일할 수 있을지 냉정히 평가해달라고 한다. 만약 확신이 들지 않으면 회사는 조건 없이 2000달러짜리 수표를 써주며 작별인사를 한다. 이 2000달러는 말하자면 회사의 비전과 가치를 수용할 수 없는 직원을 선별하는 비용인 셈이다. 쉽게 벌 수 있었던 2000달러를 포기하고 회사에 남기를 결정한 직원들은 단순한 고용인이 아니라 회사의 비전과 가치를 달성하기 위해 열성적으로 일하는 주인이자 전사가 된다. 자포스가 〈포춘〉이 선정한 미국에서 가장 일하기 좋은 회사 중 하나가 된 원동력이 바로 여기에 있다.[13]

다섯째, 비전달성의 중요성을 알려주는 상징적 장치를 마련하라.

특별한 시상식을 열거나 비전을 상징하는 용어를 사용하는 등, 비전의 중요성을 직원들에게 끊임없이 전달하도록 조직 고유의 상징적인 것들을 마련하자. 몇몇 기업들은 조직의 비전을 시각화해 아예 본사 건물을 그에 맞게 설계하기도 한다.

위기에 빠진 스타벅스를 살리기 위해 회사에 복귀한 하워드 슐츠는 최고의 커피맛과 고객 서비스를 되찾는 것만이 유일한 해결책임을 직감적으로 깨달았다. 그래서 임원들의 반대를 무릅쓰고 2008년 2월 26일, 미국 전역의 7100개 매장의 문을 3시간이나 닫고 직원 재교육에 들어갔다. 3시간 동안 감수한 손실 비용은 무려 600만 달러에 달했지만, 이처럼 상징적인 행동이 없으면 직원들이 CEO의 메시지를 심각하게 받아들이지 않을 것임을 알기에 결단을 내린 것이다.

최근 많은 한국 기업들도 비전과 가치를 강조하기 위해 여러 가지 행사나 상징을 만들어 활용하고 있다. 물론 바람직한 현상이지만, 자칫하면 직원들에게 가외의 일거리만 더 안겨주는 일회성 행사에 그칠 수 있다. 또한 많은 리더들이 지나치게 '핫'하고 '새로운' 것을 강조하는데, 비전과 핵심가치는 핫하고 새로운 것보다 얼마나 '일관성' 있게 '오래 실천하는가'가 훨씬 중요하다. 나는 기업의 리더들에게 '새로운 무엇을'이 아니라 '얼마나 지속적으로 오래' 할 것인가에 더 초점을 맞춰야 한다고 당부한다. 혹시 습관적으로 "뭐 새로운 것 좀 만들어와"라고 지시하곤 한다면, 은연중에 비전과 가치를 이벤트처럼 생각하고 있는지도 모른다.

비전과 핵심가치를 조직 구성원들과 공유하기 위해서는 이처럼 다양한 노력이 필요하다. 비전과 가치가 단순한 슬로건에 그칠지 실제 실행될지는 이를 공유하기 위해 리더가 얼마나 노력하느냐에 달려 있다. 리더라면 마땅히 중학교 3학년 학생도 쉽게 이해할 수 있는 언어로 끊임없이 비전에 대해 말해야 한다. 나는 이것을 '중학교 3학년 테스트'라고 부른다. 직원들의 지적 수준을 무시하라는 이야기가 아니라, 중학교 3학년짜리 조카도 이해할 수 있는 쉬운 내용과 방식으로 소통하라는 뜻이다.

그러나 최근 경영 관련 공부를 하는 리더들이 많아지면서 직원들과 소통할 때도 대학교수처럼 거창하고 고상하게 말하는 부작용이 생기는 듯하다. 리더가 어렵고 현학적으로 말할수록 그것을 듣는 직원들은 혼란에 빠지고, 모르는 내용이 나와도 손을 들고 질문도 하지 못한다. 이런 상황은 비전 공유를 떠나 리더로서 결코 만들어서는 안 된다. 직원들이 리더의 말을 듣고 숨은 뜻이 뭔지 짐작하게 해서야 되겠는가. 직원들이 리더의 생각을 짐작하다 보면 업무를 진행하면서 확신을 갖기 어렵고, 자연히 실행력도 떨어진다. 그러므로 직원들과 소통하기에 앞서 '내가 지금 직원들에게 이야기하려는 내용과 방식을 중학교 3학년 조카도 충분히 알아들을 수 있는가' 하는, 소위 중3 테스트를 반드시 거쳐보기 바란다.

목적의식으로 이끌어라

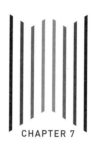

CHAPTER 7

비소설 부문에서 21세기에 가장 많이 팔린 책은 무엇일까? 부동의 1위는 짐작한 대로 성서다. 그다음은 2002년 미국의 릭 워렌Rick Warren이란 목사가 저술한 《목적이 이끄는 삶The Purpose-Driven Life》14이다. 이 책은 비 기독교인에게까지 '목적이 이끄는 삶' 신드롬을 일으키며 2007년까지 무려 3000만 부가 팔린 기록을 세웠다.

이 책이 인종과 종교를 떠나 신드롬을 일으켰다는 사실은, 인간이 근본적으로 사물과 현상에 '의미'를 부여하는 존재임을 방증한다. 삶의 의미는 무엇이고, 일을 하는 의미는 무엇이며, 먹는 의미는 무엇일까? 동물도 새끼를 위해 자신을 희생하고 일정한 목적에 따라 행동하지만 그것은 본능에 가까운 것으로, 사람들이 목적의식을 갖고 하는 지속적인 노력이나 행동과 동일시할 수는 없다.

나는 '목적의식'이야말로 사람을 사람답게 하는 가장 중요한 것 중 하나라고 생각한다. 목적의식에는 말 그대로 '자기 행위의 목적에 대한 뚜렷한 자각(sense of purpose)'과 의미부여가 따라야 한다.[15] 음식을 먹으며 단순히 생존을 위해 배 불리는 행위라 인식하지 않고, 사랑하는 사람들과 즐거운 시간을 보내며 추억을 만든다는 의미를 부여하는 것은 인간만이 할 수 있지 않은가. 이처럼 목적의식에는 '의미부여'가 따르기 때문에, 목적의식이 있으면 때로 어려운 순간에도 희생하고 고통을 감내할 수 있는 힘이 나온다.

기업에도 '목적이 이끄는 삶'은 중요하다. 펩시코Pepsi Co 인드라 누이Indra Nooyi 회장은 재무적 성과(financial purpose)가 아니라 '목적이 이끄는 성과(performance with purpose)'를 달성해야 한다고 말한다. 펩시코의 모든 직원들은 단지 먹고살기 위해서가 아니라 더 큰 목표와 가치를 위해 일해야 한다는 것이다. 그녀는 이것이 펩시코가 앞으로 나가가는 힘이라 믿는다.

단지 재무적 성과만으로는 미래로 나아갈 수 없다. 왜 이 일을 하는지, 이 일을 통해 세상에 어떤 유산을 남길 수 있는지 구체적으로 보여줄 때 리더로서 구성원들을 동기부여할 수 있다. 리더십에 관한 수많은 책을 저술한 존 맥스웰John Maxwell은 《리더십 골드Leadership Gold》란 책에서 "결국 나는 세상에 어떤 유산을 남길 것인가?"라는 질문을 진지하게 해보는 것이 리더로서 목적지향적 삶을 살 수 있는 한 가지 방법이라고 말했다. 미국 최초의 여성 국회의원 중 한 명인 클레어 부스 루스Clare Boothe Luce는 "위대한 리더란 한 문장으로 요약될 수 있어야 한다"라고도 했다.

당신을 규정하는 한 문장은 무엇인지 생각해보자. 자신의 존재가치에 대한 확신 없이 주위의 기대나 해야 할 일에 치이며 인생이 매일 반복되고 있지는 않은가? 그러다 어느 날 문득 주체할 수 없는 공허함이 엄습한 적은 없는가?

그래서 나는 리더십 강의를 하면서 종종 "리더십이란 결국 유산legacy을 남기는 것인지도 모릅니다"라고 말하곤 한다. 내가 이끌고 있는 팀이나 조직을 떠나게 될 때, 남겨진 이들에게 어떤 리더로 기억될까? 이런 질문을 스스로에게 해보면서 구성원을 이끌어가면 리더로서 범하기 쉬운 많은 실수를 어렵지 않게 피할 수 있을 것이다.

UCLA 농구팀을 이끌었던 존 우든John Wooden은 40여 년의 감독생활에서 80%가 넘는 승률을 기록하며 전미대학 농구선수권대회NCAA에서 10차례나 우승해 미국 대학농구계의 전설로 불린다. 이처럼 화려한 전적에도 불구하고, '세상에 어떤 유산을 남겼고 사람들에게 어떻게 기억되고 싶으냐'는 질문에 그는 이렇게 대답했다고 한다. "친절하고 이해심이 많았던 사람으로 기억되면 좋겠습니다. 트로피로 기억되고 싶지는 않습니다."[16] 그가 위대한 리더일 수 있었던 이유는 이런 목적의식 덕분이 아니었을까.

리더십에 대한 연구와 강의를 하며 사는 나도 가끔 이런 고민을 할 때가 있다. 지인들이 나를 어떻게 기억했으면 하는가? 새벽부터 일어나 강의준비를 하고 하루 종일 연구와 강의로 바쁘게 지내다가 밤늦게 집에 돌아가다 보면 문득 '도대체 왜 이 일을 하고 있는지' 혼란스러울 때가 있다. 당신은 그럴 때가 없는가? 하루 종일 바쁜 업무 때문에 점심도 대충 때우고 밤늦게까지 일하다 피곤한 몸을 이끌고 집에 가는 길에 '내가 무엇을 위해 이렇게 살까' 하는 질문이 엄습했던 경험은 누구나 한두 번쯤 있을 것이다. 내 인생의 가장 많은 시간을 투자해서 하는 일인데, 그 일을 하는 이유가 단순히 '먹고살기 위해서'가 된다면 삶이 공허해지고 비참해질 수밖에 없다.

이 '왜'라는 질문에 답을 찾지 못하면 내가 하고 있는 일에 열정적으로 매진할 에너지가 생길 리 없다. 리더는 스스로 이 '왜'를 찾아 직원들과 공유할 책임이 있다. 그게 리더의 본질적인 역할 중 하나다.

리더로서 나는 무엇을 남기려 하는가? 나의 한 문장은 무엇일까? 나는 어떤 목적을 이루기 위해 매일 아침 일어나 하루를 시작하는 것일까? 고민 끝에 교수로서 내가 찾은 나의 한 문장은 다음과 같았다.

"교수로서 나는 리더십 연구와 강의를 통해 대한민국의 기업 경쟁력을 높이기 위해 열정적인 삶을 산 사람으로 기억될 것이다."

당신도 리더로서 '나의 한 문장'을 아래의 빈 칸에 적어보기 바란다. 목적의식을 갖는 것만으로도 삶이 지금보다 두 배쯤은 더 의미 있고 열정적으로 바뀔 수 있을 것이다.

리더로서 나는 _____.

왜 이 일을 하는지 말하라

많은 사람들이 힘든 직장생활을 하는 가장 기본적인 이유는 돈 때문이다. 사업을 하는 사람들이 자신의 모든 것을 바쳐 열심히 일하는 가장 기본적인 이유 또한 경제적 풍요를 위해서다. 하지만 이윤 극대화에 모든 초점을 맞추면 사람들을 지속적으로 동기부여할 수 없다. 경제적 보상은 단기적으로 사람들의 의욕을 높이고 성과를 창출하는 데는 효과적이지만 일 자체에 대한 흥미와 내적 동기는 오히려 떨어뜨린다. 그런데도 많은 리더나 기업들이 여전히 외적 보상을 통해서만 성과를 높이려 하는 것은, 인간을 단순히 부와 경제적 가치를 향상시키려 노력하는 프로핏 맥시마이저profit maximizer라고 생각하기 때문이다. 수많은 실험과 관찰을 통해 사람은 경제적 가치를 극대화하기 위해서만 행동하는 존재가 아니라는 사실이 지속적으로 입증되고 있는데도 말이다.[17]

오늘날 경영에서 가장 중요한 항목 중 하나가 바로 목적의식에 기반을 둔 리더십이다. 목적의식은 조직 구성원들에게 일하는 의미와 중요성을 일깨워준다. 경영사상가 다니엘 핑크Daniel Pink는 《드라이브Drive》라는 책에서 생물학적 동기가 사람의 행동을 지배하는 모티베이션 1.0의 시대에서 경제적 보상을 바탕으로 한 모티베이션 2.0의 시대를 지나, 이제는 일이 주는 즐거움 자체로 동기를 유발해야 하는 모티베이션 3.0의 시대가 되었다고 주장했다.

재미있는 사례가 하나 있다. 미국 어느 대학의 기부금을 모으는 부서의 직원들이 도무지 일을 열심히 하지 않았던 모양이다. 한 사람이 일주일에 전화를 통해 모금하는 금액이 고작 185달러 남짓했다. 본인 인건비에도 미치지 못하는 수준이니 부서 매니저는 애가 탈 노릇. 해고한다고 협박도 해보고 기부금을 많이 모아오면 인센티브를 주겠다고 당근책도 제시해봤지만 별반 눈에 띄는 변화는 없었다. 하기야 얼굴도 본 적 없는 졸업생들에게 기부금 달라는 전화를 해야 하는데, 누가 그 일을 즐겁게 할 수 있을까. 매니저는 고심 끝에 한 가지 아이디어를 떠올렸다. 그들이 모금한 돈으로 열심히 공부하는 장학생들을 초대해 점심식사를 함께한 것이다. 그랬더니 바로 다음 날부터 직원들의 업무

태도가 180도 달라지기 시작했다고 한다. 좀 더 적극적으로 모금활동에 몰입했고, 결국 직원당 일주일 모금액이 평균 503달러로 향상됐다고 한다.[18]

이런 사례는 크고 작은 조직마다 얼마든지 있다. 수영장의 구조 아르바이트생에게 사람의 목숨을 구한 사례집을 읽혔더니 업무량이 몰라보게 달라졌다는 이야기도 있다. 아마 당신 주위에서도 목적의식이 성과를 바꾼 예는 어렵지 않게 찾아볼 수 있을 것이다. 자신이 하는 일의 소중함과 목적의식을 깨달으면 경제적 인센티브 없이도 업무태도와 실적이 획기적으로 달라질 수 있다. 내가 하는 일의 의미가 시간당 10달러 버는 것에서 귀중한 생명을 구하는 것으로 바뀌었는데 어떻게 예전과 똑같은 자세로 임하겠는가.

이처럼 목적의식은 사람들에게 일에 대한 의미를 부여해 열정을 갖게 하며 희생도 감내하게 만든다. 펜실베이니아 대학의 애덤 그랜트Adam Grant 교수는 "자신이 하는 일이 다른 사람들에게 얼마나 의미 있는 영향을 미치는지 알고 있는 사람들은 그렇지 못한 사람들보다 만족도가 높을 뿐 아니라 훨씬 더 생산적이다"라고 했다.

목적의식과 일의 의미는 이처럼 경제적 보상이 줄 수 없는 소중한 것들을 구성원들에게 줄 수 있다. 이에 선진기업들은 목적의식을 통해 조직에 혼을 불어넣고, 구성원들을 단순한 종업원이 아니라 목적의식에 불타는 전사戰±로 탈바꿈시키려 하고 있다. 매출과 이윤을 높이는 것 못지않게 의미 있는 목적을 달성하기 위해 노력하는 '목적이 이끄는 조직(purpose-driven organization)'이 생겨난 것이다. 구글, 테슬라Teslamotors, 자포스, 사우스웨스트Southwest Airlines, 탐스슈즈TOMS, IDEO, 파타고니아Patagonia 그리고 홀푸드마켓Wholefoods 등이 대표적 예다.

이들 기업의 CEO가 유독 다른 리더들보다 소명의식이 높아서 목적의식을 강조하는 것은 아닐 터다. 큰 흐름에서 보면 이러한 행보는 사회적 변화와도 무관하지 않다. 이제 사람들은 자신의 직장과 일을 단순한 생계유지가 아닌, 중요한 가치를 창출하는 기회로 받아들이고 있다. 자신이 몸담고 있는 기업이 이윤만 추구하지 않고 지역사회와 사회 구성원들을 위해 의미 있는 공헌을 하고 있다고 느낀다면, 직원들의 업무 몰입도나 로열티는 자연스레 높아질 수밖에 없다. 이는 기업의 성과에도 직접적이고 긍정적인 영향을 미친다.

딜로이트 컨설팅Deloitte이 전 세계 기업 1053명의 임직원들을 대상으로 한 2014년 설문조사에 따르면, 목적의식이 강력한 기업의 직원들은 그렇지 못한 기업의 직원들보다 회사의 성장과 미래의 성공에 대해 더 큰 믿음과 확신을 갖는다고 한다. 예컨대 '올해 우리 회사는 성장할 것이다'라는 항목에 강한 목적의식이 있는 기업은 직원의 82%가 동의한 반면, 그렇지 않은 기업의 직원들은 48%만이 동의했다. '자신의 회사가 미래에도 선도 기업으로서 변화에 잘 적응할 것이다'라는 항목에도 이에 동의하는 비율이 각각 83%와 42%로 큰 차이를 보였고 '경쟁사보다 장기적으로 더 좋은 성과를 낼 것이다'라는 항목에도 목적의식이 강한 기업의 직원들은 79%가 동의한 반면, 그렇지 못한 기업의 직원들은 47%만이 동의했다.

딜로이트 설문에서 눈여겨봐야 할 결과 중 하나는, 개인의 성과에 결정적 영향을 미치는 업무 몰입도(employee engage-ment)에서 양측이 73%와 23%로 극명한 차이를 보였다는 점이다. 물론 목적의식이 직원들의 몰입도를 결정하는 유일한 요소는 아니지만, 이것만으로도 목적의식이 왜 기업 경영에 점점 중요해지는지 이해할 수 있을 것이다.

물론 여기에는 단서조항이 있다. 목적의식을 통해 실제로 의미 있는 영향을 미쳐야 한다는 것이다. 딜로이트의 설문조사에서 우리가 반드시 짚고 넘어가야 할 결과가 있다. '기업이 강한 목적의식을 바탕으로 의미 있는 영향(meaningful impact)을 미치기 위해 노력하는가?'라는 질문에 직원의 68%와 임원의 66%가 '그렇지 않다'고 답했다는 사실이다. 아무리 훌륭한 목적의식을 제시한다 해도 리더가 그에 걸맞게 행동하지 않으면 전혀 소용없다. 요즘 한국의 많은 기업들을 보면 소비자의 불신을 사는 것은 물론 기업 이미지가 바닥까지 추락한 느낌을 지울 수 없다. 대기업을 포함한 한국의 '기득권층'이 실추된 이미지를 개선하고 존경받는 존재가 되기 원한다면 '목적이 이끄는 조직'이 훌륭한 대안이 될 수 있을 것이다.

　예컨대 인도의 타타그룹^{Tata Group}은 IT, 제철, 자동차, 화학, 호텔 등 다양한 산업에서 2013년 말 103조가 넘는 매출을 올릴 정도로 규모가 큰 비즈니스 그룹이다. 그렇다고 협력업체나 소비자들에게 소위 '갑질'을 하거나, 소수의 오너들이 부와 권력을 독점하고 직원들을 괴롭히는 회사가 아닌가 하고 의심한다면 오산이다. 타타그룹의 가장 큰 차별성 중 하나는 지역사회에 공헌하겠다는 철학이 창업부터 현재에 이르기까지, 기업의 모든 활동에 깊숙이 자리 잡고 있다는 것이다. 단적으로 지배구조만 보아도 타타그룹의 66%에 해당하는 지분이 타타 패밀리가 출자해서 만든 신탁회사에 속해 있을 만큼 공적인 성격을 띠고 있다. 이 신탁회사가 그룹의 대주주로서 기업의 여러 활동을 감독하면서, 타타그룹이 사회적 공헌을 바탕으로 성장하는 회사가 되도록 이끌고 있는 것이다.

　이에 따라 타타그룹은 낙후한 지역에 깨끗한 물을 공급하고 문맹률을 낮추기 위해 다양한 교육활동과 기술교육을 지원하는 등, 지난 수십 년 동안 건강한 삶을 영위할 수 있게끔 광범위한 사회적 지원을 아끼지 않고 있다. 타타그룹의 사회적 공헌은 제품개발에도 영향을 미친다. 가장 저렴한 자동차로 유명한 '나노'는, 비 오는 날 퇴근길에 온 가족이 낡은 스쿠터 한 대에 올라타 아슬아슬하게 가는 모습을 목격한 당시 CEO 라탄 타타^{Ratan}

Tata의 지시로 개발이 시작됐다. 200만 원대의 자동차를 개발하는 혁신 과정도 목적의식과 사회적 공헌이라는 맥락에서 추진되는 것이다.

타타그룹의 목적의식을 통한 사회적 공헌의 중심에는 전임 CEO였던 라탄 타타가 있다. 그는 2013년 어느 기고글에서 "지금 세계는 이윤보다 한 차원 높은 목적의식을 가진 기업을 절실히 필요로 한다"며 많은 리더들에게 목적의식을 바탕으로 기업을 운영할 것을 촉구했다.

"이윤 극대화는 기업의 궁극적인 존재이유이거나 목적이 아닌 단순한 결과일 뿐이다. 행복이 목적의식, 의미 있는 일, 그리고 깊은 인간관계로부터 얻어진 부산물인 것처럼 말이다. 자신의 행복에만 집착하는 사람들이 자기도취에 빠져서 결국 불행해지듯이, 기업이 단순히 돈을 벌겠다는 목표를 넘어서 목적의식을 갖고 활동하지 않으면 수많은 부작용이 일어날 수밖에 없다. 목적의식은 기업 전략도, 사회적 책임도, 기업의 미션도 아닌 영적이고 윤리적인 소명이며, 그 기업이 추구하는 것이 무엇인가를 보여주는 것이다."

라탄 타타처럼 끊임없이 목적의식을 강조하는 리더만이 구성원들을 자발적으로 움직이게 하고 영속적인 기업을 만들어갈 수 있다. 가난하지만 성실하게 일하는 가장에게 편안하고 안전한 자동차를 저렴한 가격에 공급하겠다는 회사에 다닌다면, 일이 고되더라도 조금은 덜 힘들지 않을까? 우리는 자신의 자그마

한 노력이 다른 사람을 돕고 그들의 삶을 개선할 수 있다고 믿을 때 동기부여가 된다. 그리고 자연히 하는 일에 최선을 다하게 된다. 이런 내적 동기부여(intrinsic motivation)는 보너스나 인센티브 같은, 그 어떤 외적 동기부여(extrinsic motivation)로도 살 수 없는 열정을 낳는다.

어설픈 인센티브보다 목적의식을 공유하라

기업 혁신을 강의할 때면 나는 참석하는 분들에게 왜 혁신하려 하는지 그 이유를 반드시 물어본다. 흔히 돌아오는 대답은 '경쟁에서 승리하기 위해서', '살아남기 위해서', '변화하는 환경에 효과적으로 대응하기 위해서', '돈을 벌기 위해서'다. 물론 어느 정도 맞는 답이다. 하지만 내가 정말 기대했던 답을 주는 CEO는 그리 많지 않다. 그것은 바로 '소비자의 삶을 향상시키기 위해서'다.

IDEO의 창업자이자 《유쾌한 크리에이티브Creative Confidence》의 저자인 톰 켈리Tom Kelly와 데이비드 켈리David Kelley는 "모든 혁신은 휴머니즘에서 시작되어야 한다"고 말한다. 단순히 제품의 질을 개선하거나 신제품을 개발해야 한다는 목표보다, 이를 통해 고객의 삶을 개선하겠다는 목적의식을 가질 때 구성원들도 혁신 활동에 더 몰입할 수 있다. 직원들이 자신의 업무를 일job이 아니라 소명calling으로 느끼도록 해주는 것이야말로 혁신을 위해 리더가 해야 할 중요한 역할 아니겠는가. 진정으로 혁신을 원한다면, 어설픈 인센티브 대신 자발적으로 일할 수 있는 선택권을 주고 일에 대한 의미와 목적의식을 부여해보자.

목적의식을 통해 직원들에게 일의 의미를 느끼게 하고 혁신적인 기업으로 발전한 좋은 사례가 바로 제넨테크Genentech다. 제넨테크는 각종 질병의 치료제를 개발하는 연구기업이다. 질병 치료제를 개발하는 일이니 얼마나 보람을 느끼겠냐고 하는 사람도 있겠지만, 아무래도 일상에 매몰되다 보면 일의 의미를 잊기 쉬운 법. 오죽하면 직업 만족도에서 매년 하위를 면치 못하는 직업 중 하나가 의사일까. 제넨테크는 이런 현상을 방지하고 직원들에게 목적의식을 심어주기 위해 다양한 활동을 펼치는데, 인근 병원의 암 환자들을 정기적으로 초청해 식사를 함께하는 것도 그 일환이다. 환자들이 매일 겪는 고통과 삶의 애환을 직접 접하고 난 후 직원들이 어떤 자세로 일할지는 굳이 보지 않아도 짐작이 갈 것이다. 연구원들은 인센티브나 성과가 아닌, 암 환자들의 고통을 없애기 위해 신념과 목적의식으로 무장하게 된다.

젊은 소비자를 대상으로 신발을 판매하는 탐스는 신발 한 켤레를 판매할 때마다 저소득 국가 아이들에게 신발 한 켤레를 기증하고 있다. 이를 통해 고객을 단순한 구매자에서 후원자benefactor로 탈바꿈시켜준다. 필요한 신발을 사면서 아이들을 도울 수 있다는데 이를 마다할 고객이 있겠는가.

이렇게 목적이 이끄는 조직으로 변신하면 구성원들은 물론 고객들도 의미 있는 일을 하는 참여자로 발전하게 된다. 그에 따라 회사도 '그들의 회사(their company)'가 아닌 '우리 회사(our company)'로 탈바꿈한다.

목적이 이끄는 조직을 만드는 9가지 기준

타타그룹처럼 목적의식을 기업 전반의 가장 중요한 기준으로 삼는 조직이 점점 늘어나고 있다. 지금 미국에서는 목적이 이끄는 기업에 대한 평가가 한창이다. 앤드루 휴잇Andrew Hewitt은 〈포춘〉의 '500대 기업' 선정에 빗대 'GC500(GameChangers 500)' 리스트를 선정한다. 〈포춘〉의 선정기준이 매출이라면 그의 기준은 '긍정적 영향'이다.

이제 한국의 기업들도 단순히 사회공헌 차원을 넘어 '목적이 이끄는 조직'을 바람직한 기업 경영의 모델로 바라보아야 할 것이다. 이를 위해서는 첫째, CEO를 비롯한 리더들의 '철학'과 목적에 대한 '확신'이 중요하다. 대부분의 기업문화가 그렇듯 목적의식 역시 창업자나 CEO의 개인적 철학과 가치가 반영된 것이므로, 목적이 이끄는 조직으로 성장하고 싶다면 CEO가 이윤 그 이상의 가치를 추구하겠다는 열망을 가져야 한다.

둘째, 목적이 이끄는 조직을 만들기 위해 다른 기업과 큰 차이가 있어야 한다거나 특별해야 한다는 부담은 갖지 말자. 유명기업들처럼 누구도 생각지 못한 새로운 이슈를 목적의식에 반영할 필요도 없다. 오히려 자신이 가치 있다고 믿는 것을 바탕으로 비즈니스 모델을 정하고 이를 지속적으로 실천하는 것이 중요하다.

셋째, 목적의식에 바탕을 둔 기업 내부활동을 지속적으로 지원할 시스템을 마련해야 한다. CEO의 열정이나 구성원들의 자발적 의지만으로는 한계가 있다. 목적이 이끄는 조직을 정립하려면 지원 시스템과 지배구조를 반드시 갖추어야 한다. 지분을 66%나 가진 신탁회사의 지속적인 개입이 없었더라면, 타타그룹이 지역사회를 위한 사업과 기업 경영을 병행하기 어려웠을 것이다. IBM은 리더로 성장할 가능성이 높은 인재들을 나이지리아, 탄자니아, 가나, 필리핀 등 도움이 필요한 나라로 파견해 현지 NGO들을 지원하도록 한다.

넷째, 목적의식에 부합하는 평가지표를 만들어 조직 구성원을 포함한 모든 이해관계자들과 공유하라. 목적이 이끄는 기업을 만들겠다는 것은 일종의 사회적 약속이다. 이 과정을 평가하는 지표를 만들고, 객관적으로 평가해 이해관계자들과 공유하려는 노력이 따르지 않으면 거창한 약속도 용두사미가 되기 쉽다. 요즘은 언론사들이 고객만족, 조직 구성원 몰입도, 친환경, 안전, 사회적 공헌 등 다양한 분야에 대해 지속적인 평가를 하고 있으므로 이를 활용하는 것도 좋은 방법이다.

다섯째, 목적이 이끄는 조직을 만드는 것은 모두의 책임이라는 조직문화를 조성하라. 목적이 이끄는 조직을 만들겠다는 리더들의 의지와 확신이 충만하더라도, 모든 조직 구성원이 공유하지 않는다면 이 또한 슬로건으로 전락할 가능성이 높다. 구성원 모두 자신이 하는 일에 좀 더 큰 의미와 가치를 부여하고 목적의식을 공유할 수 있도록 지속적인 동기부여와 자극을 주는 다양한 활동에 힘써야 한다. 이를 위해서는 앞서 말한 시스템의 지원이 반드시 따라야 한다.

이러한 대원칙 아래 구체적인 기준을 만들어 실행에 옮겨보자. 아직은 '목적이 이끄는 조직'이 새로운 개념인 만큼 공통된 기준이 정해져 있지는 않다. 'GC500'이 사용한 다음의 9가지 지표를 참조하여 우리 조직만의 기준을 만들어보는 것도 좋을 듯하다.

1. 미션(meet the mission) : 기업의 미션이 이윤profit보다 혜택benefit을 극대화하는 데 맞추어져 있는가? 이를 측정하고 평가하기 위한 기준metrics이 명확하게 정의돼 있는가?
2. 업무환경(exceptional work environment) : 조직 구성원들이 즐겁고 영감을 받을 수 있는 환경에서 일하고 있는가?
3. 권한위임(empowered employees) : 조직 구성원들이 자율적이고 지속적인 배움을 통해 잠재력을 실현하며 긍정적인 가치와 열정을 바탕으로 일할 수 있는가?
4. 윈윈(everyone wins) : 기업을 소유한 소수만이 혜택을 보는 것

이 아니라 고객, 협력사, 투자자 그리고 지역사회의 모든 사람들이 혜택을 보고 있는가?

5. 자연친화적 사무환경(earth friendly office) : 업무공간에 사용되는 용품들이 자연친화적으로 제작되었는가?

6. 환경친화적 프로세스(eco design) : 제품을 개발하고 제조하는 과정, 서비스를 제공하는 과정이 환경에 부정적 영향을 미치지 않는가?

7. 환경보호(replenish the planet) : 기업 활동을 환경보호에 대한 인식을 높이고 이를 위한 활동을 전개하는 데 필요한 기반으로 활용하는가?

8. 영향의 깊이(depth of impact) : 기업에서 제공하는 제품이나 서비스가 혁신을 통해 사람과 환경을 발전시키고 있는가?

9. 파급범위(scale of impact) : 기업에서 제공하는 제품이나 서비스가 기업들 간의 협력과 파트너십을 촉진해 긍정적인 영향을 증폭시키는가?

20세기 자본주의의 근간이 되었던 철학을 제공한 학자라 불리는 밀턴 프리드먼Milton Friedman은 "기업에는 오직 하나의 책임이 있다. 게임의 룰을 지키는 한도에서 자신의 자원을 이용해 이익을 증가시키는 활동을 하는 것이다"라며 자유시장경제를 옹호했다. 물론 기업의 본질은 이윤추구다. 하지만 이윤을 추구하기 위해 게임의 룰을 악용하고 환경을 파괴하며 소비자를 기만 하는 기업은 더 이상 생존하지 못하는 시대가 되었음을 깨달아야 한다.

21세기 자본주의는 '의식 있고conscious 긍정적인positive 방식으로 이윤을 추구하는 기업'이 되기를 요구한다. 재무적 성과가 뛰어나다고 어디나 훌륭한 조직 혹은 월드클래스 조직이 될 수 있는 것은 아니다. 재무적 성과는 월드클래스 조직이 되기 위한 필요조건이 될 수 있을지는 몰라도 충분조건이 될 수는 없다. 2014년 온 나라를 떠들썩하게 만든 '땅콩회항' 사건을 비롯한 대기업과 오너들의 횡포, 그리고 불법적인 관행들이 지속된다면 한국 기업의 미래는 결코 밝지 않다. 아니, 없다고 해도 과언이 아니다. 지금 우리는 공유와 진정성 그리고 수평적 가치가 중요한 시대를 살고 있기 때문이다.

리더는 현상에 의미를 부여하는 존재다. 직원들은 리더를 통해 세상을 바라본다. 리더가 세상을 긍정적으로 보고 높은 기대치를 전달하면 직원들은 열정과 희생으로 보답한다. 직원들의 눈빛이 빛나길 원하는가? 직원들이 매일 출근하고 싶은 회사를 만들고 싶은가? 직원들이 자신이 몸담고 있는 조직과 하는 일에 자부심을 갖고 어떤 난관에도 굴하지 않고 목표를 달성하길 원하는가?

어느 설문조사에 따르면 직장인 중 20%만이 자신이 하는 일을 '사랑'한다고 한다. 당신의 조직은 어떠한가?

그 비율을 50%로 끌어올리고 싶다면, 바로 '목적의식'이 답이다. 목적의식이야말로 우리 조직에 혼을 불어넣어줄 보이지 않는 힘이요, 필요할 때 옳은 일을 할 수 있는 힘이다. 지금부터라도 목적의식을 통해 더 큰 가치를 창출해 국내외 시장에서 존중받는 한국 기업이 많이 나왔으면 하는 바람이다.

몰입을 원한다면 손님이 아닌 주인으로 대하라

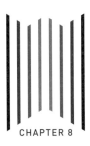

CHAPTER 8

250만 대구광역시 인구와 맞먹는 직원 수, 세계 25위에 해당하는 경제규모… 세계 최고 기업으로 손꼽히는 월마트 이야기다.

2014년 기준 매출 4850억 달러에 직원 수 220만 명인 공룡기업 월마트에 근무하는 직원이라면 '나 하나쯤이야'라고 생각하고 나태해지는 때도 없지는 않을 터. 집단 속에 참여하는 개인의 수가 늘수록 성과에 대한 1인당 공헌도는 떨어진다는, '링겔만 효과Ringelmann effect'에 비춰봐도 이런 가정은 타당하다. 이들에게 주인의식을 심어주기 위해 월마트는 수없이 많은 제도와 상징물을 만드는 노력을 마다하지 않는다. 그중 한 가지가 월마트 본사 로비에 있는 커다란 전광판이다. 그 전광판에는 월마트의 주가가 실시간 표시되며, 그 바로 밑에는 다음과 같은 문구가 적혀 있다.

"내일 우리 회사의 주가는 여러분 손에 달려 있습니다."

출근길에 이 문장을 본 직원들의 마음은 어떨까? 내가 우리 회사의 미래를 좌지우지할 수 있는 사람임을 새삼 인식하고, 그에 걸맞은 주인의식을 가슴에 새기지 않을까?

주인의식이 몰입을 낳는다

내가 만나본 리더들이 한결같이 말하는 가장 큰 바람은 구성원 한 명 한 명이 주인의식을 갖고 일하는 것이다. 직장인들을 대상으로 한 자기계발서 및 직무관련서에는 주인의식을 가지라는 말이 빠지지 않고 등장한다. 회사 일을 내 일처럼 여기고 솔선수범하는 직원들이라니, 말만 들어도 뿌듯하지 않은가.

그런데 주인의식은 회장님이 직원들 불러놓고 감동적인 연설한 번 한다고 생기는 것이 아니다. 그렇기 때문에 조직을 이끌고 있는 리더라면 팀장이든 사업부장이든 상관없이, 직원들이 손님이 아니라 주인처럼 일하도록 만들기 위해 내가 무엇을 할 수 있을지 고민해야 한다.

리더에게 직원들의 주인의식이 중요한 이유는, 주인의식이 '몰입'을 낳는 직접적인 원동력이기 때문이다. '성과 몰입(engagement 혹은 work engagement)'은 직원들이 회사의 이익과 성과 향상을 위해 자발적voluntary 혹은 자율적discretionary으로 하는 노력을 가리킨다. 성과 몰입이 높은 직원은 자신이 하는 일에 완전히 몰두하는 경향이 강하며, 일을 긍정적이고 열정적으로 대한다.

미국의 경영 컨설팅 회사인 헤이그룹Hay Group의 조사에 따르면, 성과 몰입이 되어 있는 직원들은 그렇지 못한 직원들에 비해 무려 43%나 생산성이 높다고 한다. 최근 연구에 의하면 성과 몰입도가 높은 기업들은 조사 기간 중 영업이익이 19.2% 증가한 반면, 성과 몰입도가 낮은 기업들은 같은 기간 동안 영업이익이 32.7% 감소했다고 한다. 몰입도가 높을수록 구성원들의 이직률이 낮아지는 것도 미루어 짐작 가능하다.

요즘처럼 힘든 시기에 매출이나 생산성을 40%나 높일 수 있다니, 귀가 번쩍 뜨일 소식 아닌가? 하지만 문제는 성과 몰입이 되어 있는 직원들이 생각보다 많지 않다는 사실이다. 2013년에 갤럽Gallup이 전 세계 142개국에서 조사한 결과에 따르면, 자신의 업무와 회사에 깊이 몰입돼 있다고 답한 직원은 놀랍게도 13%에 그쳤다고 한다. 오히려 63%의 직원들은 꼭 해야 할 일만 겨우 하는 '수동적 비몰입 상태(passively disengaged)'에 있으며, 24%는 아예 회사의 이익을 저해하는 '적극적 비몰입 상태 (actively disengaged)'라고 답했다고 한다.

무엇이 이들이 업무에 몰입하지 못하게 했을까? 경기침체 등

외부 환경도 중요한 요인 중 하나다. 미국의 모던서베이^{Modern}
Survey라는 기관에서 2007년과 금융위기가 몰아친 2008년에
기업 구성원들의 성과 몰입도를 비교했더니 5가지 항목에서
3~7%까지 하락한 것으로 나타났다.

그러나 이보다 더 직접적인 요인이 있다. 바로 리더십이다.

몰입은 리더십의 가장 중요한 결과물이자 성과를 예측할 수
있는 직접적이고 정확한 예측변수다. 회사에 나를 지켜봐주고
나의 역량을 인정해주고 이를 잘 발휘할 수 있도록 돕는 상사가
한 명이라도 있다면 직원들의 몰입도가 높아지고 성과로 연결
될 가능성이 높다.

아마 당신도 과거 어느 한 순간, 함께 일한 상사의 기대에 부
응하기 위해 미친 듯이 일했던 기억이 있을 것이다. 누군가로부
터 인정받고 싶은 마음은 사람이 가진 가장 강한 욕구 중 하나
다. 인간관계 전문가들은 한결같이 긍정적인 인간관계를 유지
해주는 첫 번째 비결로 칭찬, 감사, 격려와 같은 '인정하는 말'
을 꼽았다. 비단 개인적인 관계뿐 아니라 비즈니스 관계에서도
마찬가지다. 리더는 반드시 직원의 역량을 인정하고 존중함으
로써 긍정적 영향력을 확대하고 스스로 일할 수 있도록 만들어
줘야 한다.

그런데 아쉽게도 국내 기업들을 보면 성과 몰입의 중요성
을 인식하고 이를 적극적으로 경영에 반영하는 경우가 그리 많
지 않아 보인다. 직원들의 성과 몰입을 중요시하는 리더도 많

이 만나보지 못했다. 최근에 글로벌 컨설팅 기업인 타워스왓슨 Towerswatson이 22개국 2만 명의 직장인을 상대로 업무 몰입도를 조사한 결과, 한국인의 몰입도 비율이 전 세계 평균(21%)보다 현저히 낮은 6%에 그쳤다는 사실을 경영자라면 심각하게 고민해봐야 할 것이다.

고객은 둘째, 직원이 첫째다

얼마 전 어떤 그룹의 연수원에 가서 리더십 강의를 할 기회가 있었다. 강의를 하러 들어가다 로비에 걸린 현수막을 보고 깊은 생각에 잠겼다. 그 현수막에는 다음과 같이 적혀 있었다.

"우리 회사의 주인은 고객입니다."

과연 그럴까? 최신 경영에 조금이라도 관심이 있는 독자라면 '소비자 주권주의' 내지는 '소비자 자본주의'라는 용어를 들어보았을 것이다. 주주 자본주의가 가지고 있는 한계를 인식하고 보다 지속 가능한 성장을 달성하기 위해 고객만족을 경영의 최우선 순위로 놓자는 생각이다.

내가 보기에 한국만큼 소비자 자본주의가 일찌감치 관심을 받고 잘 정착된 나라도 드문 것 같다. '손님은 왕'이라는 슬로건이 절대선처럼 여겨지는 데다, 한국의 소비자는 전 세계에서 가장 똑똑하고 까다롭기 때문에 특유의 근면성을 바탕으로 국내외 모든 정보를 취합해 제품과 서비스를 평가한다. 뛰어난 정보력을 바탕으로 기대치에서 1%라도 부족하면 가차 없는 평가를 내리고 경쟁사의 제품과 서비스를 찾아 등을 돌린다. 어디 이뿐인가? 블로그 등을 통해 '무슨 회사 제품은 절대 사용하지 말라'고 입소문을 내기까지 한다. 이런 수준 높은 고객을 상대해야 하니 고객에 대한 한국 기업의 관심과 노력은 세계적인 수준이다.

하지만 이것이 과연 바람직한 현상이기만 한지는 솔직히 의문이다. 소비자가 왕이 되면서 조직 구성원에 대한 관심은 상대적으로 소홀해지고 있다는 느낌을 지울 수 없다. 이런 기업의 CEO는 고객만족을 위해서라면 직원들이 어떠한 희생도 감수해야 한다고 생각한다. 직원은 자신의 감정과는 상관없이 웃음과 친절을 강요당하고 그저 묵묵히 고객을 위해 봉사해야 하는 존재로 전락하게 된다.

고객만족을 추구하는 것 자체를 문제 삼는 것은 아니다. 기업 경영의 궁극적 목적은 이윤 창출이고 기업이 제공하는 제품과 서비스의 궁극적인 심판자는 고객인 만큼, 고객의 만족도를 높이자는 소비자 주권주의는 환영받을 일이다. 다만 고객만족을 위해 모든 것이 희생되어도 된다는 리더들의 생각이 잘못됐다고 말하고 싶다. 어느덧 사회적 문제가 되어버린 소위 '갑질' 또한 따지고 보면 무조건 고객을 섬겨야 한다는 비뚤어진 고객만족이 불러온 부작용일 터다.

오히려 현명한 리더와 기업은 고객만족을 극대화하기 위해서는 조직 구성원의 만족이 선행되어야 함을 잘 알고 있다. 회사에 의해 일방적으로 강요받는 친절과 업무 몰입은 진정성이 없기 때문에 오히려 고객 불만족으로 연결될 수 있기 때문이다.

'우리 회사의 주인은 고객입니다'라는 문구가 직원들에게 어떻게 읽힐지, 그 회사 CEO는 생각해보았을까? '아무리 열심히 일해도 당신들은 이 회사의 주인이 아니다'로 읽히지 않았을까?

〈포춘〉이 매년 발표하는 '가장 일하기 좋은 직장' 리스트에 가장 많이 오른 기업들의 CEO들은 그래서 하나같이 '직원이 첫째이고 고객은 둘째'라고 말한다. 스타벅스의 창업자이자 CEO인 하워드 슐츠는 "직원이 행복해야 고객도 행복하다"라고 말하며 경영에서 직원들의 행복을 가장 중요시한다. 미국의 대표적 소프트웨어 회사인 SAS의 CEO 짐 굿나이트Jim Goodnight도 "직원을 행복하게 해주고 최고의 혜택을 주는 것은 이들의 기여와 공로에 대한 존경심의 표현"이라며 '직원 주권주의'를 실천하고 있다.

또한 이들은 직원에게 고객 서비스를 일방적으로 강요하지 않고, 각자 업무의 소중함을 깨닫게 해 마음에서 우러나는 고객 서비스와 업무 몰입을 유도하고 있다. 정기적으로 암 환자들을 초대해 연구자들과 식사를 함께하는 제넨테크처럼 말이다.

조직이 원하는 바를 알게 하라

"주인의식이나 몰입이나 중요한 줄은 알겠는데, 어떻게 향상시킨다는 말인가?"

이쯤에서 이러한 의문이 떠오를지도 모르겠다. '우리 회사의 주인은 직원입니다'라고 현수막을 써 붙일 수도 없고, 직원들의 몰입을 위해 구체적으로 무엇을 어떻게 해야 할까? 그에 대해 간략히 살펴보기로 하자.

가장 먼저 할 일은, 현재 조직 구성원들의 몰입도가 어느 정도인지를 정확하고 객관적으로 측정하는 것이다. 측정도구로는 간단한 설문지가 가장 많이 사용된다. 갤럽, 머서Mercer, 휴잇Hewitt, 왓슨와이어트Watson Wyatt 등 미국의 인사조직 컨설팅 회사들은 직원의 몰입을 측정하기 위해 설문지를 자체 개발해 사용하고 있다. 가장 많이 사용되는 설문지는 《유능한 관리자》란 책으로 유명한 갤럽의 'Q12'다. Q12는 마틴 셀리그먼Martin Seligman의 긍정심리학에 기초해 개발됐는데, 인간 심리의 부정적 측면보다 긍정적 측면에 초점을 맞춰 인간의 행동, 특히 동기부여와 변화의 리더십을 설명한 것이다. Q12의 대표적인 질문은 다음과 같다.

1. 직장에서 나에게 기대하는 것이 무엇인지 알고 있는가?
2. 매일 업무 중에 최선을 다할 기회가 주어지는가?
3. 지난 7일 동안 업무에 대한 칭찬이나 인정을 받은 적이 있는가?

4. 직장 내에 내가 발전할 수 있도록 독려해주는 사람이 있는가?

5. 회사의 목표나 목적을 보면 내 업무가 중요하다고 느껴지는가?

6. 작년에 나의 직무와 관련해 학습하고 성장할 수 있는 기회가 주
   어졌는가?

이 6개 항목을 다시 한 번 읽어보자. 그리고 내일 당장 나와 함께 일하는 직원들의 몰입도를 높이기 위해 무엇을 할지 하나만 정하자. 나는 지난 7일 동안 업무와 관련해 팀원 혹은 부서원의 역량을 인정해주는 표현을 한 적이 있는지 생각해보자. 다시 말하지만 직원들은 자신을 인정해주는 리더를 위해 모든 것을 바친다. "난 김 대리가 이 일을 잘해줄 것으로 믿고 있어!"라는 진심 어린 한마디에 김 대리는 상사를 실망시키지 않기 위해 오늘도 수고를 마다하지 않고 묵묵히 그리고 기쁜 마음으로 일하는 것이다. 이런 리더십에 한국인 특유의 '정'이 결합되면 폭발적인 에너지가 나오게 된다.

혹은 박 과장에게 나의 기대치를 명확하게 전달했는지 생각해보자. 상사와 직원 간에 일어나는 갈등 중 상당 부분이 기대치를 명확히 전달하지 않기 때문에 일어난다. 상사는 '간단히 말해도 이 친구가 알아듣겠지'라고 생각하고 정확히 말하지 않는 경향이 있다. 하지만 상사가 대충 말할수록 직원은 상사의 의중을 지레짐작할 수밖에 없다. 이런 리더야말로 최악이다. 의중이 명확하지 않으면 업무를 추진하는 직원의 자신감이 떨어진다.

'사장님이 말씀하신 게 이건가…' 하는 고민을 끊임없이 하며 업무를 추진하는데 성과가 날 리 없다. 상사 입장에서는 '모르면 물어보지, 왜 쓸데없는 고민을 하는 거야?'라고 생각할지 모르지만, 그런 쓸데없는 고민을 하게 만든 당사자가 자신이라는 사실을 먼저 알아야 한다. 직원 입장에서는 업무 지시사항에 대해 자꾸 물어보게 되면 자칫 '눈치 없고 무능한 직원'으로 찍힐까 두려워 어쩔 수 없이 아는 척하게 되는 것이다.

업무 관련 지시나 회의를 할 때는 '직원들이 리더를 짐작하지 말게 하자'는 슬로건을 꼭 기억하자. 그리고 필요하다면 육하원칙에 따라 언제 어디서 무엇을 어떻게 등 당신이 기대하고 있는 아웃풋을 구체적으로 전달하도록 노력하라. 리더가 구체적이고 명확하게 소통할수록 직원들의 자신감이 커질 것이다.

아울러 구성원들의 몰입도를 주기적으로 측정해 관리하고자 한다면 다음 몇 가지 사항을 염두에 두기 바란다.

첫째, 조직 내 특정 그룹이나 직급 또는 연령에 치우치지 않고 최대한 다양한 그룹을 대상으로 측정해야 한다. 즉 조직의 총체적인 몰입상태와 함께 세부 그룹의 몰입 수준을 동시에 파악해야 한다.

둘째, 고객 입장에서 느끼는 직원들의 몰입도를 함께 측정할 필요가 있다. 고객은 몰입의 가장 중요한 결과이자 대상이기 때문이다.

셋째, 몰입도 측정이 잠시 지나가는 유행이 되어서는 안 된다. 조직의 최상위 리더가 몰입의 중요성을 지속적으로 강조하는 것은 기본이며, 상급자의 업무평가에 하급자들의 몰입 수준이 포함되는 것이 바람직하다.

넷째, 몰입도 측정 결과가 어떻게 사용되며 궁극적인 목적이 무엇인지를 구성원들에게 자세히 설명해줘야 한다. 그렇지 않으면 직원의 입장에서는 그저 그런 또 하나의 설문지로 인식하기가 쉽다.

몰입을 측정해서 이를 관리할 데이터를 얻었다면 몰입도 높은 조직을 만들기 위해 다음의 사항들을 우선적으로 추진해보기 바란다.

첫째, CEO가 직원들의 경력개발에 적극적인 참여와 관심을 기울임으로써 직원들이 성장한다는 느낌을 항상 갖도록 한다.

둘째, 성공적인 업무 수행에 대해 물질적, 정신적 보상을 충분히 해야 한다. 특히 정신적 만족감과 재정적 만족감이 균형을 이루도록 하는 것이 중요하다.

셋째, 구성원들이 조직에 대해 자긍심을 느낄 수 있도록, 사회적 책임과 관련된 다양한 활동에 관심을 갖고 추진해야 한다.

넷째, 직원들이 업무 외 영역에서 소속감을 느낄 수 있도록, 다양한 사내 커뮤니티 조성과 활동을 지원하는 것이 좋다. 이는 직원들이 다양한 리더십 경험을 쌓을 기회도 된다.

다섯째, 리더는 업무의 방향을 명확히 설정하고, 결과에 대한 책임소재를 확실히 정의해야 한다. 이는 직원들의 몰입을 높이는 가장 중요한 요소 중 하나다.

직원들의 몰입을 높이는 요소는 이처럼 다양하지만, 가장 중요한 것이 무엇인지 묻는다면 앞에서 강조한 대로 '주인의식'이라고 말하고 싶다. 주인의식이야말로 평범한 기업을 위대한 기업 또는 살아 있는 기업으로 만드는 가장 중요한 요소다. 조직 구성원 하나하나가 주인이라는 생각을 갖고 자신의 업무에 헌신적으로 임한다면, 그것이야말로 경쟁기업이 쉽게 모방할 수 없는, 진정한 의미의 '지속 가능한 경쟁우위(sustainable competitive advantage)'가 될 것이다.

주인의식을 높이는 3가지 방법

이와 별도로 직원들의 몰입도를 높일 수 있는 방법은 여러 가지가 있다. 그중 가장 효과적인 3가지 방법을 살펴보자.

첫째, 가장 직접적이고 효과적인 방법은 주식을 갖게 해서 진짜 주인이 되게 하는 것이다.

주인처럼 일하게 하는 것보다 더 좋은 것이 진짜 주인을 만드는 것 아니겠는가. 많은 선진기업들이 성과가 좋은 직원들에 대한 보상이나 필요한 인재를 채용하기 위해, 주식을 주거나 시장 가격보다 싸게 살 수 있는 옵션을 제공하는 방법을 적극 활용하고 있다.

독일의 대표적인 기업 하면 어떤 회사가 생각나는가? 아마 많은 독자들이 우리에게 익숙한 브랜드인 벤츠나 BMW 같은 기업을 떠올릴 것이다. 하지만 진짜 독일을 대표하는 기업은 전 세계 212개국에서 34만여 명의 직원들이 일하며 연매출 90조 원을 만들어내고 있는 170여 년 역사의 지멘스Siemens라고 해야 할 것이다. 메르켈 총리는 지멘스를 '독일 경제의 대표'라고 치켜세운 바 있고, 〈타임Time〉도 옛 서독을 가리켜 '지멘스 국가(the state of Siemens)'라 불렀을 정도로 지멘스는 독일을 대표하는 국민 기업이다.

지멘스의 장수와 성공 비결은 뚜렷하다. '언제나 내 회사라 생각하라'는 창업주 시절부터의 경영방침이 그것. 실제 2014년 기준으로 총 직원의 절반에 해당하는 14만 4000명가량이 자기 회사의 주식을 소유하고 있으며, 앞으로도 다양한 주식 소유 프로그램을 통해 2020년까지 자사 주식을 가진 직원을 20만 명으로 늘릴 계획이라고 한다.[19] 조직 구성원 입장에서 볼 때 이 얼마나 즐겁고 신나는 목표이자 꿈인가?

하지만 한국의 많은 오너들은 회사에 대한 통제력을 잃을까봐 두려워 직원들과 주식을 공유하는 데 여전히 소극적인 듯하여 안타까울 때가 많다. 회사를 공유하지 않아서 직원들이 손님처럼 일할 때 발생하는 여러 가지 부작용을 생각한다면, 약간의 지분을 양보해 많은 직원들이 주인처럼 눈에 불을 켜고 열정적으로 일할 때 생기는 더 큰 가치를 볼 수 있는 경영자가 많이 생겼으면 한다.

직원을 주인처럼 일하게 만드는 두 번째 방법은 정보를 공유해 이들이 큰 그림을 이해하며 자신의 업무를 수행하도록 돕는 것이다. 주식을 공유하지 못한다면 정보라도 공유하라는 말이다. 이는 기업의 CEO나 사업부서장이나 팀장, 누구나 할 수 있는 일이다.

과거에는 정보로 직원들을 통제하려는 상사들이 많았다. "김 차장, 이건 자네만 알고 있어" 하면서 선심 쓰듯 단편적인 정보를 직원들과 공유함으로써 자신의 가치가 올라가고 권력이 생긴다는 착각에 빠졌던 것이다. 하지만 이제는 그 어느 때보다 정보의 투명화, 공유화가 필요한 시점이다. 정보를 공유하면 직원들이 일의 전체적인 맥락을 이해할 수 있게 된다. 그리고 자신의 가치가 올라가고 존중받는다는 느낌을 가질 수 있다.

구글을 10년 넘게 이끌었던 에릭 슈미트도 대부분의 정보를 직원들과 실시간 공유하는 것을 자신의 가장 중요한 경영방침 중 하나로 삼았다. 혹시 정보가 유출돼 곤란한 상황이 벌어지면 어떡하느냐는 반론에 대한 입장도 매우 명확했다. 정보를 공유하지 않아 직원들이 손님처럼 일하게 되는 것이 정보를 공유하고 이 중 일부가 유출되는 것보다 훨씬 심각한 문제라는 것이다.

그래서 구글에서는 이사회에 제출된 사업 보고서 자료를 전체 직원과 공유한다. (물론 변호사가 법적인 측면에서 문제될 것이 없다는 것을 확인한 후에 말이다.) 이렇게 직원들과 정보를 공유했지만 2004년 기업공개 이후 정보유출 때문에 문제를 겪은 적이 단한 번도 없었다. 이를 보아도 이제 직원들의 의식 수준을 존중하면서 기업 경영을 해야 할 시대가 되었음을 알 수 있다.

직원들을 주인처럼 일하게 만들 수 있는 세 번째 방법은 종종 선택권한을 주는 것이다.

사람은 자신이 선택한 일에 훨씬 더 많은 가치를 부여하는 존재다. 매번 그럴 수야 없겠지만 특별히 중요한 업무가 있다면 "김 대리, 이거 중요한 거니까 다음 달 말까지 해와"라는 식으로 지시하지 말자. 대신 "야~ 이 프로젝트는 우리 팀에 무지 중요한데 이걸 누가 잘해낼 수 있을까? 평소 일하는 태도나 역량을 보면 우리 김 대리가 가장 잘할 것 같은데… 김 대리, 이 프로젝트 한번 해볼래? 생각해보고 최대한 빨리 알려줘~"와 같은 식으로 업무를 맡겨보자. 설마 김 대리가 30분쯤 후에 '팀장님, 싫은데요.'라고 할까? 대부분의 김 대리라면 "팀장님, 제게 한번 맡겨주세요. 열심히 해보겠습니다"라고 할 것이다. 이로써 이 프로젝트는 지시에 의해 마지못해 진행하는 팀장의 프로젝트에서, 내가 선택한 나의 프로젝트로 변하게 된다.

요즘 상사들이 젊은 직원들의 업무 태도에 대해 '애사심이 없다' 든지 '자기만 생각한다'라며 불만스러워하는데, 이들에게 스스로 선택해서 업무를 하게 하면 예상외의 주인의식을 보게 될 수 있다. 이들이 잘해야 리더의 성과도 올라간다는 사실을 기억하고 스스로 선택해서 일하게 해보자. 이들의 눈빛이 확연히 달라짐을 느낄 것이다.

요즘 사내 잡마켓을 활용해 직원들이 1년에 한 번씩 원하는 부서에서 일할 수 있는 선택권을 부여하는 기업들이 많아지는 것도 이런 측면에서 바람직하다고 할 수 있다. 대학조차 신입생들이 대학을 경험해보지 못한 채 전공을 결정하는 것이 비합리적이라 해서 전공을 정하지 않고 입학시키거나, 단과대학별로 모집단위를 확장한 후 추후에 구체적인 전공을 선택하도록 유도하고 있다. 세상이 이렇게 변화하는데 여전히 일방적으로 자신의 업무영역을 회사에서 정해주고 이걸 평생 하라고 하니 업무에 대한 몰입도는 물론 조직에 대한 몰입도와 충성심도 떨어질 수밖에 없다. 처음에는 회계부서로 발령 나서 일을 시작했더라도, 마케팅이나 교육 업무가 더 하고 싶고 적성에 맞다면 사내 잡마켓을 통해 새로운 업무를 할 기회를 주는 것이 적성에도 맞지 않는 일을 억지로 하는 것보다 훨씬 좋은 결과를 낳을 수 있다. 적성과 역량에 맞는 일을 하게 되었는데 손님처럼 일할 리가 없지 않은가.

'후쿠시마에 들어갈 직원이 있는가?'

'짝퉁 애플'로 불리던 샤오미^{Xiaomi}가 세계가 주목하는 강자로 급부상한 데는 '후쿠시마 협상'이라는 터닝포인트가 숨어 있다. 2011년 일본 후쿠시마에 원전사고가 나자 샤오미의 창업자 레이쥔$^{Lei\ Jun}$은 후쿠시마행 비행기표를 끊었다. 스마트폰 부품업체인 샤프^{Sharp}를 만나기 위해서였다. 이렇다 할 실적이 없어서 부품을 공급받지 못하던 샤오미의 창업자는, 남들이 다 빠져나오는 위험천만한 후쿠시마에 들어가서 협상을 성공시켰다. 물론 수많은 성공요인이 있었겠지만, 회사를 위해 위험도 마다하지 않는 헌신이야말로 지금의 샤오미를 만든 일등공신일 것이다.

이 내용을 소개한 어느 신문기사에는 이런 문장이 있었다. "그러나 삼성전자에는 후쿠시마에 들어갈 사람이 없다."

나는 리더십 강의를 마칠 때면 이런 질문을 던진다.

"여러분의 회사에는 후쿠시마에 몸을 던질 직원이 얼마나 된다고 생각합니까?"

쉽게 대답하기 어려운 질문인 줄 안다. 때로는 스스로 주인임을 천명하다가도 위험에 맞서라고 하면 몸을 사리며 애꿎은 직원을 앞세우는 못난 리더들도 있을 것이다. 하지만 샤오미의 창업자 레이쥔처럼 리더가 먼저 후쿠시마에 뛰어드는 솔선수범을 보여주지 않는다면 직원들은 결코 위험을 감수하거나 팀과 사업부를 위해 자신의 이익을 희생하지 않을 것이다.

주인의식이야말로 지금과 같은 불황기에 모든 리더가 고민하고 실천해야 할 가장 핵심적인 이슈다. 불황극복의 묘책이 반드시 새로운 솔루션이어야 하는 것은 아니지 않은가. 오히려 '새로운 눈'으로 현실을 바라볼 때 해답이 보이는 경우가 많다. 위기일수록 기본에 충실한 리더와 기업이 성공한다는 것은 불변의 진리다. 그런 점에서 리더로서 나는 직원들의 성과 몰입에 얼마나 신경 쓰고 있는지, 진지하게 생각해볼 일이다.

내가 아닌 '그들'의 입장에서 말하고 행동하라

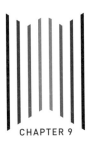

CHAPTER 9

강의 중 만난 한 신임 과장이 고백을 해왔다. "교수님, 이번에 과장으로 승진해서 정말 기분이 좋습니다. 그런데 회의에 참석해서 자신 있게 의견을 내고 싶은데 좀처럼 쉽지 않네요."

"아니, 이렇게 훌륭한 분이 왜 자신 없다고 하십니까? 뭐 불편한 점이라도 있으신가요?"

그러자 다음과 같은 대답이 돌아왔다.

"제가 대리 때 일입니다. 저희 팀에서 맡은 프로젝트가 마침 평소에 관심이 있어서 개인적으로 자료조사도 했던 주제였습니다. 하루는 팀장님이 회의하자고 했는데, 제가 아이디어와 의견을 자주 내며 적극적으로 참여했습니다. 그런데 회의가 끝나고 팀장님이 잠깐 보자고 하더군요. 그래서 속으로 좋은 아이디어를 많이 냈더니 이 일을 내게 맡기시려나 보다고 생각했습니다. 그런데 팀장님은 '박 대리, 오늘 아침에 뭐 잘못 먹었나? 왜 자꾸 내 의견이랑 다른 말을 해?'라는 게 아닙니까? 급히 사과하고 회의실을 나왔지만 억울하더라고요. 그다음부터는 회의 때 의견이 있어도 괜히 말했다가 또 지적받을까 봐 잠자코 듣기나 하자는 생각이 드는 겁니다. 시간이 지나고 승진도 했지만 여전히 제 의견을 말하는 게 불안합니다."

좋은 리더가 되기 전에 나쁜 리더가 되지 말라

리더가 반드시 기억해야 할 것이 하나 있다. 상사가 되면 스스로 생각하는 것보다 직원들에게 훨씬 더 두렵고 중요한 존재가 된다는 사실이다. 리더가 무심코 내뱉은 말과 행동에 직원은 정신적 트라우마가 생겨 무기력하게 변할 수 있다. 자신에게 부여된 힘과 권한을 제대로 감당하지 못하는 사람이 리더의 자리에 오르는 것은 무면허 운전자가 브레이크가 고장 난 차를 모는 것과 마찬가지다.

많은 기업이 천문학적인 돈과 시간을 투자하면서 좋은 리더를 육성하려 한다. 바람직한 현상이다. 결국 기업의 우선순위는 투자하는 시간과 돈에 의해 결정될 수밖에 없다. 하지만 많은 기업들이 좋은 리더를 키우는 데만 관심이 있을 뿐, 직원들의 사기를 저하시키고 자신의 지위를 오남용하는 나쁜 리더를 찾아내 변화시키거나 제거하는 일에는 상대적으로 무관심해서 놀랄 때가 많다. 스탠퍼드 대학의 리더십 교수인 제프리 페퍼 Jeffrey Pfeffer 는 일찍이 리더십 무용론을 주장하면서 "역량 있는 리더가 조직에 부임한다고 해서 성과가 반드시 좋아지리라는 과학적인 증거는 없다"고 말했다. "오히려 나쁜 리더가 와서 조직이 쑥대밭이 되고 몰락할 가능성이 더 크다"는 것이 이유다.[20]

어느 조사에 의하면 직장인의 약 75%가 스트레스의 원천 1위로 직속상사를 꼽았다. 기회만 주어진다면 자신의 보스를 주저 없이 해고하겠다고 답한 사람이 24%일 만큼 나쁜 상사가 미치는 피해는 다양하고도 심각하다.

제프리 페퍼의 말대로, 역량 있는 리더의 파급력보다 나쁜 리더의 악영향이 더 큰 것이 사실이다. 그래서 나쁜 리더를 제거하는 일이 좋은 리더를 기르는 것보다 더 중요하다. 그 이유는 무엇일까?

첫째, 나쁜 보스는 전염성이 매우 강하기 때문이다. 나쁜 보스의 '또라이' 같은 행동을 보고 지낸 직원들은 자신도 모르게 그런 행동을 내면화하거나 어쩔 수 없는 일로 정당화하려는 경향이 크다.

둘째, 사회심리학에 의하면 우리가 특정인과 부정적인 경험을 한 번 한 후에 이를 극복하고 좋은 관계를 유지하려면 동일인과 5배 정도의 긍정적인 경험을 해야 한다고 한다. 다시 말해 사람은 긍정적인 경험보다 부정적인 경험에 훨씬 더 민감하기에, 나쁜 상사와의 부정적인 관계가 심리상태에 훨씬 더 큰 영향을 미치는 것이다.

셋째, 사람은 부정적인 경험을 하게 되면 본능적으로 다른 사람과의 상호작용을 줄이고 새로운 경험과 도전을 삼가고 사고와 행동의 범위를 축소시키려 든다.[21] 이러한 경향이 조직문화로 자리 잡으면 새로움에 대한 열정과 도전 없이 위에서 시키는 일만 하는 직원들만 넘쳐나게 된다.

당신의 말에 그들은 사표를 쓴다

그렇다면 리더의 어떤 말이 직원들을 얼어붙게 하고 그들을 나쁜 상사로 만들까? 그동안 리더십 강의를 하면서 들었던 현장의 경험담을 바탕으로 '내 어깨를 축 처지게 만들었던 상사의 말과 행동' 5가지를 작성해보았다.

첫째, "그것밖에 못하냐? 내 그럴 줄 알았다."

많은 이들이 최악의 말과 행동으로 리더의 무시와 모욕을 꼽았다. "괜히 의견 낼 생각 하지 말고 그냥 묻는 말에나 대답해!", "부모님이 어떻게 키우셨는지 모르겠다. 쯧쯧…" 혹은 "지금 하는 모양을 보니 하나를 보면 열을 알겠다", "모르면 잠자코 있어" 같은 말들이다. 남들 다 있는 데서, 특히 내 소속 직원들 앞에서 모욕을 주는 리더의 행동이야말로 구성원들이 꼽는 최악의 행동이다. 이런 상황에 직면할 때마다 "당장 때려치우고 싶었다"고 말한 이들이 무척 많았다. 상사가 자신의 인격과 능력을 무시하면 선생님께 야단맞는 초등학생처럼 느껴져 주눅 들고 자괴감에 사로잡히는 것은 당연하다.

이런 말을 일삼는 상사들은 흔히 업무적 꾸지람과 인격적 모독을 구분하지 못하고, 직원의 성장을 위해 야단치는 것이라고 착각한다. "아픈데 오히려 몸 관리도 못한다고 꾸짖는 상사를 보며 마음속으로는 이미 사표를 썼습니다"라고 토로한 사람도 있었다. 이런 상태에서는 리더가 아무리 멋진 비전을 선포하고 열정적인 연설을 해도 직원들이 조직과 일에 대해 애정을 갖기란 불가능하다.

무시하고 모욕하는 상사 중에는 언어폭력을 일삼는 이들도 적지 않다. "온갖 욕은 기본이고 넌 머리를 장식으로 달고 다니냐고 몰아붙이는 상사를 보며 치가 떨렸습니다", "욕… 욕… 욕… 그 인간 하면 생각나는 단어는 욕밖에 없습니다"처럼 격한 의견도 많이 나왔다.

리더십은 결국 관계를 바탕으로 이루어지며, 긍정적이고 생산적인 관계 뒤에는 서로에 대한 존중과 배려가 바탕이 되어야 한다. 사람들 앞에서 대놓고 욕하거나 무시하는 행동은 그 자체로 조직을 병들게 한다. 사회적으로 큰 논란을 일으켰던 '라면상무', '욕회장' 사례는 당사자들에게는 그리 돌발적인 사건이 아닐 것이다. 직원들의 인격을 무시하고 욕하는 습관이 회사 밖에서도 부지불식간에 드러난 것일 뿐.

둘째, "잘되면 내 덕, 못 되면 네 탓!"
구성원들이 가장 싫어하는 리더의 행동 두 번째는 책임회피다. 강의에서 만난 모 대기업의 임원은 "상사가 모든 결정을 내리고 추진하다가 성과가 좋지 않자 사람들 앞에서 자신을 가리키며 '그래서 내가 그렇게 하지 말라고 했잖아'라고 면박 주는 모습을 보며, 저는 직원들을 끝까지 책임지는 상사가 되자고 다짐했습니다"며 울분을 토했다. 무려 십수 년 전의 일이었는데도 마치 어제 일처럼 생생하게 기억하고 있는 듯했다. 그 모습을 보며, 상사에게 당한 아픔은 '시간이 약'이 아니라는 사실을 새삼 느꼈다.
책임회피는 잘못된 일을 직원 탓으로 돌리는 행동으로 주로 나타나지만, 때로는 결과에 책임지지 않기 위해 중요한 의사결정을 직원에게 미루는 경우도 있다. "그런 상사를 보면서 저 양반이 어떻게 저 위치에까지 올랐나 하는 의구심이 들 때가 있었습니다"라고 말한 중간관리자도 있었다.
1996년에 뉴욕 양키스의 감독을 맡아 12년 동안 매해 팀을 포스트 시즌에 진출시켰으며 네 차례나 월드시리즈 우승을 이끌었던 조 토리Joe Torre 감독.22 재임 동안 0.605의 승률을 기록한 그의 리더십 비결은 "뭔가 잘못되면 전부 내 책임입니다. 이상!"

이라고 외치는 리더로서의 책임감이었다.[23] 리더의 궁극적인 역할은 결과에 대해 책임을 지는 것이다. 그런 의미에서 '잘되면 내덕, 잘못되면 네 탓' 식의 말과 행동이야말로 일과 조직에 대한 회의감을 느끼게 하는 최악의 행동 중 하나일 것이다.

셋째, "시키는 대로 하기나 해!"

직원의 경험과 지식을 불신하며 모든 것을 혼자 결정하려는 독선적 리더도 적지 않았다. 많은 이들이 상사가 비논리적이고 올바르지도 않은 의견을 들이밀며 직원들의 의견을 묵살할 때 사기가 떨어진다고 이야기했다. 비슷한 내용으로 직원의 의지와 상관없이 권위적으로만 행동하려는 상사, 직원을 믿지 않고 독선적으로 행동하는 상사, 지시대로만 움직이게 하는 상사, 모든 일을 자기중심적으로 처리하는 상사 등의 의견들이 있었다.

나는 리더십 강의를 하면서 "직원들의 사기를 떨어뜨리는 가장 좋은 방법은 실컷 말하게 해놓고 하나도 반영하지 않는 것이다"라고 종종 이야기한다. 직원들이 가지고 있는 역량과 경험을 무시한 채 "당신이 뭘 안다고 떠들어!"라고 하는 상사는 결국 모든 일을 혼자 해결해야 하는 모순에 직면하게 된다. 직원에 대한 불신은 궁극적으로 리더의 수명을 단축시킬 뿐이다.

넷째, "자꾸 바꿔서 미안한데, 이렇게 다시 해봐."

상사가 의사결정을 차일피일 미루고 한 번 내린 결정이나 방향을 자꾸 바꾸면, 직원들은 언제 또 결정을 번복할까 하는 불안감 때문에 의욕이 떨어질 수밖에 없다. "갈팡질팡하는 상사와 일할 때처럼 짜증나고 의욕을 잃는 적도 없을 겁니다", "방향 제시를 제대로 못하는 상사는 정말 피곤하죠", "계속 수정만 시키다가 결국 사장되는 자료를 만들었을 때 관두고 싶어집니다"라는 답변에서 느껴지듯이, 일관성이 결여된 말과 행동은 직원들을 괴롭게 할 뿐이다.

상사가 이렇게 오락가락하는 이유는 대부분 일관된 가치나 원칙이 없거나, 미래를 확신하지 못하기 때문이다. 직원들도 상사의 이런 점을 모를 리 없다. 그러니 직원들의 신뢰를 얻고 싶다면, 명확히 의사결정하는 습관과 일관된 행동원칙을 정해 꾸준히 실행에 옮겨야 한다.

다섯째, "해봐야 알아? 안 된다니까!"
부정적 시각과 냉소의 전염성은 매우 강력하다. "사사건건 안 된다고 하는 상사 때문에 이직을 심각하게 고민했습니다", "상사의 회의주의와 허무주의 때문에 저까지 점점 냉소적으로 변하는 것 같아 깜짝 놀랐습니다", "제 의견에 무조건 아니다, 틀리다고만 할 때 미칠 것 같았습니다"… 하나같이 상사의 부정적 시각과 냉소 때문에 의욕이 저하됐다는 증언이다.

이런 상사는 일에 대해서만이 아니라 직원들에 대해서도 부정적이다. "제 부족한 모습만 보는 것 같아 상사를 피해 다니고 싶었습니다", "열심히 하는데 인정해주지 않고 실수나 실패만 들춰내서 일할 맛을 딱 떨어지게 했습니다." 심지어 개중에는 본인 없는 자리에서 직원 험담을 했다는 상사도 있었고, 십수 년 전에 직원이 잘못했던 일을 들먹이는 상사 때문에 사표를 쓰고 싶었다는 웃지 못할 내용도 있었다.

리더는 직원들을 한 번도 가보지 못한 길로 인도하는 존재이기에, 솔선수범과 긍정적 시각이 무엇보다 중요하다. 같이 일하는 상사가 목표에 대한 확신도 없이 부정적이고 냉소적인 말만 늘어놓는다면, 직원들이 그를 리더로 따를 이유가 무엇이겠는가? 일찍이 워렌 베니스는 "모든 위대한 리더는 희망과 긍정의 전사가 되어야 한다"고 했다. 나는 무의식중에 긍정적인 면보다 부정적인 면을 먼저 보고 있지는 않은지 체크해보자.

동기부여는 이 한마디에서 시작된다

나쁜 리더가 있으면 좋은 리더도 있는 법. 사실 기억에 남는 좋은 상사가 훨씬 더 많을 것이다. 앞에서 말한 것과 반대로, 직장생활을 15년 이상 한 분들에게 '나는 상사의 이런 행동을 보고 동기부여가 됐다'에 해당하는 구체적 사례들을 적어달라고 부탁했다. 오랜 시간 직장생활을 하며 산전수전 다 겪은 강의 참석자들이 한 말도 결국 '인정받고 싶다'는 인간의 기본적 열망에서 크게 벗어나지는 않았다.

리더에게서 어떤 말을 들었을 때 어깨가 들썩이고 최선을 다해서 일하게 됐는지, 구체적으로 정리해보면 다음과 같다.

첫째, "당신은 잘할 거야! 내 도움이 필요하면 언제든지 말해."
구성원의 어깨를 들썩이게 했던 상사의 첫 번째 말은 역시 '격려와 지원'이었다. 대기업의 한 중간관리자는 이렇게 말했다. "신입사원 시절 어떤 중역이 내 이름을 불러주며 열심히 하라고 응원하는 모습을 보고 그 상사뿐 아니라 조직 전체에 애착을 가지게 됐습니다." 어떤가, 동기부여를 일으키는 가장 중요한 행동은 리더의 격려와 지원임이 생생히 느껴지지 않는가? 비슷한 맥락에서 많은 이들이 "문제가 생겨서 야단맞을 줄 알았는데 오히려 위로하며 따뜻하게 충고하는 상사에게서 진정한 고마움을 느꼈습니다"라고 말했다.

둘째, "이 일은 당신 덕에 가능했어! 잘했어!"
동기부여가 되는 상사의 두 번째 행동은 바로 칭찬이다. 어느 대기업의 상무는 "'당신 때문에 가능했다. 자네는 어렵고 힘든 일도 참 잘한다'고 칭찬해줬던 상사 덕분에 업무에 자신감을 갖게 됐고, 그게 인생의 큰 전환점이 되었습니다"라며 동기부여에서 상사의 칭찬이 얼마나 중요한지를 여러 번 강조했다. 상사의 칭찬은 직원들에게 할 수 있다는 자신감을 심어주고 업무에 훨씬 더 몰입할 수 있도록 해준다. 또한 칭찬을 통해 자신감이 높아지면 실패에 강한 내성을 갖게 된다.

청찬과 관련한 흥미로운 사실 하나는, 많은 이들이 제삼자를 통해 상사가 나를 청찬했다는 사실을 알았을 때 힘이 솟았다고 말했다는 사실이다. 상사에게 직접 듣는 청찬도 좋지만 다른 사람을 통해 간접적으로 들리는 청찬으로 직원들의 만족지수가 더 올라갈 수도 있다는 가설을 조심스럽게 내본다. 직원 입장에서는 자신의 존재가치와 역량을 타인에게까지 말할 만큼 상사가 만족한다는 의미로 받아들이기 때문에 기쁨이 배가되는 게 아닐까 싶다. 직원들의 이런 성향을 감안한다면, 80% 정도는 직접 청찬해주고 나머지 20%는 제삼자를 통해 간접적인 청찬을 해주는 지혜를 발휘해도 좋을 것이다.

셋째, "힘들지? 쉬어가면서 해! 아이들은 잘 크고 있지?"
많은 이들이 동기부여가 되는 상사의 행동으로 자신에 대한 배려와 개인적 관심을 꼽았다. "사소한 부분까지 세심하게 배려하고 관심을 가져주신 상무님 덕분에 지금의 제가 존재할 수 있었습니다"라고 말하던 어느 임원의 모습이 눈에 선하다. 많은 이들이 상사가 일방적으로 업무지시만 하는 게 아니라, 개인적인 사항들(가족, 학업, 재정상황 등)을 걱정하며 챙겨줄 때 동기부여가 됐다는 의견을 주었다. 물론 개인의 예민한 부분까지 과도하게 관심을 갖는 것은 주의해야 하겠지만, 상사가 개인적 상황까지 배려하는 모습을 보여주면 고마움과 함께 그에 대한 보답으로 일에 더욱 몰입하게 된다.

요즘 신입사원의 부모님을 초청해 감사인사를 하거나 교육 프로그램을 운영할 때 배우자를 초대하는 기업이 점점 늘고 있다. 가정이 편해야 업무에 몰입할 수 있다는 평범한 진리를 실천하는 것 같아 바람직하다고 생각된다.

넷째, "내가 책임질 테니 열심히 해봐!"

직원들의 어깨를 들썩이게 하는 상사의 태도로 '책임'을 빼놓을 수 없다. 직원 입장에서는 역시 "내가 책임질 테니 마음껏 추진해봐"라고 말하는 상사를 만날 때 일에 대한 몰입도가 가장 높아지는 듯하다. 여기서 말하는 '책임'은 단순히 결과에 대한 책임만을 말하는 것이 아니다. 일하는 과정이나 의사결정에 대한 권한을 직원에게 충분히 주는 것 또한 '책임져주는 상사'의 면모다.

때로는 좋지 않은 결과가 나와도 기꺼이 자신을 희생하는 상사를 보며 동기부여가 됐다는 의견이 많았다. 결국 직원들이 생각하는 리더의 가장 중요한 역할은 불확실한 결과에 대한 책임을 스스로 감수함으로써, 결과에 대한 부담 없이 일 자체에 최선을 다할 수 있는 상황을 만들어주는 것일 터다.

다섯째, "당신은 이런 장점이 있는 것 같아. 이 업무 한번 해보겠나?"

젊은 직장인들이 꼽는 가장 이상적인 상사 1위가 '나의 성장을 돕는 리더'란 점은 앞부분에서 이야기했다. 나 역시 강의를 하면서 오늘날 가장 적합한 리더십 스타일은 '카리스마'도 아니고 '나를 따르라'도 아닌, '구성원을 성장시키는 인에이블러 enabler'라는 사실을 누누이 강조한다. 실제 설문을 해봐도 직원의 성장을 적극적으로 지원하는 상사를 보며 동기부여가 됐다고 말한 사람들이 많았다. '나의 경력개발과 승진을 적극적으로 지원해줄 때', '인생의 멘토로서 지혜와 정보를 줄 때', '자기계발의 중요성을 말로만 강조하지 않고 실질적으로 지원해줄 때', '실수에 대한 질책보다는 새로운 것을 배우는 기회비용이었다고 격려해줄 때' 등, 직원들의 장점을 발견하고 새로운 업무를 통해 역량이 향상될 수 있는 기회를 주어 성장을 도와준 상사에 대한 고마움을 말하는 내용이었다.

어떤가, 가만히 읽어보면 직원이 원하는 상사의 말과 행동은 드라마의 한 장면처럼 멋있다기보다는 오히려 지극히 평범하고 일상적이다. 성공한 리더가 되는 길은 가장 가까운 곳에 있다는 진리를 이 설문을 통해서도 알 수 있었다. 리더십 개발은 '몰라서 못하는 것'이 아니라 '할 의지가 없어서 못하는 것'이란 사실을 잊지 말자. 아울러 '리더십은 관계(Leadership is relationship)'라는 것을 기억하고, 직원들을 존중하고 배려하는 마음을 가져보자.

앞의 리스트를 보면서 '이걸 어떻게 다 실천하나…' 하고 걱정하는 분들도 있을 것이다. 그러나 좋은 리더가 되기 위해 이 모든 것을 다 할 필요는 없다. 처음부터 다 잘하려고 욕심내기보다, 해보고 싶은 것과 잘할 수 있는 것을 한 가지씩 골라서 앞으로 3개월만 실천해보자. 어느 순간부터 당신을 바라보는 직원들의 눈빛이 달라져 있음을 실감하게 될 것이다.

오늘 직원들을 향한 당신의 '한마디'는 무엇이었는가?

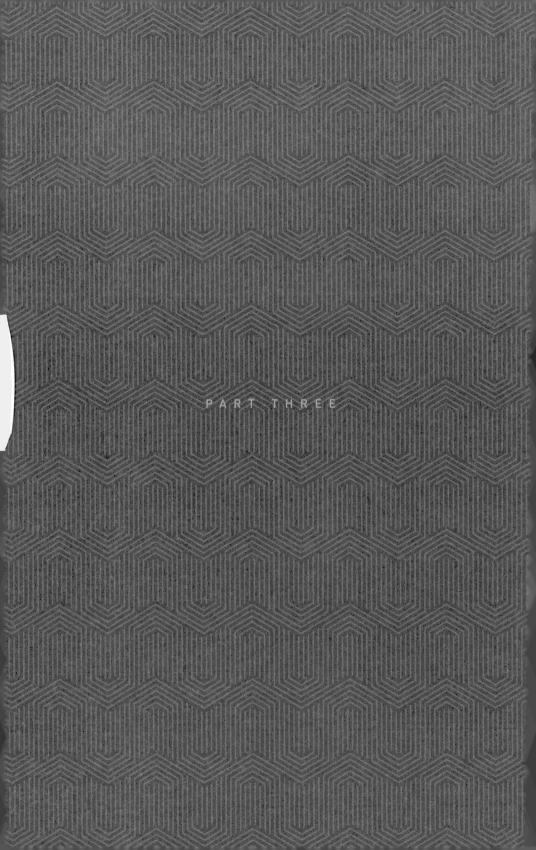

PART THREE

성장을
도모하라

내가 가르치는 연세대학교 경영대학은 4학년 때 컨설팅 팀 프로젝트를 해야 졸업할 수 있다. 기업에서 학생 4~5명으로 구성된 팀을 배당받아 한 학기 동안 일정 비용을 지불하고 필요한 업무에 배치하는데, 그냥 적당히 인턴 업무만 시키는 게 아니라 해외시장 조사 등 실제 업무에 투입한다.

한 번은 이랜드 박성수 회장이 중국 액세서리 시장 진출 가능성을 타진하는 프로젝트에 학생 4명을 고용했다. 다만 아무래도 학생들에게만 맡기기 불안했던지 직원 팀을 보내서 똑같은 프로젝트를 시켰다. 몇 달 후 발표 시점이 되었다. 오전에는 학생 팀이 발표하고 오후에는 직원 팀이 발표했는데, 놀랍게도 학생 팀의 결과가 꽤 우수했다. 그러나 은근히 이 학생들이 탐났던 박 회장의 바람과 반대로, 학생들 중 졸업 후 이랜드에 취직하겠다는 친구는 한 명도 없었다. 이에 박 회장은 한 가지 묘책을 생각해냈다. 얼마 후 그는 학생들과 부모님들을 호텔에 초대해 식사를 대접하면서 회사에 이런 인재가 오면 정말 좋겠다고, 자녀들을 잘 키우겠다고 부모님을 설득했다고 한다. 결국 4명 가운데 두 명이 이랜드에 취직해서 신문에까지 난 적이 있다.

신입사원을 뽑는 데 그룹사 회장이 부모들까지 설득한다니, 좀 유별나 보이는가? 그러나 인재를 대하는 리더의 자세는 이러해야 한다. 될성부른 떡잎을 선발해 거목으로 키우는 것, 리더십의 최종 과제는 바로 이것이다.

사람을 키울 준비가 되어 있는가

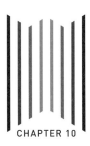

CHAPTER 10

힘이 되는 말로 직원들을 인정해준다고 해서 리더로서의 역할이 끝나는 것은 아니다. 리더의 최종 역할은 직원들의 역량을 키워 그들을 다음 세대의 리더로 성장시키는 것이다.

리더가 직원을 키우는 일이야 지극히 당연한 것 아니냐고 생각할지 모르겠지만, 놀랍게도 이것을 제대로 못해 실패한 리더로 남는 경우가 너무 많다. 《칭찬은 고래도 춤추게 한다Whale Done!》라는 책으로 국내에도 잘 알려진 켄 블랜차드Ken Blanchard와 그의 리더십 개발 회사인 블랜차드컴퍼니Blanchard Company가 2000년대 중반에 1400명 이상의 임원들을 대상으로 '리더로서 저지른 가장 큰 실패'가 무엇인지 조사했다.[24] 뛰어난 역량을 갖추고 많은 직원들을 이끌며 성과를 내는, 완벽해 보이는 리더들이 스스로 고백한 실패는 무엇이었을까?

> 1위. 일의 진행상황에 대한 피드백을 제대로 하지 못함(82%).
> 2위. 직원들의 의견을 경청하지 못함(81%).
> 3위. 직원들의 특성, 업무의 성격, 혹은 기타 상황에 맞는 리더십을 적용하지 못함(76%).
> 4위. 목표를 명확히 설정하거나 공유하지 못함(76%).
> 5위. 직원들을 제대로 훈련시켜 성장시키지 못함(59%).

어떤가? 미국의 조사결과이긴 하지만 우리의 현실과도 크게 다르지 않다. 충분히 좋은 인재를 뽑아놓고도 이들을 성장시키는 노력을 소홀히 한 나머지, 잠재력을 충분히 폭발시키지 못하는 모습은 어느 기업에서나 흔히 볼 수 있다. 수백 대 1의 경쟁률을 뚫고 어렵게 입사한 인재들이 왜 1년도 채 지나지 않아 말수가 줄어들고 열의가 사라지는 것일까?

그들이 입을 다무는 이유

기업의 임원이나 중간관리자와 이야기하다 보면 "요즘 젊은 친구들, 참 이해하기 어렵습니다. 회사에 대한 충성심과 몰입도도 많이 부족해 보이고, 자발적으로 일하는 능력도 떨어지는 것 같고…"라며 불만을 토로할 때가 종종 있다. 그럴 때마다 뭔가 잘못됐다는 생각을 지울 수 없다. 뛰어난 스펙을 갖추고 엄청난 경쟁을 뚫고 입사한 직원들에게 대체 무슨 일이 생긴 걸까? 가상의 사례를 통해 원인을 찾아보자.

1. 원하는 회사에 입사했다는 흥분을 안고 맞이한 첫 주. 신입사원들을 위한 사장님의 환영사가 예정돼 있다. 최고경영자를 만난다는 설렘에 가슴이 두근거린다. 강당에 신입사원들이 모이기 시작한다. 행사가 시작되기 전에 임원 한 명이 나타나더니, "사장님이 오시면 열심히 경청하고 가급적 질문은 삼가달라"는 지시사항을 전달한다. 김 사원은 느낀다. '아, 사장님은 인간이 아니라 신이구나. 그분이 말씀하실 땐 입 다물고 궁금한 게 있어도 조용히 있어야 하는구나.' 그러기를 30분. 지루한 기다림이 언제 끝나나 하는 순간 "사장님과 임원들이 입장하십니다!"라는 멘트와 함께 사장이 등장한다. 사원들은 미리 지시받은 대로 열심히 박수를 치고, 사장은 고개 한 번 들지 않은 채 비서가 준비한 원고만 줄줄 읽고 연단을 내려와 바삐 사라진다.

2. 입사한 지 어느덧 6개월이 지났다. 이제 회사생활에 적응하고 업무 파악이 조금 되니 회사의 불합리하고 비효율적인 모습들이 눈에 들어오기 시작한다. 회사의 비효율적 관행이 자꾸 신경에 거슬리고, 좀 더 창의적으로 업무를 추진할 방법은 없는지 자꾸

생각하게 된다. 여러 방법이 떠오르자 김 사원은 용기를 내 회의에서 자신만의 생각을 이야기하고 제안서도 써본다. 그런데 어느 날 팀장이 조용히 보자고 한다. 팀장의 마음을 움직였구나 하는 생각에 벌써부터 설렌다. 하지만 팀장 왈, "○○씨! 온 지 얼마나 됐다고 이렇게 설쳐? 아직 인사 파일에 잉크도 안 마른 주제에 뭘 안다고 기존의 업무방식이 어쩌고저쩌고 떠드는 거야? 앞으로 이렇게 나대지 말고 시키는 일이나 열심히 하세요!" 김 사원은 느낀다. '아, 팀원으로 사랑받으려면 절대 나대지 말고, 옳든 그르든 팀장이 시키는 일만 열심히 해야 하는구나.'

수백 대 1의 경쟁을 뚫고 입사한 김 사원은 이렇게 길들여지기 시작한다. 자발적으로 일하다가 나댄다고 찍히고, 다른 방식으로 업무를 하고 혁신적인 제품과 서비스를 꿈꾸다 별종이라 찍힌다. 결국 김 사원은 일과 회사생활에 점점 흥미를 잃고 겉돌기 시작한다. 이른바 '학습된 무기력증(learned helplessness)'에 빠지는 것.

이것이 무서운 이유는 전염성이 강하기 때문이다. 한두 명의 직원이 학습된 무기력에 빠져 수동적으로 시키는 일만 하기 시작하면, 주인의식을 갖고 몰입해서 일하던 직원들마저 '내가 이렇게 한다고 연봉을 올려주는 것도 아니고 누가 알아주는 것도 아닌데…' 하며 변하기 시작한다. 결국 이런 태도는 회사의 문화가 되어버린다.

다소 과장이 섞인 가상의 사례이지만, 실제로도 이런 기업들이 적지는 않은 듯하다. 내가 이들의 상사라면? 어떤 역할을 해야 할지 고민해보자.

직원이 무기력해지는 가장 큰 이유는 첫째, 상사의 권위적 태도 때문이다. 상사가 되고 보직을 맡은 것을 대단한 훈장처럼 느끼는 것. 급기야 지위 중독에 빠져 '나 아니면 안 돼'라는 생각으로 명령과 지시를 일삼다 보면, 직원은 어느덧 의욕을 잃고 시키는 일만 하는 좀비로 변해간다.

둘째는 관료적인 조직문화 때문이다. 변화와 다름을 인정하지 않고 기존의 업무방식과 기준을 벗어나는 행동을 이단시한다면, 창의와 혁신은 물 건너가고 조직은 서서히 병들어간다. 결국 직원들은 '나서봐야 좋을 것 없으니 중간만 하자'는 암묵적인 룰에 익숙해진다.

셋째, 상호존중을 바탕으로 한 소통 시스템이 없어서다. 한국 기업은 여전히 상명하달 문화가 굳건해서 상당수가 소통 부재에 시달리고 있다. 남녀노소 가리지 않고 쓰는 메신저 앱을 한번 가만히 들여다보라. 채팅창을 보면 내가 한 말은 노란색 말풍선으로, 상대방이 한 말은 하얀색 말풍선으로 표시된다. 이 두 색깔이 채팅창에 적절히 섞여 있어야만 소통이 잘되었다고 볼 수 있다. 하지만 이 팀장과 대화하는 김 사원에게는 오로지 이 팀장이 날리는 하얀 풍선만 가득하다.

오늘날의 초경쟁 상황에서는 조직 구성원이 자발적이고 창의적인 생각을 펼칠 수 있도록 의사결정 권한과 자율성을 보장하는 것이 무엇보다 중요하다. 그러나 아직도 머리는 가만히 집에 두고 출근하는 직원을 선호하는 상사가 많은 것 같아 안타깝다. 유능한 인재를 범재로 만드는 '김 사원 길들이기'를 이제는 제발 그만두자. 창의적이고 유능한 인재를 찾는다며 백날 부르짖으면서, 막상 회사에서는 리더가 직원의 가능성을 키우기는커녕 밟아버린다면 무슨 소용이 있겠는가.

결국 리더의 성공 여부는 직원을 얼마나 성장시키느냐에 달려 있다고 해도 과언이 아니다. 인류 역사상 가장 창의적인 리더 중 한 명이라 칭송받았던 스티브 잡스도 싫어하고 못하는 영역이 있었다. 바로 관리자 역할이다. 그래서 그는 자신의 적성에 맞지 않는 기업 관리와 운영을 보완하기 위해 팀 쿡Tim Cook을 리더로 키웠다. 이후 팀 쿡은 잡스가 여러 차례 병가를 신청하고 암으로 투병하던 시기에 업무를 충실히 이행했고, 잡스의 공백을 훌륭히 메웠다. CEO 리스크가 클 것이라 믿어 의심치 않았던 애플이지만, 믿고 맡길 수 있는 차세대 리더를 키웠던 덕분에 잡스의 리더십 공백이란 아찔한 상황에도 애플은 지속적으로 성장할 수 있었다.

흔히 업무를 나누는 것은 동료나 팀원들 간의 일이라고 생각하지만, 이보다 훨씬 더 중요한 업무 분담은 리더와 직원 사이에 일어난다. 그리고 리더의 성공은 자신이 잘할 수 있는 일과 그렇지 못한 일을 명확히 판단해, 잘할 수 있는 부분에 자신의 시간과 노력을 집중하는 데 달려 있다. 물론 마음 같아서야 실무자 때처럼 모든 일을 다 하고 싶겠지만, 담당해야 할 영역이 늘어나고 책임의 무게도 무거워지는데 어떻게 예전처럼 일할 수 있겠는가. 그보다는 잘하는 일에 집중하고 역량이 부족하다고 느끼거나 우선순위에서 밀리는 일을 대신 해줄 직원을 키우려 노력할 때 직급이 올라가면서 겪는 딜레마를 현명하게 극복할 수 있고, 나아가 더욱 더 좋은 성과를 낼 수 있다. 실제로 직급이 점점 높아질수록 리더로서의 성공은 자신의 역량과 노력에 의해 결정되기보다, 함께 일하는 직원들의 노력과 역량에 의해 결정되는 경우가 더 많아진다.

이 점만 감안하더라도 인재육성은 리더의 일방적인 희생과 봉사가 아니라는 사실을 알 수 있다. 오히려 나의 성공 가능성을 높이는 가장 확실한 방법이다. '사람이야 회사에서 알아서 키워주겠지' 하고 생각한다면 크나큰 오산이다. 조직에 리더가 있는 이유를 단 하나만 꼽아야 한다면, 그것은 인재를 키우기 위해서라고 말하고 싶다.

그러려면 리더에 대한 평가와 보상 등이 우수인재의 발굴 및 육성과 직접적인 연관을 갖도록 재편되어야 한다. 또한 누구나 리더의 위치에 오르면 인재육성에 대한 강박관념 수준의 관심과 책임을 자연스럽게 느끼는 문화가 정착되는 것이 바람직하다.

리더는 주인공이 아니다

새로운 일이 주어져서 어떻게 풀어나갈지 고민할 때 당신은 어떤 관점에서 생각하는가? '내가 이 정도도 못하겠어?'라는 식으로 생각한다면, 당신은 아직 리더로서 시각 전환이 이루어지지 않은 것이다.

성공한 리더는 목표를 이루기 위해 '내가 뭘 해야 하지?'가 아니라, '누구에게 맡겨야 가장 성과가 좋을까?'를 먼저 떠올린다. 초점이 일인칭인 '나(I)'가 아니라, 삼인칭인 '그들(they)'이 되는 것이다. '그 친구에게 일을 맡겼을 때 내가 어떤 지원을 해야 최고의 성과를 낼 수 있을까?'를 습관처럼 고민해보자. 이런 시각에서 보면 리더는 주인공이 아니라, 주인공인 직원들이 일을 잘할 수 있도록 분위기와 환경을 조성해주는 서포터가 되어야 한다.

리더가 자신이 주인공인 줄 착각하는 순간 모든 '갑질'이 시작되고, 결과를 독점하려는 불행한 결과를 낳게 된다. 그러므로 '나는 리더이지 주인공이 아니다'라는 생각을 꼭 가슴에 담고 겸손한 자세를 유지하라.

리더십의 아이러니 중 하나가 스스로를 낮출수록 리더로서 더욱 성공할 수 있다는 사실이다. 좋은 예가 NH농협금융지주의 임종룡 전 회장이다. 금융지주의 구조상 주요 정책을 추진하려면 농협중앙회의 승인을 받아야 한다. 우리투자증권 인수 의지가 있던 임 회장은 농협중앙회 회장 및 대의원 조합장을 일일이 만나 설득해 두 달 만에 승인을 받기에 이르렀다. 여기에는 남의 말을 귀담아 듣고 필요하다면 직접 프레젠테이션까지 하며 진정성 있게 소통하는 그의 노력이 가장 큰 기여를 했다. 경제관료 출신의 엘리트라며 임 회장을 경계했던 농협 구성원들도 그의 진정성 넘치는 소탈함과 겸손함에 마음을 열었다는 후문이다. 지주사 회장으로의 역할을 성공적으로 수행한 덕분인지 이 책을 쓰기 시작한 지 얼마 되지 않은 시점에 금융위원장으로 임명돼 대한민국의 금융정책을 이끌어가는 더 큰 역할을 부여받게 되었다. 자신은 주인공이 아니라는 겸손한 마음으로 리더의 역할을 수행하면 오히려 자신이 더 높아진다는 진리를 보는 것 같아 마음이 훈훈하다.

서포터로 사고의 전환이 이루어지지 않으면 직급이 아무리 높아도 팀원을 제대로 이끌 수 없다. 명령과 지시만 일삼는 반쪽짜리 팀장인 셈이다. 사무실에서 천장을 바라보며 깊은 한숨을 내쉬는 것도, '내가 실무자 때까지는 잘나갔는데 승진하고 나서 왜 이렇게 안 풀리지?'라는 고민에 빠지는 것도 당연하다.

이런 어려움을 겪는 대표적인 유형이 뛰어난 역량 때문에 남들보다 먼저 리더가 된 사람들이다. 역량이 뛰어나서 두각을 나타내고 성과가 좋다 보니 빠르게 리더의 자리에 올랐지만, 리더가 되고 나니 완전히 달라진 게임의 룰에 적응하지 못해 오히려 업무 추진을 방해하는 고문관이 되고 마는 것. 개인으로서도 모

범생에 엘리트로 살아오던 인생에 최초이자 최고의 시련이 닥친 셈이다.

그러니 개인의 역량이 뛰어나다고 리더로서 반드시 성공하리라 자신하지 말라. 선수 시절 탁월한 역량을 보이며 스타플레이어로 활약한 사람들 가운데 프로 감독이 된 사람이 몇 명이며, 그중 감독으로 성과를 낸 사람이 얼마나 되는가?

반대로 감독이 되어서 더욱 두각을 나타내는 프로야구 넥센의 염경엽 감독 같은 리더도 있다. 그가 16년 동안 묵묵히 기록해왔다는 세상에 하나뿐인 야구노트에 관한 보도를 방송에서 본 적이 있다. 그의 성공은 선수로서의 역량 덕분이 아니라, 16년간 경기를 관찰하고 또 관찰해 필승 노하우를 체계적으로 정리하고 실천한 노력의 결과다. 그래서 나는 임원들에게 리더십 강의를 할 때면 종종 염경엽 감독의 야구노트 동영상을 틀어주며 임원들 스스로 염 감독의 리더로서의 성공 노하우를 발견해보라며 토론을 하곤 한다.

염경엽 감독은 선수 시절 무명에 가까웠다. 그러했기에 두각을 나타내지 못하는 선수들과 공감할 수 있었고 그들의 눈높이에 맞는 성장전략을 세워 지원할 수 있지 않았을까. 그가 한평생 A급 선수로만 살았더라면, 성적이 부진하거나 슬럼프로 괴로워하는 선수들에게 왜 열심히 하는데 성과가 나오지 않느냐며 답답함과 조급함을 드러냈을지도 모른다. 하지만 염 감독은 자신의 경험을 바탕으로 뒤처지는 선수들을 다그치기보다는 같이 호흡하며 다시 A급으로 성장시켰다.

염경엽 감독의 리더십을 면면이 살펴보면 성공한 리더의 본질이 고스란히 느껴진다. 리더의 성공은 오롯이 개인의 역량만으로 결정되는 것이 아니기에, 어쩌면 그 어느 게임보다 공평하고 많은 기회가 주어지는 것이라 할 수 있다. 이것이 리더십의 묘미 아닐까. 흔히 최고만이 리더가 될 수 있다고 생각하지만, 리더로서의 성공은 개인의 실력만으로 결정되지 않는다는 사실을 기억하기 바란다. 그리고 지금 두각을 나타내지 못해 A급 직장인의 인생을 살고 있지 못한다고 생각하는 독자들이 있다면 희망을 잃지 말기 바란다. 실무자로서의 승부와 리더로서의 승부는 질적으로 다른 게임이기 때문에 당신에게도 얼마든지 성공적인 삶이 펼쳐질 수 있다는 신념을 가지고 노력하자. 이 책을 여기까지 읽었다는 사실 하나만으로도 당신에게는 성공한 리더가 되겠다는 열망이 충분하기 때문이다.

최고를 가려내 최고로 대우할 수 있는가

이상한 기업 이야기를 하나 할까 한다. 직원 수는 7만 6000명, 매출은 약 180조 원. 세계 최고 수준으로 성장한 기업임에도 회사 분위기는 살벌하기 이를 데 없다. 같은 제품을 개발하는 데 서너 팀이 목숨 건 경쟁을 벌인다. 모든 의사결정은 보스가 내리고, 모든 것은 비밀에 부쳐진다. 잘나가는 인근 기업에서는 다 한다는 무료 식사나 헬스클럽은커녕, 직원들의 복지에는 관심이 없다. 직원들의 경력개발에도 별다른 지원을 하지 않는다. 잘 준비된 교육 프로그램도 없다. 일과 삶의 균형보다 일이 더 강조되며, 하루에 12시간씩 죽도록 일할 각오가 돼 있지 않으면 이 회사에 오는 것을 고려할 필요조차 없다.

그런데도 구직자는 줄을 서고 이직률은 상당히 낮은 수준이다. 심지어 〈포춘〉에서 선정한 '세계에서 가장 존경받는 기업(most admired company)'에서 6년 연속 1위를 했다. 이런 괴물 같은 회사가 어딘지는 이미 짐작했을 것이다. 맞다, 애플이다. 애플은 사람을 채용하고 관리하는 방식이 파격적이라 할 만큼 다르다. 괴팍해 보이기까지 하다. 지구상에서 가장 혁신적이고 위대한 기업이 되려면, 사람에 대한 철학과 관리방식도 뭔가 달라야 하는 걸까? 애플의 인재선발과 평가방식의 비밀을 살펴보도록 하자.

채용에 관한 애플의 핵심철학은 '최고만을 뽑는다'는 것이다. B급 직원을 뽑기 시작하면 회사가 C급 직원으로 가득 차는 것은 시간문제라고 보기 때문이다. 채용에 대한 책임과 권한은 철저히 팀장과 매니저에게 주어진다. 프로젝트를 수행하는 데 정말 필요한 역량을 갖춘 인재라면 연봉은 '시가market price'다. 횟집에서 메뉴판을 보면 정말 귀하고 비싼 생선은 가격이 아닌 '시가'라고 쓰여 있는 것처럼.

인재 채용에 대한 애플의 두 번째 철학은 연봉이나 복지가 아닌 '목적의식'을 강조하는 것이다. 애플은 지구상에서 가장 위대한 제품을 만드는 데 동참하자며 직원의 영감을 자극하려 노력한다. 애플의 홈페이지에는 '우리는 당신에게 세상을 바꿀 수 있는 권한을 드리겠습니다'라고 쓰여 있다. 목적의식을 공유하게 되면 조직 구성원은 직원에서 주인으로 변하며, 그들이 하는 일은 생계유지 수단이 아닌 미션이 된다.

애플의 인재 채용에 관한 세 번째 철학은 CEO의 적극적 참여다. 정말 필요한 인재라고 판단되면 CEO가 직접 나서서 설득하고 자신의 비전과 목적의식을 공유하려고 했다. 실제로 애플의 많은 인재가 스티브 잡스와 함께 일할 수 있다는 점에서 애플을 선택했다고 말한다.

애플은 매장에 근무하는 직원들을 뽑을 때에도 흥미로운 제도를 도입했다. 매장 직원이야말로 고객과의 접점에 있기에 애플의 이미지에 가장 큰 영향을 미친다. 따라서 애플은 매장 직원을 선발하는 데 신제품을 개발하는 핵심인재를 뽑는 만큼의 노력을 기울인다. 채용 담당자를 비롯한 애플 직원은 다른 회사 매장에서 최고의 서비스와 주인의식을 가진 직원을 발견하면 조그만 카드를 내민다. 카드 앞에는 '당신은 최고입니다. 우리 이야기 좀 합시다(You are amazing. We should talk!)'라고 적혀 있다. 그리고 뒷면에는 '당신의 고객 서비스는 최상입니다. 내가 일하는 애플스토어에는 당신 같은 사람이 필요합니다. 지금의 직장이 만족스럽다면 그만두라는 말은 하지 않겠습니다. 하지만 이직을 생각한다면 전화 주십시오. 당신이 미래에 위대한 일을 하는 데 전화 한 통이 중요한 출발점이 될지도 모릅니다'라고 적혀 있다.

애플의 네 번째 인재관리 원칙은 '최고만 뽑는다'는 채용원칙과 일관되게 직원들에 대한 평가도 S급과 A급으로만 나뉜다는 점이다. 그럼 B와 C등급은 어떻게 될까? 이에 대한 대답도 역시 애플답다. "우리 회사는 B나 C등급은 필요하지 않습니다." 보상은 철저히 S등급 위주다. 보너스의 60%가 20%인 S등급에게 돌아간다. 직원이 10명인 부서는 S등급 직원 2명에게 전체 보너스의 30%씩 먼저 주고, 나머지 40%를 A등급 직원 8명이 5%씩 나눠 갖는 구조로 운영한다.

한국적 관점에서 보면 불평등하기 짝이 없어 보인다. 그러나 이들은 공평함보다는 공정함을 추구한다. 애플은 공정성을 높이기 위해 제품개발에 얼마나 공헌했고, 회사의 장기적 성장(시장가치)에 얼마나 기여했는지를 철저히 평가한다.

조직 구성원들이 평가와 보상에 대해 불만을 품는 이유는, 성과에 따른 차별적인 보상 자체가 아니라 성과를 판단하는 애매모호하고 주관적인 '기준' 때문이다. 누구나 한 번쯤 '내가 저 친구보다는 잘한 것 같은데…'라며 고개를 갸우뚱해본 경험이 있을 것이다. 객관적인 성과와 역량에 상관없이 상사에게 잘 보이는 게 평가와 승진의 기준이 된다면? 그 조직의 장래는 밝을 수 없다.

애플의 연봉은 적지 않은 수준이지만, 업계 최고는 아니다. 대신 기본급의 30% 정도를 보너스로 지급하고, 스톡옵션을 통해 회사의 주식을 저렴한 가격에 매입할 기회를 수시로 제공한다. 이러한 보상방식은 개인주의적인 직원들을 팀과 조직의 성공을 위해 일하도록 만든다.

애플의 인재관리와 관련된 마지막 원칙은 '작고 똑똑한 그룹'으로 요약될 수 있다. 애플의 핵심인재 풀이라 할 수 있는 '톱100'은 애플이 가진 독특한 인재관리 방식의 좋은 예다. 잡스는 살아생전 "나에게는 애플이라는 껍데기가 아니라 이 핵심인재 100명이 더 중요하다. 이들만 있으면 애플 같은 회사는 10개라도 만들 수 있다"며 이들에게 자부심을 부여했다.

'톱100'은 회사에 얼마만큼 공헌하느냐에 따라 결정되기에 매해 구성원이 바뀐다. 누가 '톱100'인지도 철저하게 베일에 싸여 있다. 이들은 1년에 한 번씩 3일 정도의 전략회의에 참석해서 CEO로부터 회사의 비전과 전략에 대한 이야기를 듣는다. 개발 중인 시제품을 지구상에서 가장 먼저 볼 수 있는 '영광' 또한 얻게 된다. 물론 여기에 속하지 못한 직원들의 시기와 질투는 상당하겠지만, 애플의 철학은 확고하다. 모든 직원을 똑같이 대우하다가 핵심인재가 불만을 느껴 조직을 떠난다면, 그것이야말로 훨씬 더 큰 손해라고 믿기 때문이다. '톱100'에 포함되는 영광을 얻기 위해 애플 직원들은 그야말로 미친 듯이 일한다.

애플의 인재관리 방식이 모든 기업에 적용할 수 있는 답은 아닐 것이다. 더구나 리더로서 당신의 목표가, 혹은 기업의 목표가 직원들의 적당한 만족에 있다면, 애플의 인재관리 방식은 다소 부담스러울지도 모른다. 그러나 선도 기업을 꿈꾼다면 애플의 독특한 인재관리 방식을 진지하게 분석해볼 필요가 있다. 최고의 인재를 뽑아 최고의 역량을 발휘하도록 하는 것이야말로 리더로서 해야 할 가장 중요한 임무 아니겠는가. '좋은 게 좋은 거'라는 논리로 모든 직원들을 적당히 대우하다가는 '하향평준화'라는 최악의 결과를 맞을 수도 있다. 그러니 한국의 상황과 맞지 않는다는 단순한 논리로 흘려버리지 말고, 우리 조직의 실정에 맞게 재창조하는 지혜를 발휘했으면 한다.

지구상에서 가장 훌륭한 제품을 만들어 고객에게 큰 가치를 제공하겠다는 목적의식, 평가와 보상 과정이 투명하고 객관적으로 이루어진다는 믿음, 그리고 학연이나 지연, 혈연에 따른 차별 없이 오로지 자신의 역량과 성과만으로 핵심인재가 될 수 있다는 희망. 기술적으로 앞선 제품을 만드는 것보다 이런 문화가 자리 잡혀야 우리 기업들도 월드클래스 조직으로 발전할 수 있을 것이다. 부디 그렇게 믿는 리더가 더 많이 나왔으면 하는 바람이다.

직원을 키울 나만의 전략을 세워라

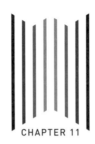

CHAPTER 11

최근 팔로어십followership에 대한 관심이 점점 높아지고 있다. 이제까지 직원들의 자질교육은 주로 리더십에 초점이 맞추어져 있었다. 그러나 조직에 속한 모든 사람은 리더인 동시에 팔로어다. 임원들 또한 모셔야 할 상사가 있고, 기업의 CEO도 주주들의 의견을 무시하고 마음껏 할 수 없는 시대가 되었기에 일종의 팔로어라 할 것이다.

팔로어의 역할이 어느 때보다 중요해진 이유는, 경영의 패러다임이 변했기 때문이다. 과거에는 효율적인 대량생산을 통한 규모의 경제를 강조하는 모델이 주류였다면, 이제는 혁신적인 아이디어를 기반으로 지식경제를 강조하는 모델로 바뀌었다.

효율성이 강조되던 시대에는 리더가 강력한 리더십을 발휘해 조직을 앞에서 선도해 나갔다. 하지만 혁신이 강조되는 오늘날의 경영환경에서는 전문적 지식과 경험을 갖춘 구성원들이 마음껏 자신의 역량을 발휘해 최상의 시너지 효과를 낼 수 있는 환경을 만들어주는 것이 중요하다.

구글이나 애플, 듀폰, 타깃Target 등과 같이 불황 속에서도 건재한 기업들의 성공비결도 바로 직원들의 역량 있는 팔로어십에 있다. 성공한 리더는 훌륭한 팔로어가 만든다는 말이 있듯이, 쓸 만한 직원 한두 명만 있으면 펄펄 날아다니며 사업하겠다는 리더들이 점점 많아지고 있는 세상이다. '같이 일하다 보면 언젠가는 성장하겠지'라는 막연한 기대를 버리고 이제는 전략적으로 직원들을 성장시킬 수 있는 방법을 고민해보자.

직원들을 성장시키는 리더, 실무 능력보다 리더십이 더 뛰어난 리더가 장기적으로는 조직의 성과향상에 더 도움이 된다는 생각은 이제 많은 최고경영자도 공감하고 있는 것 같다. 얼마 전 GS리테일의 CEO인 허승조 부회장과 저녁식사를 할 기회가 있었다. 허 부회장은 예순이 훌쩍 넘은 연세에도 불구하고 회식 자리에서 직원들과 스스럼없이 어깨동무하며 격려하는 수평적 리더십을 실천하는 분이어서 앞에서 언급한 '인간적 매력'이 가장 잘 느껴지는 리더이자 평소에 존경하는 CEO 중 한 분이다. 저녁식사를 하던 중 우연히 리더십에 대한 이야기가 나왔는데 이런 말씀을 해서 적잖이 놀랐다.

"나는 임원을 선발할 때 가급적 실적을 보지 않으려고 노력합니다. 실적보다는 이 친구가 직원들을 잘 이끌고 성장시키려는 노력과 그런 리더십이 있느냐를 보려 합니다. 임원에게 가장 중요한 건 리더십이라는 철학 때문이죠."

내가 깜짝 놀란 이유는 한 달 전 삼성전자의 CEO인 권오현 부회장과 식사하는 자리에서도 똑같은 이야기를 들었기 때문이다. 성과 위주의 문화가 강하기로 소문난 삼성전자의 CEO가 임원선발에서 리더십의 중요성을 강조하는 것을 보며, 이제 한국의 많은 기업들도 경영의 본질이 '사람'이라는 사실을 깨닫기 시작한 것 같아 기뻤다. 아무쪼록 이런 앞서가는 CEO들의 철학이 리더를 선발하는 과정뿐 아니라 이들을 평가하는 과정에서도 공식적인 항목으로 자리 잡았으면 하는 바람이다.

리더는 길러지는 것이다

1999년 〈포춘〉이 선정한 '20세기 최고의 CEO' 잭 웰치. 화려한 성과를 자랑하는 그의 업적을 단 하나만 꼽으라고 하면 무엇일까? GE의 기업가치를 4000%나 성장시킨 것? 조직이론의 새로운 개념을 창시한 것? 그러나 내가 생각하는 잭 웰치의 가장 큰 업적은 리더로서 직원들의 성장을 위해 끊임없이 고민하고 많은 시간과 노력을 투자했다는 것이다. 잭 웰치 자신도 "CEO로서 당신의 가장 큰 업적은 무엇이라 생각합니까?"라는 질문에 주저하지 않고 "GE를 모든 구성원들에게 능력을 발휘할 수 있는 기회를 주는 조직으로 만든 것이라 생각합니다. 그리고 이를 위해 그들이 성장할 수 있는 환경을 제공하고자 최선을 다한 것입니다"라고 답했다. 그는 GE의 CEO로 재임할 당시에도 "내 시간 중 30% 이상을 우수인재 육성에 투자한다"라고 입버릇처럼 말했다.

그런데 잘 알려지지 않은 재미있는 사실 중 하나는 잭 웰치야말로 GE의 잘 짜여진 인재육성 프로그램의 가장 큰 수혜자였다는 것이다.

GE 입사 초기, 잭 웰치는 강직하고 참을성 없는 성격 탓에 크게 두각을 나타내지 못했다. 그의 자서전《잭 웰치 : 끝없는 도전과 용기Jack : Straight from the Gut》에서도 "많은 동료들이 나를 GE와 어울리지 않는 부적격자로 간주했다. 나는 GE에서 너무 강직하고 솔직했으며 참을성이 부족해서 걸핏하면 마찰을 일으켰다. 그러나 다행인 것은 GE에는 나와 같은 기질을 가진 사람들이 많다는 점이었다. 특히 전임 회장인 존스Reginald Jones가 바로 그런 사람이었다"라고 적었다. 존스 전 회장이 인사부서의 반대를 물리치고 잭 웰치를 발굴해 경영 후계자로 육성하지 않았더라면, 20세기 최고의 CEO는 존재하지 않았을지도 모른다.

그 후 잭 웰치가 인재육성을 최우선순위로 삼은 것은 오히려 당연한 일이었다. 취임 후 그는 핵심인재를 선발, 평가, 개발해 미래의 CEO 감으로 만드는 엄격하고 철저한 우수인재 육성프

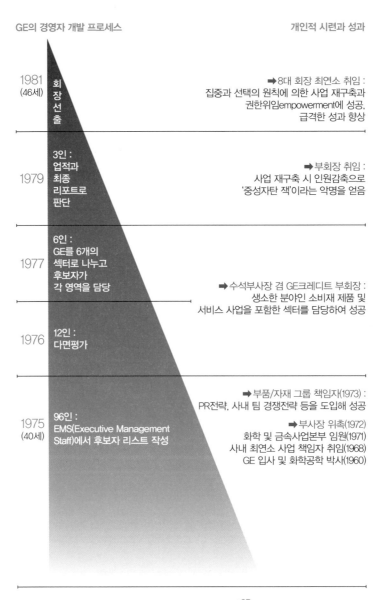

GE의 경영자 개발 프로세스

개인적 시련과 성과

1981
(46세)

회장선출

➡8대 회장 최연소 취임 :
집중과 선택의 원칙에 의한 사업 재구축과
권한위임empowerment에 성공,
급격한 성과 향상

1979

3인 :
업적과
최종
리포트로
판단

➡부회장 취임 :
사업 재구축 시 인원감축으로
'중성자탄 잭'이라는 악명을 얻음

1977

6인 :
GE를 6개의
섹터로 나누고
후보자가
각 영역을 담당

➡수석부사장 겸 GE크레디트 부회장 :
생소한 분야인 소비재 제품 및
서비스 사업을 포함한 섹터를 담당하여 성공

1976

12인 :
다면평가

1975
(40세)

96인 :
EMS(Executive Management
Staff)에서 후보자 리스트 작성

➡부품/자재 그룹 책임자(1973) :
PR전략, 사내 팀 경쟁전략 등을 도입해 성공

➡부사장 위촉(1972)
화학 및 금속사업본부 임원(1971)
사내 최연소 사업 책임자 취임(1968)
GE 입사 및 화학공학 박사(1960)

〈 잭 웰치의 경력개발 과정 〉25

로그램인 '세션C Session C'를 시작했다. 세션C는 매년 4~5월에 이뤄지는데, 웰치와 3명의 고위 임원이 GE의 각 사업장을 직접 방문해 회사에서 가장 유능한 3000명의 임원에 대해 평가한다. 웰치는 사업부장에게 사업부 내의 핵심인재를 파악하고 있는지, 이들을 훈련시키고 개발할 계획이 갖춰져 있는지, 그리고 사업부의 중요한 자리를 채울 인재들을 키우는 승계계획은 잘 운영되고 있는지에 관해 추궁에 가까운 질문을 던진다.

세션C를 진행하는 동안 사업부서 내의 핵심인재들은 자신이 어떻게 평가받고 있는지, 가까운 미래에 어떤 직책을 맡을 가능성이 있는지, 그에 필요한 역량이 무엇인지에 대해 솔직한 피드백을 받는다. 그들의 직속 상사는 피드백 내용을 바탕으로 연중 코칭을 제공하고 각자에게 필요한 핵심역량을 개발하는 데 도움을 준다.

잭 웰치는 우수인재 육성에 대한 책임을 강조하고 이를 성실히 수행하는 임원들을 보상하기 위해 스톡옵션을 받을 수 있는 대상을 기존의 300명에서 3만 명으로 확대하고, 임원의 성과평가 중 가장 중요한 항목의 하나로 우수인재 육성을 위해 얼마나 노력했는지를 포함시켰다. 나아가 우수인재 육성이 단지 시스템 차원이 아닌 GE의 조직문화로 정착되기를 원했다. 인재육성에 대한 그의 철학을 살펴보자.

"10년 후 GE가 구성원이 창의적으로 일할 수 있고 자신이 가지고 있는 최고의 가능성을 마음껏 드러낼 수 있는 곳으로 평가

되길 원합니다. 개방적이고 공정한 문화에서 자기 업무의 의미를 느끼고, 주어진 목표를 달성하면 경제적으로나 정신적으로 보상받을 수 있는 곳으로 평가되길 원합니다. 그것이 우리의 성적표가 될 것입니다."[26]

잭 웰치가 회사를 이끄는 동안 가장 공들인 일은 크로톤빌 연수원 사업이었다. 그는 1980년대 내내 거의 모든 부서에서 비용을 줄이려고 노력했지만, 유독 크로톤빌 연수원에는 신축건물을 짓고 시설을 개선하느라 당시로선 어마어마한 금액이었던 4500만 달러를 쏟아부었다. 그는 이곳을 GE의 문화를 개조하는 성지聖地로 활용했다. 단순히 승진에서 탈락한 임원들이 교육받는 수동적인 공간이 아닌, GE의 인재육성 문화를 정착시키고 회사 전반에 변화를 불러일으키기 위한 장소로 활용한 것.

그가 GE를 변신시키는 데 가장 핵심적인 자산으로 '교육'을 활용했다는 사실은 한국의 리더들에게 시사하는 바가 크다. 여기서 놓치지 말아야 할 또 하나의 중요한 사실이 있다. 기존의 크로톤빌 교육 프로그램은 주로 외부인사들에 의해 진행됐지만, 잭 웰치 이후에는 회사의 임원들이 토의 리더가 되었다는 점이다. 잭 웰치도 한 달에 두 번씩 토론의 리더 역할을 하며 핵심 인재들과 호흡하려 노력했고, 은퇴 즈음에는 단 한 번도 이 강의에 빠진 적이 없다고 자랑하곤 했다. 이야말로 인재육성이 인사부서만의 책임이 아니라 모든 임원의 책임으로 확대됐음을 입증하는 중요한 문화적 변신이라 할 것이다. 크로톤빌에서 수없이 진행된 임원과 우수인재들과의 대화는 GE의 베스트 프랙티스best practices로 발전했다. 전 세계 많은 기업들이 벤치마킹했던 GE의 워크아웃 프로그램도 그 가운데 하나다.

　조직의 요구에 맞는 차세대 리더를 기르는 것이야말로 리더의 가장 중요한 책임이다. 성공한 리더는 직원을 성장시키는 역할을 매우 활발히 해왔다는 공통점이 있다.[27] 그러나 단순히 '직원들의 성장에 관심을 갖자'라는 자세만으로는 리더를 키우는 리더가 될 수 없다. 어떻게 하면 직원을 효과적으로 키울 수 있는지에 대한 실천전략을 이해하고 있어야 한다. 가끔 보면 기회를 준답시고 아무에게나 일을 던져주고 필요한 역량이 개발되기를 바라는 리더들도 있는데, 감나무 밑에 누워 감 떨어지기 바라는 것만큼이나 어불성설이다.

　리더로서 성공하려면 다양한 구성원들과 함께 업무를 추진하면서, 그들의 능력을 고려해 그 수준에 적합한 리더십 스타일을 보여주어야 한다. 한마디로 리더십에도 눈높이가 중요하다는 것이다. 그런데도 팔로어를 체계적으로 파악하고 이에 따라 어떤 리더십을 발휘해야 하는지를 교육하는 기업은 그리 많지 않다. 기업의 교육 프로그램은 대부분 리더의 역량을 어떻게 높일 수 있는가에 초점이 맞추어져 있다. 이것만 보아도 리더로서 필요한 역량만 갖춘다면 성공할 수 있다는 '리더 중심(leader-centric)' 혹은 '리더 만능(one size fits all)' 주의에 우리

나라 기업이 깊이 매몰돼 있음을 알 수 있다.

성공적인 리더가 되는 방법은 골프를 잘 치는 노하우와 놀랍도록 흡사하다. 골프를 잘 치려면 스윙 자세, 그립 잡는 법 등의 기본기를 잘 연마해야 한다. 이는 기본적인 리더십 역량을 연마하는 것과 같다. 하지만 골프에서 좋은 스코어를 내기 위해서는 기본기 이외에 볼과 핀 사이의 거리, 경사, 바람의 방향 등을 잘 활용해야 한다. 이는 리더를 둘러싼 환경과 자원, 구성원follower에 비유할 수 있다. 바람과 거리에 따라 적합한 길이의 골프채를 선택하듯, 구성원들의 상태에 따라 다른 스타일의 리더십을 가지고 이들을 이끌어야 하는 것은 당연한 이치다.

만병통치약 같은 리더십 스타일은 존재하지 않는다. 구성원을 '능력'과 '동기 수준'이라는 두 가지 기준으로 분류해 거기에 맞는 리더십 스타일을 발휘할 때 성공할 수 있다. 구성원의 상태에 따라 카멜레온처럼 변신하는 리더십을 갖춰야 한다는 뜻이다. 구성원을 더 효과적으로 키우고 싶은 리더라면 다음에 소개하는 직원육성의 5가지 원칙을 유념해 실천해보자.

1. 모두 성장시키겠다는 생각을 버려라

직원육성에 실패하는 가장 큰 이유 중 하나는 모두를 다 키우겠다고 생각하기 때문이다. 리더의 지나친 욕심 때문이기도 하지만, 사실 더 깊은 속내를 들여다보면 '나쁜 리더'가 되기 싫어서다. 누구는 키우고 누구는 키우지 않으면 공정하지 못한 상사가 되지 않을까 지레 걱정하는 것. 하지만 리더를 육성하는 리더가 되고자 한다면 모두를 키우겠다는 생각부터 과감히 버려야 한다. 다 키우기에는 시간이나 역량, 업무량 등에서 현실적인 제약이 너무 크다. 하루 24시간 동안 리더가 할 수 있는 일에 한계가 있는데 어떻게 모든 구성원들을 다 키우겠다는 것인가.

어느 조직에나 현재 A급 직원은 아니지만 리더의 관심과 격려를 조금만 받으면 A급으로 성장할 잠재적 가능성이 높은 B급 직원이나 스스로 일하게 하고 지원만 잘해주면 되는 A급 직원들이 있게 마련이다. 그런데 구성원들에게 공정해야 한다는 생각에 사로잡혀 시간과 관심을 골고루 나눠주다 보면, 정작 관심을 쏟아야 할 직원들에게 충분한 도움을 주지 못하는 결과를 낳고 만다. 냉정하게 말해 관심을 가져도 좋은 결과가 나올 가능성이 별로 없는 이들에게 시간과 노력을 투자하는 상황이 발생하는 것이다. 물론 성장 가능성이 높지 않은 직원을 혼신의 힘을 다해 키워내는 것도 리더로서 매우 보람 있는 일이다. 그러나 다수의 직원들을 성장시켜 성과를 내야 하는 리더의 입장에서 보면, 이런 방법은 그다지 효율적이거나 바람직하지 않다.

리더에게 요구되는 '공정함'이란 모든 직원을 똑같이 대하라는 의미가 아니다. 그보다는 직원들이 가진 업무에 대한 태도나 의욕, 그리고 성장하겠다는 의지에 상응하는 시간과 도움

<u>을 주는 것이다.</u> 혹시 '리더는 공정해야지' 하는 생각에 사로잡혀 모든 직원에게 자신의 시간과 도움을 조금씩 나누어주는 독자가 있다면, 잘못된 의무감에서 과감하게 벗어나기 바란다. 리더의 노력과 관심을 받을 만큼 성장 가능성이 높거나 의지가 강한 직원들을 선별해 키우는 것이야말로 리더로서의 성공에 훨씬 가까워지는 길임을 기억하자.

냉철한 공정함은 위기에 더욱 필요하다. 위기상황일수록 사람관리가 더 중요하다는 것은 누구나 알지만, 실제로 잘하는 리더는 많지 않다. 공정함과 냉철함 모두 놓치기 십상이기 때문이다. 조사에 따르면 위기가 닥쳤을 때 기업이 가장 먼저 하는 것은 비용절감이고, 그다음은 구조조정이다. 이때 이직 가능성이 가장 높은 직원은 누구일까? 다름 아닌 A급 직원이다. 비용을 절감하기 위해 A급 직원만 남겨놓고 나머지 인원을 정리하려는데, 정작 A급 직원이 가장 먼저 떠나니 회사로서는 당황스러운 일이다. 그리고 이런 상황이 더 큰 위기를 불러오는 악순환으로 이어진다.

그러나 A급 직원의 입장에서 생각해보면 당연한 행동이다. 그는 상대 회사가 봐도 탐나는 사람이니, '나도 언제 구조조정될지 모르고 상황도 너무 어수선해서 업무에 집중할 수 없으니 능력 있을 때 다른 회사로 가자'는 생각을 하지 않겠는가. 그러니 A급 인재를 놓치고 후회하지 않으려면, 위기가 닥쳤을 때 오히려 그들을 파격적으로 대우해주면서 이 위기를 같이 넘어서자

고 독려하는 것이 옳다. 지금이야말로 당신이 필요하다는 신뢰
와, 위기를 성공적으로 극복하면 더 큰 보상이 주어질 것이라는
확신을 심어주어야 한다. 그들에게 당신이 가진 시간과 역량의
80%를 쏟아붓겠다는 각오로 인재육성에 임하라.

2. 유형에 맞는 리더십 스타일을 적용하라

그렇다면 직원들을 어
떻게 분류하는 것이 이들의 특성에 맞게 이끄는 데 도움이 될
까? 리더로서 내가 원하는 인재, 혹은 우리 조직이 필요한 인재

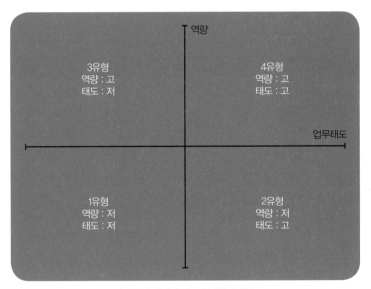

〈 직원의 역량과 태도에 따른 유형 〉

를 일반화하기란 힘들지만, 직원들을 역량과 태도라는 요소로 구별해본다면 크게 4가지 유형으로 나눌 수 있다.

1유형에 해당하는 직원은 역량도 떨어지고 비협조적이거나 기회주의적이거나 헌신이 부족하여 태도도 긍정적이지 못하다. 2유형은 역량은 다소 부족하지만 업무에 대한 태도는 긍정적인 직원이다. 3유형은 역량은 뛰어나지만 태도가 부정적이다. 4유형은 역량과 태도 모두 뛰어나다. 여기서 역량이란 업무를 성공적으로 추진하는 데 필요한 능력이나 경험 등을 말하고, 태도란 성실함, 책임감, 솔선수범, 성격 등을 의미한다.

이 중 A급 인재는 어떤 유형일까? 4유형이 A급이라는 건 두말할 나위가 없다. 리더의 성공은 4유형 직원이 얼마나 많은지에 달려 있다. 1유형에게서는 큰 성과를 기대하기 어렵고 현실적으로 성장시키기도 어렵다. 이런 유형의 직원을 성장시키겠다고 시간과 노력을 투자하다 팀이나 부서 전체의 분위기를 망치지 말고, 현실적으로 어떻게 하면 제거 혹은 격리할지부터 고민하라. 1유형에 해당하는 직원에게 지금 자신이 어떤 상황인지 명확하게 인지시키고, 팀 성과에 큰 영향을 주지 않을 만한 일을 통해 '마지막 기회'라는 위기감을 불러일으키는 게 효과적이다.

문제는 2유형과 3유형 중에서 어떤 유형을 키우는 게 바람직하냐는 것이다. 이 질문에 정답이 있는 건 아니다. 그러나 나의 경험과 관찰에 비추어보자면, 사람은 좀처럼 변하지 않는 것 같다. 특히 태도와 인성은 큰 사건을 경험하거나 매우 큰 위기감이

들지 않는 한 변하기 어렵다. 따라서 능력이 뛰어나지만 태도가 불량한 직원보다는, 다소 능력이 처지더라도 태도가 훌륭한 직원을 키우는 편이 더 바람직하다고 믿는다. 따라서 좀 더 효과적으로 직원을 키우고 싶다면 3유형보다는 2유형 직원들에게 초점을 맞춰 시간을 투자하는 것이 낫다. 이때는 이들을 진정한 A급에 해당하는 4유형으로 성장시키는 것을 최종 목표로 삼아야 한다.

그러나 현실은 이와 사뭇 다른 듯하다. 내가 만난 많은 리더들은 아무래도 당장 수행해야 할 일과 당면 목표 때문에 2유형보다는 3유형, 즉 능력은 뛰어나지만 태도가 바람직하지 않은 직원을 더 선호하는 편이었다. 하지만 이해관계로만 엮인 협력은 아무래도 진정성이 결여되기 십상이다. 역량은 뛰어나지만 조직과 상사에 대한 로열티가 높지 않은 직원은 지금보다 더 좋은 기회가 있다면 언제든지 다른 조직이나 부서로 떠날 확률이 높다. 그 빈자리에 리더 혼자 남아 "키워봐야 아무 소용없고 배신만 한다"고 원망해봐야 소용없는 일. 잘못하면 직원을 키우는 일 자체에 대한 불신이나 거부감만 쌓일 수도 있다. 따라서 당장은 어려움이 있더라도 2유형 중에서 성장 가능성이 있는 이들을 찾아내 적절한 코칭과 학습 기회를 주는 편이 바람직하다.

그렇다면 각각의 직원들을 효과적으로 이끌기 위해서는 구체적으로 어떤 리더십이 적합할까? 폴 허시Paul Hersey와 켄 블랜차드의 '상황적 리더십 이론'은 리더들에게 좋은 가이드라인을 제시해준다. 이 이론에 의하면 앞에 언급한 4가지 유형의 직원들을 이끌어갈 때 각각의 특성에 가장 좋은 리더십 유형은 다음과 같다.

- 1유형처럼 능력과 의욕이 모두 부족한 직원에게는 무엇을 어떻게 언제까지 해야 하는지 명확한 지침을 주는 지시형 리더십(directing leadership)을 적용하자.
- 2유형처럼 능력은 다소 떨어지지만 업무 의욕이 높은 직원에게는 업무에 필요한 역량과 과정을 리더가 직접 전수해주는 코칭 리더십(coaching leadership)이 필요하다.
- 3유형처럼 역량은 있으나 업무 의욕이 떨어지는 직원이라면 업무 관련 의사결정에 적극적으로 참여시켜 주인의식을 높이는 참여적 리더십(participating leadership)을 권한다.
- 4유형의 핵심인재들은 능력도 있고 업무를 열심히 추진하려는 동기부여가 되어 있으므로, 업무 추진에 필요한 모든 것을 믿고 맡기는 위임형 리더십(delegating leadership)이 적합하다.

잠시 시간을 내어 함께 일하는 직원 한 명 한 명을 역량과 동기 수준을 기준으로 파악해보자. 그리고 각 그룹에 누가 속하는지 표로 작성하고, 각 그룹에 적합한 리더십 스타일을 어떻게 개발할지 고민해보자.

3. 단점은 접어두고 장점을 극대화하라

자녀가 학교에 들어가면 부모들은 고민이 시작된다. 영어와 수학 둘 다 잘하는 경우는 불행히 많지 않기에, 어느 과목에 중점을 두고 가르칠지 헷갈리는 것. 대부분은 고민 끝에 처지는 과목을 보충하곤 한다.

교육에서는 어떨지 모르겠지만, 리더십 측면에서 이런 대응은 낙제점이다. 실제로 리더들이 직원을 키우는 데 실패하는 가장 대표적인 이유 중 하나는, 직원의 단점을 지적하고 이를 보완하는 데 초점을 맞추기 때문이다. 많은 리더들이 "김 과장! 그동안 지켜봤는데 김 과장은 창의성이 부족해. 그걸 좀 고쳐봐!", "이봐, 이 대리. 그렇게 실행력이 부족해서 무슨 일을 하겠어? 실행력을 키울 수 있는 방법을 좀 생각해봐!" 같은 식으로, 직원들의 단점이나 부족한 점을 자꾸 들춰내고 개선하려 한다.

물론 단점을 지적해주는 것이 직원을 키우는 방식으로 옳지 않다는 것은 아니다. 하지만 이는 여러 가지 문제를 야기한다.

첫째, 직원들을 방어적으로 만들기 쉽다. 상사의 따끔한 지적에 '그래, 나는 이걸 좀 고쳐야 해' 하면서 긍정적으로 반응하는 사람이 과연 몇이나 될까? 이보다는 '자기도 못하면서 우리에게만 이래라 저래라'라며 부정적이고 방어적인 태도를 보이는 이들이 많을 것이다.

단점에 초점을 맞추는 직원육성이 효과적이지 않은 두 번째 이유는, 아무리 노력해도 단점이나 부족한 역량을 획기적으로 향상시키기란 대단히 어렵기 때문이다. 그 노력을 장점을 개발하고 잘 활용하는 데 투자하는 편이 결과는 더 좋을 수 있다. 이제껏 주어진 업무를 문제없이 수행해 좋은 성과를 냈던 기억을 되짚어보라. 아마도 내가 가진 장점의 덕을 본 때가 훨씬 많을 것이다.

가령 창의력이 조금 부족한 김 대리에게 창의력을 높이라고 야단쳐서 김 대리가 뼈를 깎는 노력을 한들, 그의 창의력은 기껏해야 10% 남짓 높아질 뿐이다. 그 대신 김 대리가 가진 장점을 찾아보자. 창의력보다 실행력이 더 뛰어나다면 김 대리의 실행력을 높일 수 있게 코칭해주고 그의 실행력이 돋보일 수 있는 업무를 줘보자. 분명 김 대리의 성과는 지금보다 훨씬 더 좋아질 것이다. 따라서 스스로 성장하려고 노력하는 중이거나 아끼는 직원을 성장시키고 싶다면 "거의 모든 사람이 자신에게 없는 재능을 드러내 보이고자 인생을 허비한다"고 이야기한 새뮤얼 존슨Samuel Johnson의 말을 기억하자.

존 젠거John Zenger와 조지프 포크먼Joseph Folkman은 그들의 저서 《탁월한 리더는 어떻게 만들어지는가The Extraordinary Leader》를 통해 탁월한 리더와 평범한 리더의 가장 큰 차이는 자신의 '장점'을 얼마나 잘 활용하는가에 달려 있다고 말한다. 또한 뚜렷한 장점이 없는 리더의 효율성은 34% 정도이지만, 단 하나라도 뚜렷한 장점이 있다면 효율성이 64%로 급격히 상승한다고 강조한다.[28] 같은 양의 노력을 한다면 단점을 보완하기보다 내가 가진 장점을 극대화하는 데 우선순위를 두는 것이 바람직한 이유다.

단점 위주의 직원육성이 효과적이지 않은 세 번째이자 가장 중요한 이유는 단점을 극복하는 것으로는 차별화된 역량을 개발하기가 불가능하기 때문이다. 기업이든 개인이든 성공을 위해서는 다른 기업 또는 사람과 차별화된 역량을 갖춰야 한다.

하버드 경영대학의 문영미 교수가 펴낸《디퍼런트Different》29에는 다음과 같은 사례가 나온다. 미국의 대표적 스포츠 유틸리티 브랜드인 지프Jeep 사가 시장조사를 했다. 이때 소비자들은 지프차가 터프한 맛은 있는데 고장이 잦아서 신뢰성이 떨어진다는 이야기를 했다. 반면 닛산Nissan과 도요타는 잔고장이 없어 믿을 수 있으나 밋밋해서 운전할 맛이 나지 않고 터프하지 못하다는 피드백을 받았다. 두 회사는 소비자의 피드백을 바탕으로 20년 동안 꾸준히 단점을 보완하기 위해 각고의 노력을 기울였다. 결과는 어떻게 됐을까? 이런 노력들이 자동차의 전반적인 질을 높이는 데는 결정적인 역할을 했지만, 고객 입장에서는 "다 괜찮은데 딱히 '이거다!' 하는 차가 없네"라고 느끼게 되었다. 상향평준화가 빚은 전형적인 딜레마다.

"기업들이 소비자 조사를 통해 얻을 수 있는 것은 오직 상대적 약점에 대한 지적뿐이다. 그리고 경쟁력을 높이기 위해 이를 보완해야 한다는 결론을 내린다. 시장조사의 치명적인 부작용이다. 시장조사에 의존한 나머지 아우디Audi는 볼보Volvo를 향해 달려가고, 볼보는 아우디를 향해 달려가고 있는 것이다."

문영미 교수의 따끔한 지적이다. 비단 제품이나 회사만의 이야기가 아니다. 리더 자신은 물론이요, 직원들의 역량과 리더십 개발에도 같은 논리가 적용된다. 창의성이 부족한 김 과장에게 창의성을 키우라는 주문만 하고 실행력이 부족한 이 대리에게 실행력을 높이라고만 다그친다면, 결국에는 모두 엇비슷해진 나머지 딱히 '이 사람이다' 하고 믿고 맡길 수 있는 직원을 키우기가 어려워진다.

물론 결정적인 단점이나 업무에 필요한 핵심역량이 부족하다면 이를 보완하기 위한 노력은 당연히 해야 한다. 하지만 그보다 더 중요한 것은 직원들의 장점을 파악하고 이를 잘 활용할 수 있는 방법과 업무를 찾아주는 것임을 기억하자. "리더가 실패하는 가장 큰 이유는 직원들의 장점을 극대화하기 위한 역량개발을 적극적으로 돕지 않기 때문이다"라는 마커스 버킹엄의 지적도 같은 맥락에서 이해할 수 있다.[30]

4. 내게 없는 장점을 가진 직원을 키워라

직원을 키우는 가장 중요한 목적은 이들이 미래의 리더로 성장할 수 있도록 돕는 것이다. 이는 조직 전체의 역량을 향상시키고 지속 가능한 성장을 할 수 있도록 씨앗을 뿌리는 것과 같다. 그러나 현실적으로 볼 때 이상적인 이유만으로 직원들에게 자신의 시간과 노력을 투자하기가 어디 그리 쉬운가. 리더 자신에게도 동기부여를 하기 위해서는, 직원을 잘 키우는 것이 리더 개인의 성공과도 밀접하게 관련돼 있다는 확신이 있어야 한다.

리더로서 직급이 올라가고 해야 할 일들이 점점 많아지다 보면 아무리 역량이 뛰어나더라도 '더 이상 모든 일을 다 할 수는 없겠구나' 하고 느끼게 되는 시점이 반드시 온다. 이때가 리더로서 가장 위험한 시기다. 처음에는 일이 많아져도 자신의 역량과 경험을 믿고 이제껏 해왔던 것처럼 모든 일을 스스로 처리하려 한다. 그러나 현실을 인정하지 않고 예전의 방식만 고집하다가는 과도한 업무의 수렁에 빠져들 수밖에 없다. 일이 제대로 진행되지 못하고 여기저기서 문제가 생겨 당황하기 시작한다. 급기야 직원, 동료, 상사와의 인간관계까지 악화되고 실패한 리더가 되어 조용히 사라지게 된다.

하지만 현명한 리더에게는 이런 상황이 오히려 기회가 될 수 있다. 내가 다 할 수 없다면 그 일을 가장 잘할 수 있는 직원을 키우면 되지 않겠나. 직원육성의 네 번째 원칙이 빛을 발하는 순간이다. 대부분의 리더를 관찰해보면 자신과 비슷한 유형의 직원들을 키우고 싶어 한다. 그들에게서 자신의 옛 모습을 발견하고 친근함과 편안함을 느끼기 때문이다. 하지만 자신과 유사한 성향과 역량, 배경과 사고방식을 가진 직원은 키우기에는 편할지 몰라도, 업무를 나누고 이를 효과적으로 추진해서 성과를 창출하는 데는 그리 유리하지 못하다. 나의 단점을 보완해줄 사람을 영입한다는 마음으로 직원을 키우는 것이 좋다.

그러려면 리더 스스로 자신의 장점을 파악해두어야 한다. 너무 세세하게 따질 필요도 없다. 일을 하면서 나도 모르게 하고 싶어지는 일과 아무리 중요하고 보상이 커도 하기 싫어서 억지로 하는 일이 무엇인지 떠올려보자. 평소 내가 생각하는 나만의 장점도 좋다. 예컨대 '나는 전체적인 방향설정은 잘하는 것 같은데, 디테일을 챙기는 게 좀 부족해' 혹은 '창의적인 아이디어를 내는 능력은 있는데 실행이 잘 안 돼' 등의 생각을 해볼 수 있을 것이다. 그렇다면 당신이 키워야 할 직원은 디테일을 꼼꼼하게 챙기는 유형과, 일이 주어지면 빠르게 실행에 옮기는 유형이다.

5. 잔소리가 아니라 업무와 솔선수범으로 성장시켜라

직원을 잘 키우는 리더를 관찰해보면 눈에 띄는 한 가지 공통점을 찾을 수 있다. 직원들을 쫓아다니면서 잘못된 행동을 지적하고 잔소리로 가르치는 게 아니라, 높은 목표를 정해주고 이를 잘할 수 있도록 지원함으로써 스스로 깨우치게 한다는 것이다. 말로 가르치다 보면 아무래도 실수나 실패를 주로 지적하게 돼 직원을 키워주려는 상사가 아닌 잔소리만 늘어놓는 상사라는 인상을 주기 쉽다.

직원육성을 잘하는 기업들은 임원들이 실천해야 할 책임 중 하나로, '업무'를 통해 직원들을 얼마나 잘 육성하는지에 대해 지속적으로 평가한다. 글로벌 기업의 80% 이상이 핵심인재의 리더십 역량개발을 위한 가장 중요한 항목으로 '코칭'을 활용하고 있다는 설문결과는, 오늘날 우수인재 개발의 추세가 어떠한지를 여실히 보여준다.[31] 특히 리더가 될 가능성이 높은 우수한 인재일수록 신규사업이나 실적이 부진한 업무에 배치하고 이를 차상위 리더와 함께 풀어 나가게 한다. 연수원 등에서 실시하는 교육도 단순한 이론수업을 넘어 실제 업무나 경영성과와 직결되는 핵심 이슈를 해결하는 액션러닝action learning 방식으로 이루어진다. 상사의 도움을 받아 주어진 과제를 해결하게 함으로써 필요한 역량을 스스로 섭렵할 수 있도록 자연스러운 기회를 주는 것.

일례로 볼보는 실제 현장의 해결과제를 연구하는 교육 프로그램을 적극 활용하고 있다. 이를테면 '폴란드 공장의 유통 시스템 개선'이라는 주제를 잠재력이 높은 직원에게 교육 과제로 주고, 그 결과를 실제 업무에 적용해 생산시간을 단축함으로써 700만 달러의 수익향상 효과를 얻었다고 한다. 다국적 기업인 콜게이트파몰리브Colgate-Palmolive는 글로벌 사업을 전개할 핵심인재를 육성하기 위해 '글로벌 마케팅 프로그램Global Marketing Program'이라는 제도를 활용하고 있다. 콜게이트의 CEO이자 이사회 의장으로 활동 중인 이안 쿡Ian Cook은 "나는 500여 명의 핵심인재 후보자들의 얼굴과 이름을 정확히 알고 있으며 개인별로 이들을 어떻게 육성해야 하는지에 대해서도 잘 알고 있다"라고 말했다. 우수인재 육성에서 가장 중요한 전략인 핸즈온hands-on 방식을 실천하는 것이다.[32]

직원을 키우라고 하면 많은 리더들이 본인의 과거 경험을 장황하게 늘어놓거나 성공비법을 말로 가르치려 한다. 그러나 스스로 깨우치게 해주는 것이야말로, 직원육성에 훨씬 더 바람직하고 효과적인 방법이라는 사실을 기억하자.

이 밖에도 직원을 키우기 위한 여러 가지 방법이 있겠지만, 이 5가지 원칙만 기억한다면 당신은 사람을 잘 키우는 리더라는 명성을 얻게 되리라 확신한다. 무엇이든 너무 복잡하면 실천하기도 혼란스럽고 갈등이 생기는 법. 이 5가지를 기억하고 올해는 똑똑한 직원 한 명만 키워보자는 생각으로 실행에 옮겨보라.

좋은 리더와 나쁜 리더의 차이는 생각보다 그리 크지 않다. 지금 당장 내가 할 수 있는 일부터 실천해서 그들의 신뢰를 차곡차곡 쌓는다면, 분명 1년 후 리더로서의 삶이 지금보다 몇 배는 더 풍성해질 것이다.

리더를 키우는 조직을 만들어라

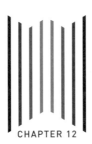

CHAPTER 12

지난 2012년 1월 열린 다보스포럼에서 세계 경제 리더들은 자본주의 시대가 가고 인재주의 시대가 도래했다고 천명했다. 기업 경영에 가장 중요한 요소가 자본이 아닌 인재라는 사실을 인식한 것이다. 포럼에 참석한 글로벌 기업의 CEO들을 대상으로 PwC 컨설팅이 실시한 설문조사 결과에 따르면, 1258명의 CEO 중 58%가 '향후 사업 확장의 가장 걸림돌이 될 요소'로 인재 부족을 꼽았다.[33]

IBM 산하 컨설팅 사업부인 GBS Global Business Service가 400개 글로벌 기업의 인사담당 임원을 대상으로 조사한 결과도 비슷하다. 전체 응답자의 75%가 '새로운 시대에 걸맞은 리더십 개발과 육성'을 가장 중요한 과제로 꼽았다.[34] 다시 말해 모든 글로벌 기업들이 우수인재를 키우는 것을 기업의 가장 중요한 목표이자 도전과제로 생각하고 있다는 것이다. 특히 아시아 글로벌 기업들의 인사담당 임원들 중에서 우수인재 육성과 리더십 개발을 가장 중요한 과제로 꼽은 비율은 무려 88%로, 글로벌 기업의 평균보다 12%나 높았다. 그만큼 글로벌 시장에서 빠르게 성장하는 아시아 기업들이 역량 있는 인재의 부족을 더 실감하고 있다는 뜻일 터다. 또 다른 조사에 의하면 필요한 역량을 갖춘 리더들이 부족해 성과를 내는 데 어려움을 겪는 글로벌 기업이 전체의 60%를 넘었다고 한다.[35]

성공한 리더가 되기 위해 인재개발의 중요성을 다시 인식하자는 당연한 얘기를 하려는 것이 아니다. 요즘처럼 리더들의 지적 역량이 높아진 시대에 사람의 중요성을 모르는 리더가 어디 있겠는가. 그렇다면 무엇이 문제인가? 사람의 중요성을 이야기하면서도 이를 위해 적극적이고 지속적인 노력을 기울이지 않는 리더나 조직이 너무 많다는 게 문제다. 경쟁업체에 뒤처지지 않으려면 전략과 혁신도 중요하지만, 이를 실천할 직원들의 역량과 리더십 개발이 훨씬 더 중요하다.

이런 내용을 강의하다 보면 이렇게 말하는 CEO도 있다. "우리 회사는 리더십 개발 전담부서가 잘 갖추어져 있기 때문에 제가 굳이 많은 시간을 할애하지 않아도 됩니다."

그러나 자신의 회사에 인재를 육성하기 위한 인사 및 교육 시스템이 잘 구축돼 있고 이를 지원하는 사람 중심의 문화와 가치가 잘 정립돼 있느냐는 질문에, 자신 있게 "그렇다"고 답하는 CEO를 많이 만나지는 못했다. 인재와 리더십 개발이야말로 CEO로서 결코 권한위임을 해서는 안 되는 일 중 하나다. 직원들이 진정으로 필요로 하는 것은 잘 갖추어진 리더십 센터에서 좋은 교육을 받는 것이 아니라, 최고경영자의 진정한 관심과 애정 그리고 시간이다. 최근 신한은행 행장으로 중용된 조용병 행장은 신한은행의 인사 부행장을 맡아 인재육성에 필요한 시스템을 잘 구축해 대한민국에서 경쟁력이 뛰어난 은행을 만드는데 일조해 화제가 되었다. 2014년 4대 금융사 중에서 1~3분기 5000억 원대 이상의 순익을 한 번이라도 낸 곳은 신한금융이 유일하다. 체계적인 인재육성 시스템과 리더의 관심이 성과로 어떻게 직결되는지를 여실히 보여주는 대목이다.

세계적으로 인재육성에 뛰어난 조직들을 살펴보면, 시스템을 개발하는 것 못지않게 임원을 포함한 조직의 '모든' 리더들이 직원들의 성장과 리더십 개발을 위해 자신의 시간을 투자하고 있음을 알 수 있다.[36] 조직 구성원들의 성장은 그 조직을 이끄는 모든 리더의 책임이지, 결코 교육부서만의 책임은 아니라는 인식의 전환이 필요하다.

그렇다면 리더로서 우리는 인재육성에 어떤 노력을 기울여야 할까? 선진 기업들의 노하우를 통해 당신이 잊지 말아야 할 인재육성의 원칙을 알아보자.

1. 길게 보고 투자하라

이베이eBay 사장을 지낸 매그 휘트먼Meg Whitman, GE의 제프리 이멜트Jeffrey Immelt, 그리고 마이크로소프트MS의 CEO인 스티브 발머Steve Ballmer에게는 공통점이 있다. 바로 첫 직장이 모두 P&G였다는 점이다. '마케팅사관학교'로 유명한 P&G는 '인재사관학교'이기도 하다. 이 회사의 직원들은 언제나 스카우트 대상의 최우선에 올라 있다. P&G의 CEO인 래플리Alan Lafley 회장 또한 "회사의 지속적 성장을 이끌어낸 비결은 P&G의 독특한 인재육성 방식에서 기인한다"며 자부심을 숨기지 않았다. P&G의 우수인재 육성 시스템은 인재를 중시하는 문화에서 시작한다. 이들은 설립 초기부터 유능한 사람들을 채용해 공정하게 대우하고 개인에게 자신의 아이디어를 실천할 수 있는 기회를 부여해 미래를 설계하도록 돕는 문화를 정착시켰다. 직원을 제1의 자산으로 여기고 소모품이 아닌 인격과 개성을 가진 인재로 존중하는 인재관은 P&G를 인재사관학교로 만든 초석이 되었다.[37]

인재육성을 잘하기로 이름난 기업들은 인재육성을 새로운 기술이나 신제품을 개발하는 것만큼 중요시하고 경기가 좋을 때나 안 좋을 때나 변함없이 투자를 아끼지 않는다. 조금만 경기가 시들해지면 교육예산부터 삭감하는 다수의 한국 기업들이 눈여겨봐야 할 점이다.

인재육성에 대한 투자를 너무 협소하게 규정하는 것도 문제다. 인재육성이란 단순히 교육 프로그램 예산을 편성하고 실행하는 것이 아니다. 교육뿐 아니라 고용, 개발, 코칭, 승진, 평가 그리고 보상에 이르기까지 일관된 시스템 하에 직원들이 원하는 커리어 개발계획CDP(Career Development Plan)을 바탕으로 지속적인 투자가 이루어져야 한다. 인재육성 기업으로 명성이 높은 IBM은 글로벌 시장에서 일하고 있는 5만 명의 직원들에 대한 데이터를 수집해 잠재력이 높은 리더를 조기에 선발하고, 이들이 2~3가지 다른 업무를 다양한 문화에서 경험할 수 있도록 전략적 업무 배치를 한다. 리더로 성장하는 데 필요한 경험을 충분히 할 수 있도록 배려하는 것이다. 이런 측면에서 요즘 중요성이 부각되고 있는 빅 데이터를 인재를 선발하고 육성하는 데 활용해도 좋은 결과가 있지 않을까 생각한다.

P&G도 연 100만 명이 넘는 지원자들 중에서 상위 1% 이내를 뽑아 이들이 회사에 입사하는 'Day 1'부터 인재육성에 나선다. 신입사원은 1년 동안 엄격한 360도 다면평가를 받고, 이를 바탕으로 회사는 개개인의 역량과 특성에 맞는 리더십 개발계획을 세운다. 임원에 대한 관리는 훨씬 더 세밀하다. 3000명 가까이 되는 임원의 특성과 경력, 장단점이 데이터베이스에 저장돼 있고, 이는 24시간 내에 필요한 임원을 필요한 포지션에 투입할 수 있는 인사상 '상시준비 시스템'의 가장 중요한 근간이 된다. 'Build From Within'이란 이 시스템은 회사 내 50~100개의 주요 자리에 맞는 적임자 3명을 후보로 항상 정해놓고 언제든 공

백 없이 업무가 진행되도록 관리한다. 이 시스템은 P&G 우수인재 개발의 핵심 툴로 활용되고 있다.

2. 교육이 아니라 코칭으로 지도하라

인재육성에 뛰어난 기업들의 두 번째 특징은 리더십 개발을 위해 강의와 같은 주입식 교육뿐 아니라, 실제 상황에 대한 해결책을 상사와 함께 찾아가는 액션러닝과 코칭을 적극 활용한다는 점이다.[38] 최근 설문조사에 따르면 글로벌 기업의 80% 이상이 핵심인재들의 리더십 역량을 개발하는 데 '코칭'을 가장 중요한 항목으로 활용하고 있다고 한다.

인재사관학교로 유명한 기업들이 유독 인재육성에 코칭을 적극적으로 활용하는 이유는, 교육으로는 해결하기 힘든 업무상의 문제점이 현실에 너무나 많기 때문이다. 이때는 이론적인 교육보다는 노련한 상사들의 노하우를 전수받는 편이 훨씬 유용하다. 아울러 직원들 스스로 일을 해결할 수 있는 독립심과 추진력을 개발할 수 있다는 측면에서, 코칭은 인재육성의 가장 중요한 실천전략 중 하나로 적극적으로 활용되어야 한다.

골드만삭스는 미국 금융계 종사자들이 꼽은 가장 일하고 싶은 직장에서 부동의 1위를 지키고 있다. 그도 그럴 것이 직원 평균 연봉이 6억 원에 이르기 때문이다. 경쟁사들은 골드만삭스

브랜드가 붙은 인재를 빼가기 위해 더 높은 연봉과 직급을 제시하며 사활을 건 구애작전을 펼친다. 하지만 이런 집중포화 속에서도 골드만삭스는 월스트리트에서 가장 이직률이 낮은 금융기업 중 하나다. 이유가 뭘까? 높은 연봉? 좋은 근무환경? 물론 이런 외적인 요소들도 낮은 이직률에 영향을 미친다. 그러나 무엇보다 중요한 이유는 역량이 뛰어난 인재를 선별해 미래의 리더로 개발하는 우수인재 육성 시스템 때문이다.[39]

직원들은 회사에서 마련해주는 리더십 개발 프로그램을 충실히 지키기만 하면, 훗날 금융계뿐 아니라 미국 경제를 좌지우지하는 리더가 될 수 있다는 확신을 갖고 일한다. 이런 인재들에게 몇 만 달러 더 주겠다는 경쟁사의 유혹이 어찌 대수이겠는가.

이직률이 매우 낮기 때문에, 골드만삭스는 사람을 뽑을 때도 신중을 기한다. 애초에 가능성이 별로 없는 직원들을 붙잡고 리더십을 개발하려고 귀중한 자원을 낭비하느니, 처음부터 가능성 높은 인재를 뽑겠다는 철학에서다. 그래서 골드만삭스에 입사하려면 면접관 30여 명 전원의 찬성이 있어야 한다.

이렇게 선발된 직원들의 리더십 개발을 위해 골드만삭스는 1999년에 회사의 최고 이사진으로 구성된 리더십 개발 자문위원회(Leadership Development Advisory Committee)를 발족시켰다. 경영적 측면의 리더십 개발을 위해서는 더욱 체계적이며 효과적인 접근법이 필요하다는 인식 하에 골드만삭스의 미래 트레이닝 및 개발 수요를 평가하겠다는 취지에서다. 이들의 우수인재 육성 시스템은 팀워크와 토론, 그리고 중세시대의 도제 시스템을 연상시키는 임원들과의 1대 1 코칭을 중심으로 운영된다.

'파인 스트리트 이니셔티브PSI(Pine Street Initiative)'로 알려진 골드만삭스의 우수인재 육성 시스템은 회사에서 가장 성과가 뛰어나고 자질이 우수한 90명의 부사장들을 대상으로 이뤄진다. 1년 동안 도전적인 업무목표를 설정해서 이를 달성하는 액션러닝, 리더십과 관련된 광범위한 피드백, 체계적인 네트워킹, 리더십을 포함해 경영 전반에 관한 지식 습득이 목표다.

이보다 한 단계 낮은 리더들인 매니징 디렉터managing director를 대상으로는 우수한 40명을 선발해 9개월 동안의 액션러닝을 거치게 한다. 부사장들의 훈련과 다른 점이라면 액션러닝보다는 임원들과의 1대 1 코칭과 그룹 토의가 더 주를 이룬다는 것이다.[40]

3. 핵심인재 풀은 반드시 필요하다

인재육성에 대해 강조하다 보면 으레 듣게 되는 질문이 있다. "핵심인재 풀을 운영해야 하는가?"라는 것이다.

핵심인재를 뽑자니 구성원들 사이에 위화감이 생길 것 같고, 하지 말자니 뭔가 중요한 것을 빼먹는 것 같아서 찜찜하다는 이유에서다. 그런 질문을 받을 때마다 나는 핵심인재 풀을 적극적으로 운영해야 한다고 말한다. 물론 선발과정은 객관성과 공정성, 투명성이 반드시 지켜져야 한다. 그리고 한 번 선발되더라도 향후 업무태도나 역량개발에 대한 노력, 애사심 등을 바탕으로 언제든지 아웃될 수 있고, 동시에 누구나 핵심인재가 될 수 있는 가능성이 열려 있는, 즉 핵심인재 풀에 진입과 퇴출(In & Out)이 자유롭다는 단서조항이 필요하다.

그래서 인재사관학교로 불리는 대다수의 기업들은 핵심인재 풀을 운영할 때 '선발의 공정성'을 가장 중요시한다. 선발과정에서 직원들이 공감할 수 있는 기준을 명확하게 공유하고, 이를 바탕으로 공정하고 투명한 방식으로 선발하려 노력한다. 그렇지 않으면 핵심인재 프로그램이 시기와 모함 혹은 정치적 힘겨루기로 변질돼 오히려 부작용만 낳을 수 있다.

일례로 펩시코에서는 직원이 입사하면 출신 학교나 자격증으로 핵심인재를 뽑는 것이 아니라, 업무와 관련된 역량을 냉정하게 평가하는 것은 물론 책임감, 열정, 솔선수범 같은 리더십 자질을 바탕으로 성장 가능성이 높은 직원들을 선발한다. 그런 다음 리더십 개발 10년 계획을 수립해 미래의 임원과 CEO 후보들을 육성한다.

아울러 핵심인재 풀을 선정할 때는 '직급'이 아니라 맡은 일의 중요성이나 사업부에 대한 공헌도를 보고 선발하는 것이 더 효과적이다. 앞에서 애플이 핵심인재로 조직의 성공에 가장 큰 공헌을 하는 직원들 100명을 선발한다는 사례를 소개했다. 이들에 대한 선발 역시 직급이나 출신학교 등 이력서상의 자격요건이 아니라, 그들이 하고 있는 일의 중요성이나 신제품 개발, 그리고 회사 수익창출에 대한 공헌을 바탕으로 이루어진다. 더욱이 이 멤버는 고정불변이 아니라 해마다 바뀌기 때문에 기존 핵심인재들도 긴장을 늦출 수 없다.

4. 미래의 CEO는 '내부'에 있다

우리가 미국과 유럽의 월드클래스 기업들에 대해 잘못 알고 있는 사실 중 하나는, 기업 내부에서 CEO를 발탁하는 것보다 외부에서 유명 CEO를 영입하는 것을 선호할 거라는 점이다. 우리나라보다 직장을 옮기는 것이 비교적 자유롭고, 이직을 돕는 헤드헌팅 기업들이 활발하게 활동하기 때문이다. 언론에서 어느 기업이 슈퍼스타급 CEO를 영입했다는 소식을 요란하게 기사화하면 '아, 서구 기업들은 대부분 CEO를 외부에서 영입하는구나' 하고 생각하는 것이다.

하지만 인재육성을 잘하는 기업들을 조금만 살펴보면 이게 사실이 아니라는 것을 금방 알 수 있다. 〈포춘〉이 선정한 인재육성 기업 리스트에서 2위를 차지한 제너럴밀스General Mills는 승진의 무려 90% 이상이 내부승진일 만큼 가급적 외부 채용을 지양하고, 직원들의 역량과 리더십을 키워 필요한 인재를 조달한다는 철학을 갖고 있다. 3위를 차지한 P&G는 심지어 1837년 창립 이래 회사를 이끌었던 모든 CEO가 P&G에서 직장생활을 시작했을 정도로 CEO의 내부승진을 타협할 수 없는 원칙으로 믿고 실천하고 있다.[41]

200년 가까이 된 기업에서 단 한 명의 예외도 없이 모든 CEO 가 자사 출신이란 사실이 놀랍기도 하고 부럽기도 하다. 물론 CEO를 포함한 리더들의 내부선발이 외부선발보다 반드시 더 낫다고 단정할 수는 없다. 내부선발은 조직에 대한 이해도가 높다는 장점이 있지만, 급격한 변화를 추진해야 할 때 실행력이 떨어질 수 있다는 단점도 있다. 반대로 외부선발은 기존 업무방식의 다양한 문제점을 새로운 시각에서 볼 수 있어서 변화를 추진하는 데 적합하지만, 해당 조직만의 업의 특성이나 조직과 경영환경에 대한 특성을 파악하지 못해 혼란을 초래할 수 있다.

이런 딜레마를 딛고 장점만 취할 수는 없을까? 가장 좋은 대안은 CEO를 포함한 조직의 중요한 포지션은 내부선발을 원칙으로 하되, 이들이 최대한 외부인의 시각을 갖출 수 있도록 핵심 비즈니스에서 살짝 비켜난, 그렇지만 전략적으로 중요한 역할을 할 수 있는 기회를 부여해 성장시키는 방법이다. 이를 '인사이드 아웃사이더(Inside-outsiders)' 접근방식이라 부른다.[42] CEO로 발탁하기 전에 기업 본사가 아니라 전략적으로 중요한 지역을 총괄하는 역할을 주어 새로운 기회를 경험하게 하고, 이를 바탕으로 CEO를 선발하는 방식도 이에 해당된다.

P&G의 CEO 래플리 회장은 타이드 세제 등 회사의 핵심사업 부문을 맡았지만, 본사가 아닌 중국법인을 수년간 총괄한 후에 야 CEO로 발탁됐다. P&G에서 평생을 보낸 내부인사이지만 몇 년 동안 본사와 떨어져 일하면서 외부인의 시각에서 회사를 바라보는 능력을 길렀던 것이다. 이는 그가 CEO가 된 후 회사에 가히 혁명적이라 할 만큼 많은 변화와 혁신을 일으키는 데 중요한 역할을 했다. 동시에 그는 P&G에서 성장했기 때문에 회사와 구성원들을 가장 잘 이해하는 내부인의 입장에서 이들의 지원을 받아낼 수 있었고, 그 덕분에 변화를 좀 더 효과적으로 추진할 수 있었다. 인사 시즌마다 고민에 빠지는 한국 기업들도 '인사이드 아웃사이더 방식'을 고려해보면 어떨까.

5. 조직의 전략과 인재육성 전략을 통합하라

인재육성에 실패하는 가장 큰 이유 중 하나는 뚜렷한 전략이 없기 때문이다. 좋은 사람을 뽑아서 열심히 키우다 보면 좋은 날이 오겠지 하는 막연한 기대만으로는 인재를 잘 키우는 조직으로 성장할 수 없다.

인재육성에 뛰어난 기업들은 먼저 '어떤 비전과 목표를 어떤 전략으로 달성할 것인가'를 출발점으로 삼는다. 이 말은 곧, '우리 회사의 전략을 추진하려면 어떤 역량이 필요한가'를 먼저 고민한다는 것이다.

이처럼 조직의 전략과 인재육성 전략을 통합화(alignment & integration)해야 한다. 예를 들면 GE는 조직의 성장을 위해 5가지 전략적 방향을 설정해 실천하고 있다. 기술 리더십technological leadership, 서비스 역량 강화service acceleration, 고객과의 장기적 관계 구축enduring customer relationships, 우선순위에 입각한 효율적 자원 분배resource allocation, 세계화globalization가 그것이다. 이것을 지속적으로 실천하기 위해 제프리 이멜트를 비롯한 GE의 리더들이 가장 중시하는 것은 상세한 계획이 아니라, 어떤 인재를 선발하고 개발할 것인가 하는 인재육성 시스템이다.[43] 이들은 회사의 전략과 인재육성은 별개가 아니라는 굳은 믿음 하에 상호 긴밀하게 통합돼 시너지를 낼 수 있게끔 운영하고 있다.

좀 더 구체적으로 살펴보자. 경쟁기업보다 진보된 기술로 혁신을 추구한다는 전략(technological leadership)을 실천하기 위해서는 신기술을 끊임없이 개발하는 것도 중요하지만, 전략과 인재개발의 통합 모델에서는 기술적 역량을 갖춘 인재를 키우면 기술의 진보를 통한 혁신은 자연스럽게 이뤄질 거라는 시각이 더 중요시된다. 따라서 기술적 역량이 최우선 필수역량(key development requirement)으로 등장하고, 임직원들의 선발, 평가, 승진 등과 같은 인사 시스템에서 엔지니어링 역량이 뛰어난 직원육성을 최우선 순위로 정한다. 이들이 임원으로 성장할 수 있도록 다양한 기회를 부여하는 것이다. GE와 같이 인재육성을 잘하는 기업들은 전략과 인재육성이 결코 별개로 이루어지지 않는다는 공통점을 갖는다.

이쯤에서 잠시 우리의 모습을 돌아보자. 조직의 전략과 전혀 상관없이 인재육성이 이뤄지지는 않았는지 말이다. 더욱이 내가 만나본 한국의 많은 기업들은 지나치게 일반적인 인재상과 핵심역량만을 강조하고 있었다. 어디를 가나 '창의적 인재', '솔선수범', '실행력', '배려'라는 문구만 들린다. 그러다 보니 '이러한 인재육성이 과연 조직의 비전과 전략적 목표에 얼마나 중요한 역할을 할 수 있을까?' 하는 회의를 느낄 때가 더 많다. 자연히 교육받는 입장에서도, 자신이 핵심인재로 성공하는 데 꼭 이런 교육이 필요한지 의구심을 갖게 될 수밖에 없다.

6. 인재관리와 인재개발을 통합하라

인재사관학교의 여섯 번째 특징은 인재를 선발하고 관리하는 HRM Human Resource Management 기능과 개발하는 HRD Human Resource Development 의 기능을 통합해 일관성 있게 실행한다는 점이다. 조직에 필요한 인재상을 구체적으로 파악해 선발하고 핵심역량을 바탕으로 교육하는, 선발과 교육이 일관된 원칙 아래 통합되는 것은 무엇보다 중요하다.

이러한 점에서 한국의 많은 기업들은 현재의 채용방식을 좀 더 전략적으로 구체화할 필요가 있다. 다음 표는 인재육성을 잘하는 기업들과 그렇지 못한 기업들의 채용방식을 비교한 것이다.

	바람직하지 않은 시스템	바람직한 시스템
선발주체	본사 HR 부서	실무팀
선발기준	스펙과 소양	구체적 역량과 기술
선발방법	시험과 짧은 면접	수차례 실무진 위주의 심층면접

〈 기업들의 채용 시스템 〉

최근 여러 한국 기업들이 구체적 역량과 기술 중심의 기준을 바탕으로 사람을 뽑고, 실무진 위주의 심층면접을 통해 인재를 선발하기 시작한 것은 고무적인 현상이다. 하지만 이렇게 뽑아도 정작 더 큰 문제가 발생하곤 한다. 이들에 대한 평가기준과, 교육부서에서 논하는 핵심역량이나 바람직한 인재상이 따로따로이기 때문이다. 대부분의 기업이 구성원의 성과를 평가할 때 KPI를 기준으로 하는데, 이것이 조직에서 바라는 핵심역량이나 인재상과 연관돼 있지 않다면 구성원들은 혼란에 빠질 수밖에 없다. 또한 여러 가지 이유에서(정치적인 이유가 대부분이라 생각한다) 인사와 교육부서를 통합하지 않고 별도의 조직으로 운영하는 것도 혼란을 가중시킨다. 좀 더 효과적인 인재육성을 원한다면 HRM과 HRD 기능을 통합해 일관성 있는 HR 시스템을 정착시켜야 한다.

7. 리더로서의 경험을 미리 쌓게 하라

인재사관학교들의 일곱 번째 공통점은 잠재력이 뛰어난 인재들에게 업무를 전략적이고 미래지향적으로 부여함으로써, 리더로 성장하는 데 필요한 경험을 하게 해준다는 것이다.

단순히 업무영역만 다양하게 주어서는 안 된다. 리더가 알아야 할 여러 업무(mission critical functions)뿐 아니라, 전략적 주요시장(strategic markets)에 대해 미리 경험하고 이해하게 함으로써 글로벌 리더로 성장할 기회도 부여하자. 아래의 표를 보면 인재사관학교들이 리더를 키우기 위해 얼마나 전략적이고 미래지향적으로 업무를 배치하는지 알 수 있다.[44]

	임원		중간관리자	
	글로벌 톱기업	여타 기업	글로벌 톱기업	여타 기업
개발 중심의 업무배치	76%	55%	88%	59%
다양한 업무 순환배치	44%	20%	56%	30%
다양한 글로벌 업무	72%	35%	72%	32%
	유망한 직원		기타 포지션	
	글로벌 톱기업	여타 기업	글로벌 톱기업	여타 기업
개발 중심의 업무배치	96%	62%	78%	37%
다양한 업무 순환배치	72%	36%	43%	21%
다양한 글로벌 업무	88%	29%	43%	26%

〈 기업들의 업무 배치 시스템 〉

특히 이 표에서 인재육성을 잘하는 기업들의 96%가 유망한 직원들의 성장을 위해 개발 중심의 업무배치를 적극적으로 활용하고 있다는 사실은 눈여겨볼 필요가 있다. 한국 기업들이 많이 활용하는 '순환배치'는 상대적으로 덜 사용한다는 점도 눈에 띈다. 단, 유망한 직원을 육성할 때는 글로벌 기업들 중 72%가 순환배치를 하는 것으로 나타났다.

가장 눈에 띄는 사실은 이들이 다양한 글로벌 업무배치를 통해 글로벌 리더 양성에 집중하고 있다는 점이다. 무려 72%의 톱기업들이 글로벌 업무를 전략적으로 활용해 임원과 중간관리자들을 육성하는 반면, 일반 기업에서는 35%와 32%만이 글로벌 업무를 인재육성에 전략적으로 활용하고 있었다. 유망한 직원의 경우 그 차이가 88%와 29%까지 벌어진다.

결론은 무엇일까? 인재육성을 잘하는 조직들은 회사에서 제공하는 교육과 코칭의 한계를 넘어 전략적이고 미래지향적인 업무배치를 적극 활용한다는 것이다. 엄선된 인재들은 다양한 업무를 통해 경험을 쌓고 전략적으로 중요한 시장에서 고객과 환경에 대한 이해를 더해가면서 자연스럽게 CEO 후보로 성장한다.

기술이 아니라 인재가 없어서 망한다

지금까지 인재육성에 뛰어난 조직들의 공통점을 살펴보았다. 물론 모든 기업들이 여기서 언급한 7가지 특징을 다 갖춘 것은 아니지만, 많은 기업들이 이를 실천하려고 노력하는 것은 분명한 사실이다. 이는 인재육성을 좀 더 효과적으로 하기 원하는 한국의 많은 기업들에게도 중

평가항목(우리 회사는…)	우리 회사에 대한 나의 평가
1. 인재육성을 위한 교육뿐 아니라 인재육성 시스템 전반이 잘 갖춰져 있다.	① ② ③ ④ ⑤
2. 가능성이 높은 핵심인재를 입사 초기에 선발해 육성한다.	① ② ③ ④ ⑤
3. 해야 할 업무와 역할을 리더십 개발이라는 측면에서 전략적이고 미래지향적으로 결정한다.	① ② ③ ④ ⑤
4. 정확하고 공정한 피드백을 통해 스스로 어떤 상태인지 명확하게 파악하도록 한다.	① ② ③ ④ ⑤
5. 내부승진을 중요시해 조직 내에서 필요한 인재를 키우려 노력한다.	① ② ③ ④ ⑤
6. 회사의 비전과 전략에 일치하는 인재를 키우기 위해 노력한다.	① ② ③ ④ ⑤
7. 업무 외의 다양한 경험을 통해 시장에 대한 통찰력을 갖게 한다.	① ② ③ ④ ⑤
8. 인재육성을 기업문화의 가장 중요한 부분으로 정착시킨다.	① ② ③ ④ ⑤
9. 지식 습득 못지않게 코칭을 인재육성에 적극 활용한다.	① ② ③ ④ ⑤
10. 임원평가에 인재육성에 대한 항목을 포함시켜, 이를 모든 리더의 책임으로 명문화한다.	① ② ③ ④ ⑤

〈 인재육성 체크리스트 〉

요한 가이드라인이 될 것이다. 앞의 표에 나온 문항을 체크하면서 당신의 조직이, 우리의 회사가 얼마나 인재육성을 잘하고 있는지 점검해보자.

지금까지 인재사관학교들의 노하우를 소개했지만, 이것을 반드시 그대로 따라 해야 하는 것은 아니다. 인재육성을 위해 지금 당장 구체적인 활동을 시작하거나 다른 기업을 벤치마킹하는 것보다, 인재육성에 대한 철학과 기본원칙을 세우고 지속적으로 실천하는 것이 훨씬 중요하다.

현명한 리더와 조직은 위기가 깊어질수록 인재의 중요성을 더욱 강조한다. 인재육성에 공을 들임으로써 구성원들의 충성심과 몰입도를 높이고 이를 통해 위기를 극복하려는 의도에서다. 뛰어난 기술과 제품이 없어서 기업이 몰락하는 것처럼 보이지만, 사실은 뛰어난 인재가 없고 이들을 육성하는 체계적인 시스템이 없어서 몰락하는 것임을 잊지 말자.

'인재확보전쟁(war for talents)'45이란 용어가 등장한 지 오래다. 그만큼 수많은 글로벌 기업들은 우수인재를 확보하기 위해 수단과 방법을 가리지 않고 있다. 10년 후 우리 조직을 이끌어 갈 인재를 길러낼 체계적이고 포괄적인 시스템이 없으면 조직의 미래도 없다는 사실을 가슴 깊이 새기는 리더들이 많아지기 바란다.

'지금 당장' 시작하라

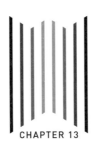

CHAPTER 13

프롤로그에서 밝힌 것처럼, 이 책은 성공한 리더가 되기 위한 여정을 한 권으로 정리한 것이다. '나'로부터 시작한 리더십의 여정이 '그들'을 거쳐 '성장'이란 영역으로 확장되는 과정을 따라가면서, 리더로서 성공하기 위해 나는 어떤 존재가 되어야 하는지, 이끌기 위해 그들에게 무엇을 주어야 하는지, 그리고 그들을 왜 성장시켜야 하며 어떻게 할 수 있는지에 대해 함께 고민해보았다.

리더십은 결국 직원들과 어떤 관계를 맺고 어떻게 이들의 자발적 협조와 추종을 불러일으킬 것인가로 귀결된다. 사람은 환경의 영향을 받는 존재이기에 리더의 역할 역시 환경의 변화에 따라 달라질 수밖에 없다. 먹고 살기 힘들고 살아남기 위해 발버 둥 쳐야 했던 과거에는 상사들의 부정적 행동이 용납되기도 했다. 하지만 직원들의 역량과 기대치가 높아졌고 창의와 혁신이 게임의 가장 중요한 룰이 된 상황에서, 옛날처럼 자신의 지위와 힘을 이용해 직원을 억압하는 상사는 더 이상 설 자리가 없어졌다. 직원들은 상사의 지시와 명령대로 움직이는 기계 같은 존재가 아니라, 함께 성과를 창출해야 하는 파트너인 것이다. 직원들에게 긍정적 영향을 주어 이들을 스스로 움직이게 하는 리더의 능력이야말로 21세기 리더십의 핵심이자 본질이다.

대부분의 사람들은 마음속 깊은 곳에 누군가를 이끌고 싶어하는, 리더가 되고자 하는 욕망을 갖고 있다. 게다가 최근에는 리더십이 워낙 사회적 화두가 되다 보니 성공한 리더에 대한 열망과 제대로 된 리더에 대한 갈망이 점점 커지는 듯하다. 하지만 알다시피 성공한 리더는 소수에 불과하다.

우리는 흔히 역량과 경험이 부족해서 좋은 리더가 되지 못한다고 생각한다. "내가 잘 몰라서 그러니 열심히 배워야지", "저 친구가 일은 잘하는데 경험이 부족해서 그래"라는 말도 종종 한다. 그러나 무조건 경험과 역량을 쌓으려는 태도야말로 리더로 성공하지 못하는 가장 큰 이유다. '이렇게 열심히 노력하다 보면 언젠가는 성공한 리더가 되겠지, 좋은 리더가 되겠지…' 하는 막연한 태도 말이다.

2박3일 여행을 떠나더라도 목적지까지 가는 방법, 꼭 가봐야 할 곳, 반드시 들러야 할 맛집 등을 샅샅이 찾아서 며칠 동안 계획을 세우는 것이 보통이다. 그런데 정작 자신의 인생을 좌우할 리더십에 대해서는 '열심히 하면 어떻게든 되겠지' 하며 막연한 기대를 갖거나, '리더십은 회사에서 가르쳐야 하는 것 아냐?'라며 회사에 전적으로 의존하기만 하니 안타까울 뿐이다.

똑같은 노력을 하더라도 좀 더 체계적이고 전략적으로 실행해야 더 좋은 결과를 얻을 수 있는 법. 어떻게 해야 체계적으로 리더십을 개발할 수 있을까? 그에 필요한 몇 가지 사항들을 짚어보며 이 책을 마무리하려 한다. 리더십 개발의 가장 좋은 시점은 '지금 당장(right now)!'이라는 생각을 가지고 다음 원칙들을 실천해보자.

첫 번째, 리더십에 대한 환상이나 두려움을 버려라.

리더십을 갖추기 위해 가장 먼저 버려야.할 것은 바로 리더십에 대한 환상이나 두려움이다. 리더십은 타고난 소수만의 전유물이 아니다. 그러니 '나도 얼마든지 성공한 리더가 될 수 있어!'라든지 '리더십 개발은 별것 아니야!'라는 생각으로 리더십에 대한 심리적 장벽을 없애기 바란다.

어떤 일이든 목표가 너무 어렵게 느껴지면 시작조차 불가능한 법이다. 반드시 뼈를 깎는 노력을 거쳐야만 리더십을 갖게 되는 것도 아니다. '직원들이 상사인 내게 지금 이 상황에서 원하는 말과 행동이 무엇일까'만 습관적으로 고민해도 어느덧 자신도 모르게 좋은 리더십을 가진 훌륭한 상사가 될 수 있다. 책을 읽으면서 가장 잘할 수 있다고 생각되거나 하고 싶은 것을 한두 가지 정해서 당장 실천해보라. 그러면 언제부터인가 직원들이 당신 뒤에서 당신의 달라진 모습을 말하기 시작할 것이다. 그때가 바로 리더십을 갖춘 상사로 거듭나는 출발점이다.

두 번째, 내 리더십의 벤치마킹 대상은 스티브 잡스나 잭 웰치가 아니다.

공교롭게도 이 책에 가장 자주 등장하는 두 인물이기도 하다. 많은 이들이 좋은 리더가 되겠다고 마음먹은 후에 가장 먼저 하는 일이, 세계적인 리더의 자서전이나 리더십 비결에 대해 쓴 책을 읽는 것이다. 물론 세계적인 리더의 노하우를 따라 하는 것은 나쁘지 않다. 하지만 이는 기초문법도 튼튼히 하지 않고 고급 영어부터 공략하려는 것과 같다. 그러다 남는 건 '역시 난 스티브 잡스가 아니었어…'라는 좌절감뿐이다.

그보다는 내게 맞는 리더십과 매일 실천할 수 있는 행동을 찾아서 지속적으로 실행하는 것이 훨씬 좋은 시작이다. 자신의 장단점을 성찰하고 어떻게 직원들에게 동기를 부여할지 고민하며 내게 맞는 리더십을 찾아보자. 이러한 관점에서 보면 '미래의 스티브 잡스가 되자!'보다 '2년 내 제법 리더십 있는 상사가 되자!'는 목표가 몇 배는 더 바람직하다. 그리고 내가 매일 실천할 수 있는 행동을 발견해 이를 지속적으로 실천하면 된다.

세 번째, 성공보다 성장에 초점을 맞춰라.

리더로 성공하고 싶어 하는 이들은 대부분 의욕이 넘치고 자신에 대한 기대치도 높다. 성공한 리더가 되려면 다른 사람들을 이끌어야겠다는 열망과 권력에 대한 욕구가 높아야 한다는 리더십 연구결과를 보더라도 이는 바람직하다. 하지만 기대치가 너무 높거나 성공의 기준이 지나치게 조직의 지위에만 맞춰져 있다면, 만족과 기쁨보다는 불만과 불행에 빠져들 가능성이 훨씬 높아진다.

성공은 상대적인 개념이어서 끊임없이 타인과 나를 비교하게 만들지만, 성장은 초점이 '나'에게 맞추어져 있기에 훨씬 더 건강하다. 그러니 리더십 개발의 궁극적인 목적을 특정 지위를 획득하는 것보다는 '지금의 나보다 더 성장한 내년의 나'에 맞추기 바란다. 내년 이때쯤이면 더 성장해 있을 나를 위해 지금 당장 무엇을 해야 할지 고민하고, 나를 지속적으로 성장시킬 습관 하나를 정해서 꾸준히 실천하자.

네 번째, 일 잘하는 리더가 꼭 성공하는 것은 아니다.

대부분의 사람들이 역량이 뛰어나야 리더로서 성공할 수 있다고 믿는다. 하지만 뛰어난 역량은 성공한 리더가 되기 위한 필요조건이지 충분조건이 아니다. 오히려 역량이 뛰어난 사람 중 정작 리더가 되면서 무능해지는 모습을 자주 볼 수 있다. 왜일까? 능력이 뛰어난 사람들은 모든 것을 너무 쉽게 생각하는 경향이 있다. 자신은 잘했으니 쉽게 생각하고, 직원들에도 자연스럽게 그만큼의 기대를 갖게 된다. 하지만 이 세상에는 A급보다 B급 인재가 훨씬 더 많은 법이다. 리더의 역량은 이런 B급 인재를 어떻게 동기부여하고 성장시키느냐로 판가름 나는데, A급으로만 살아온 리더가 B급 직원들을 쉽게 이해하고 공감할 리 없다. 애초에 눈높이가 다르기 때문이다.

리더로서 성공하기 위해 필요한 것은 역량보다는 공감 능력이다. 아무리 뛰어나도 리더는 선수가 아니라 감독이라는 사실을 꼭 기억하자. 선수 시절에 잘나갔다고 감독이 되어서도 자신의 역량만을 믿는다면, 감독으로서의 성공은 멀어질 수밖에 없다. 감독이 되었다면 감독으로 성공하기 위해 필요한 것이 무엇인지, 백지 상태에서 열린 마음으로 고민해야 한다.

다섯 번째, 리더십은 이벤트가 아닌 습관이다.

일관성과 진정성이 무엇보다 중요하다. 나는 이벤트성 행위야말로 리더십 개발에서 가장 지양해야 할 것이라 생각한다. 한때 서번트 리더십이란 개념이 유행했던 적이 있다. 그런데 갑자기 이를 실천한답시고 직원들에게 세족식을 해주며 "이제 여러분을 섬기는 리더가 되겠다"고 서약한 리더들에 대한 보도를 접하고 어이가 없어서 웃었던 기억이 있다. 서번트 리더십의 핵심은 일하면서 직원을 존중하는 데서 생겨나는 것이지, 발 한 번 씻겨준다고 갑자기 존중하는 마음이 샘솟을 리 없다. 무엇이든 습관이 되어 몸에 익어야 어색하지 않고 자연스러운 법. 리더십도 습관처럼 일관되고 진심 어린 행동이 바탕이 되어야만 얻을 수 있다. 직원들의 신뢰를 얻는 행동을 습관적으로 실천한다면, 리더십이라는 은행계좌에 신뢰라는 화폐가 차곡차곡 쌓일 것이다.

<u>여섯 번째, 지식습득이 아닌 '실천지향적' 배움에 집중하자.</u>
리더십 전문가인 워렌 베니스는 리더와 직원을 구분하는 가장 큰 차이는 '끊임없는 배움'이라고 말했다. 더구나 요즘처럼 하루가 다르게 급변하는 경영환경에서는, 끊임없이 배우는 리더와 그렇지 않은 리더의 격차가 점점 더 커질 것이다.

다행히 한국의 많은 리더들은 조찬 세미나를 포함해 다양한 경로로 배움의 끈을 놓고 있지 않은 것 같아서 안심이 된다. 짧은 시간에 비약적인 경제성장을 이룬 비결 중 하나도 지속적인 배움이 아니겠는가.

하지만 한 가지 기억해야 할 것이 있다. 리더에게 배움의 궁극적인 목적은 지식 습득이 아니라 '실천'을 통한 리더십 개발과 성과창출이어야 한다. 학교나 기업에서 리더들에게 강의할 때마다 "실천할 수 있는 것 하나라도 건지셨습니까? 그렇다면 그 한 가지를 앞으로 1년간 실천해보십시오"라는 인사로 마무리하는 이유이기도 하다.

다행히 그동안 만나온 대부분의 리더들은 실천지향적인 배움에 힘쓰는 분들이었다. 그러나 간혹 직원들에게 자신의 지식이나 교육 수준을 과시하기 위해 공부한다는 느낌을 주는 리더들도 본다. 과시하기 위해 습득한 잡다한 지식은 '모든 것을 다 알고 있다'는 자만심을 불러일으키고, 결국 리더로서 다른 사람들의 의견을 경청하지 않게 되는 치명적인 습관을 만들 수 있다.

당신은 혹시 '과잉 교육된 리더(over-educated leader)'는 아닌가? 이 책을 읽고 있는 이유가 혹시 과시하기 위한 지식을 배우는 데 있지는 않은가? 평소에 다른 사람들(특히 직원들)보다 많이 안다는 착각에 사로잡혀 그들의 의견을 등한시하고 있지는 않은지 고민해보기 바란다. 무려 20년 동안이나 GE를 이끌면서 그 누구보다 열심히 학습했던 잭 웰치는 "학습은 실천을 위한 출발점에 불과하다"고 말하며 실천지향적인 학습에 힘썼다. 성공한 리더와 그렇지 못한 사람들의 차이는 얼마나 많이 알고 있느냐가 아니라, 얼마나 많이 실천하느냐에 달려 있음을 기억하자.

일곱 번째, 리더십과 자기관리를 혼동하지 말자.

서점에 나와 있는 수많은 리더십 관련 책들을 보면, 시간관리나 인맥관리 등 자기관리에 필요한 덕목을 리더십과 동일시하는 것 같아 염려될 때가 있다. 물론 리더의 역할을 잘 수행하려면 자기관리를 잘해야 한다. 하지만 이런 활동 자체가 리더십이라 혼동해서는 안 된다.

리더십과 자기관리의 차이는 명확하다. 리더십은 '구성원 또는 구성원과의 관계'에 초점을 두는 반면, 자기관리의 초점은 '나 자신'이다. 자신의 역량을 개발하려는 노력은 대상과 초점이 '나'이기 때문에 리더십과는 조금 차이가 있다. 리더십은 내가 아닌 직원들을 통해 성과를 창출하는 능력이므로, 리더로서 성공하려면 시각의 전환이 반드시 필요하다. 이제부터는 내가 아닌 그들의 관점에서 업무를 파악하고 소통하는 습관을 갖도록 하자.

여덟 번째, 차별화는 리더 개인의 성공열쇠다.

제품과 서비스에만 차별화가 필요한 것이 아니라 리더십에도 차별화가 필요하다. 나만의 역량과 색깔을 만들고자 꾸준히 노력하다 보면, 다른 사람들이 나를 볼 때마다 떠올리는 이미지, 행동, 태도 등이 생겨날 것이다. 이를 통해 다른 사람과 차별화할 수 있도록 의도적으로 노력해야 한다.

어떤 조직이든 올라갈 수 있는 자리는 한정돼 있게 마련이다. 위로 올라갈수록 경쟁은 더욱 치열해지고, 다른 사람과 비슷한 역량과 스타일로는 살아남기가 어려워진다. 이때 차별화에 성공한다면? 상사에게 '차장이 수십 명이나 있지만 이 친구는 왠지 좀 달라'라는 인식을 심어줄 수 있다. 뜻하지 않게 중요한 일이나 경력에 도움이 되는 일을 할 기회가 주어지기도 하고, 이과정에서 그동안 갈고닦은 역량을 발휘해 좋은 성과를 낼 가능성도 높아진다.

그러니 너무 단점을 극복하는 데에만 치중하지 말고 자신이 가장 잘할 수 있는 장점을 부각시킴으로써 리더로서의 나를 차별화해보자. 끊임없이 나를 차별화하려 노력할 때 기회도 찾아오는 법이다. 회사에 출근해서 나와 직급이 같은 동료들을 떠올려보고 이들과 비교해서 내가 어떤 점에서 차별화될지 냉정하게 생각해보라. 남들과 같은 노력을 하면서 남들과 다른 결과를 바라는 건 욕심이다. 차별화는 남들과 다른 노력을 할 때 비로소 만들어낼 수 있다.

아홉 번째, 리더십 개발은 자기인식에서 출발한다.

리더십은 한마디로 'nothing but self-awareness', 결국 자기인식이다.

리더십에 관심을 갖게 되면 자연스럽게 리더십 관련 서적이나 강의를 들으며 리더십을 개발하려는 노력을 시작하게 된다. 하지만 리더십 개발의 가장 중요한 첫 단계는 내가 지금 어떤 상사로 인식되고 있는지 객관적이고 겸허하게 파악하는 것이다.

자기인식이 중요한 이유는 주관과 객관의 엄청난 격차 때문이다. 무려 80%의 사람들이 스스로를 과히 나쁘지 않은 평균 이상의 리더라고 생각하는 반면, 80%의 직원이 자기 상사의 리더십이 형편없다고 말한다.

대부분 리더십을 '나를 따르라!'는 행동이라 생각하는데, 리더십 연구에서 실제로 강조하는 것은 '자기인식'이다. 기업의 다면평가에서도 리더에게 강조하는 것들을 보면 결국은 '자기인식'을 높이는 방편들이다. 리더십 개발을 한다면서 컨설턴트를 대동해 스피치 연습이나 이미지 컨설팅에 치중하는 이들이 있는데, 리더십은 이미지 관리(image building) 같은 것이 결코 아니다. 자기인식을 못해서 내면의 나와 외부로 보이는 나의 차이가 커진다면, 진정성이 결여된 실패한 리더가 될 수밖에 없다.

동기부여 측면에서도 자기인식은 필요하다. 자신이 어떤 리더로 인식되고 있는지 명확하게 알지 못하면 이를 개선하고 리더로 성장하고 싶다는 열망이 생길 리 없다. 자기인식은 환자가 병원에서 진찰을 받고 자신의 문제점을 명확히 파악하는 것과 같은 과정이다.

그래서 나는 리더십 강의를 할 때마다 냉정한 자기인식이 없는 상태에서 이루어지는 리더십 개발 노력은 한계가 있다고 말하며 리더십 진단을 권하곤 한다. 많은 기업에서 다면평가를 리더십 진단의 일환으로 활용하고 있지만, 고과와 관련된 다면평가는 리더십 진단으로서의 정확도가 상당히 떨어진다는 연구결과가 있다. 그보다는 직원들이 심리적으로 편안한 상태에서 평가할 수 있는 기회를 마련하는 것이 좋다.

열 번째, 리더는 주인공이 아니다.

리더로서 성공하기 위해 기억해야 할 마지막 포인트는 '리더는 주인공이 아니다'라는 사실이다. 리더가 되고 지위가 높아질수록 지위 중독에 빠져, 무의식중에 자신이 주인공이고 자신이 가장 중요하다고 여기며 행동하곤 한다. 물론 지위로 보나 하는 일의 중요성으로 보나 리더가 된다는 것은 중요한 인물로 성장한 것이라 볼 수 있다. 하지만 자신이 주인공이라는 생각으로 직원들을 이끌기 시작하면, 그들의 역량이나 경험, 노하우 등을 존중하지 않고 독단적으로 의사결정을 내리거나 자만에 빠져 고립될 가능성이 높아진다. 특히 좋은 성과를 얻은 후에는 직원들의 공헌이나 노력은 잊고 자신의 역량과 리더십 덕분에 이런 결과가 나왔다는 착각에 빠지기 쉽다.

훌륭한 리더일수록 공功은 직원에게 돌리고 과過는 자신이 책임진다는 경구를 가슴에 새기자. 리더는 주인공인 직원들이 신명나게 일할 수 있도록 분위기를 북돋아주고 필요한 것이 있으면 적극적으로 지원해주는 치어리더 같은 존재임을 기억하기 바란다.

리더십 저금통을 마련하자

책을 덮으면서 '야, 이 많은 것들을 어떻게 다 하나…' 하는 걱정은 하지 않기 바란다. 이 책에서 설명한 모든 것들을 다 실천할 필요도 없고, 그럴 수도 없다. 단지 당장 내일 아침부터 실천하고 싶은 것, 그리고 실천할 수 있는 것을 한두 가지만 골라서 실행에 옮겨보라. 꾸준히 실천하다 보면 어느덧 후배들을, 직원들을 이끄는 리더가 되어 있는 자신을 발견할 수 있을 것이다.

리더십 개발의 가장 중요한 원칙은 '지금 당장'과 '내가 할 수 있는 것'이다. 리더라면 누구나 느끼겠지만, 성공한 리더가 되기란 결코 쉽지 않다. 하지만 지금 당장 내가 할 수 있는 것을 이 책에서 찾아서 실천한다면 결코 불가능한 일은 아니다.

파이저Pfizer의 회장 제프 킨들러Jeffrey Kindler의 '10센트 습관'은 잘 알려진 사례다. 그는 아침에 왼쪽 바지 주머니에 1센트짜리 동전 10개를 넣고 집을 나선다고 한다. 그러고는 직원 한 명과 대화한 후 그 이야기를 경청했다고 생각되면 왼쪽 주머니에 있는 동전 하나를 오른쪽으로 옮긴다. 퇴근 전까지 왼쪽에 있던 10개의 동전을 모두 오른쪽으로 옮기면 성공적인 하루를 보냈다고 스스로를 평가한다.

이것은 일종의 '일일 성과평가(daily performance review)'다. 회사에서 1년에 몇 번씩 해주는 평가만으로는 성공한 리더가 되기 어렵다. 스스로에 대해 일상적으로 평가하고 특히 직원들에게 얼마나 신뢰를 얻고 있는지 측정 가능한 방식으로 점검하는 게 중요하다. 단순히 '열심히 노력해서 좋은 리더가 될 거야!'라고만 해서는 결코 변할 수 없다. 리더로서 성공하고 싶으면 제프 킨들러처럼 내가 정말 잘하고 있는지를 평가할 수 있는 구체적인 기준, 자기만의 평가방식이나 노하우를 적어도 하나 정도는 가져야 한다. 이것이 다른 사람과 차별화된 리더가 되는 정말 중요한 방법이다. 우리는 흔히 성공한 CEO라면 상상 못할 어마어마한 노하우가 있을 것이라 생각하는데, 막상 알고 나면 "어, 이런 거였어?"라고 할 만큼 사소한 것이 많다. 뭐가 됐든 오랫동안 하는 게 핵심이다.

리더십 강의에서 제프 킨들러의 사례를 소개하면서 임원들에게 내가 권하는 방법은 큰 돼지저금통을 하나 사는 것이다. 그런 다음 직원들과 밥 한 끼 먹으면서 이렇게 부탁하자.

"나는 여러분에게 신뢰를 얻는 리더가 되고 싶다. 나 혼자 묵묵히 하면 힘드니까 좀 도와다오. 내가 보여준 리더십으로 여러분이 신뢰를 가지게 됐다고 생각하면, 저 돼지저금통에 500원짜리 하나씩만 넣어달라."

혼자서 금연하는 게 아니라 여기저기 소문내는 것처럼, 내가 리더로서 얼마나 노력하고 있는지를 반드시 공개해야 한다. 리더십도 그래야 생길 수 있다. 또 하나, 리더로 지치지 않고 버텨낼 수 있으려면 아무도 당신을 칭찬하지 않는다 해도 자기가 스스로를 격려할 수 있어야 한다. 지금 돼지저금통을 하나 만든 다음에, 매년 12월 20일쯤 저금통을 들어보고 묵직한 느낌이 나면 스스로 축하해주자. 만약 저금통이 가벼우면 내가 올해는 부족했으니, 내년에는 리더로서 좀 더 노력해보자고 결심하자. 혹은 직원들과 돼지저금통을 가르면서 "금액이 얼마 모였든 상관없이 내가 이 저금통의 10배 금액을 쏜다"고 해보는 것은 어떤가. 공연을 가든 와인을 마시든, 의미 있는 회식을 제안해보자.

나도 이 저금통을 활용한다. 나는 교수여서 직원이 없지만, 하루 일과를 마치고 집에 가기 전에 10초 정도 생각한다. '내가 오늘 시간낭비하지 않고 생산적이고 효율적으로 살았구나'라고 생각하면 500원짜리 동전을 하나 넣고 간다. 이 저금통 덕분에 업무의 생산성이 적어도 10%는 올라가는 느낌이다. 어떤 때는 3~4일씩 못 넣고 집에 가는데, 그러면 꿈에 돼지가 나와서 돈 넣어달라고 아우성을 치기도 한다고 강의 때 우스갯소리로 이야기한다.

지인 중 한 분이 성공은 '만남'에서 시작된다는 칼럼을 경영잡지에 기고한 후 내게 보내준 적이 있다. 세계 최대 펌프제조회사인 덴마크의 그런포스펌프Grundfos의 한국 CEO를 25년 동안 하면서 성공한 리더의 삶을 살아온 이강호 회장 이야기다. 그는 칼럼에서 자신의 인생을 성공적으로 변화시켜준 고등학교 담임선생님과의 만남부터 사회에 나와 처음 모시고 일했던 상사와의 만남 등을 적으며, 자신의 성공이 이런 소중한 만남에서 시작됐다는 이야기를 잔잔히 들려주었다.

맞는 말이다. 성공은 만남에서 시작된다. 그 만남이 반드시 사람일 필요는 없다. 아무쪼록 많은 독자들이 이 책과의 만남을 통해 인생의 방향이 조금 바뀌고 리더로서 성장하고 싶다는 열망을 갖게 되기를 바란다. 그래서 멋지고 훌륭한 리더가 되어 당신의 조직을 전 세계에 빛내기를 간절히 바란다. 마지막으로, 당신

스스로가 누군가에게 귀중한 '만남'을 선사하는 존재가 되었으면 한다. 당신이 이제껏 누군가에게서 받았던 긍정적 영향과 이를 통한 성장은 당신의 후배에게 물려주어야 할 눈에 보이지 않는 부채라는 사실을 꼭 기억하자.

나를 통해 누군가의 인생이 긍정적으로 변할 수 있고 누군가가 리더로 성장할 수 있다는 생각을 하면 가슴이 벅차지 않은가? 리더로서 당신의 멋진 인생은 지금부터 시작이다.

"Are you ready to lead?"

리더십은 유산을 남기는 것이다

　스티브 잡스는 천상천하 유아독존 스타일이었지만, 그에게도 영감을 준 기업이 있었다. 괴팍한 성격과 지독한 우월감으로 악명 높았던 잡스도 이 회사의 연구소를 방문하고 싶어서 자존심을 포기해야 했을 정도로 1970년대 컴퓨터와 IT 분야에서 가장 앞선 기업이었다. 눈치 챈 분도 있겠지만, 이 기업은 바로 제록스 Xerox이고 잡스에게 큰 영향을 미친 연구소는 제록스의 팔로알토연구소 PARC다. 이들은 이미 1970년대에 장차 엄청난 잠재력을 지닌 마우스와 컴퓨터의 GUI Graphic User Interface 개발을 주도했다. 하지만 정작 제록스의 CEO들은 자사 기술에 대한 이해도 비전도 없었다. 이들 때문에 제록스는 숱한 신기술을 보유하고도 빠른 속도로 몰락의 길을 걸었다. 2001년 8월 1일 앤 멀케이 Anne Mulcahy가 CEO로 취임할 당시, 제록스는 부채가 170억 달러에 이르고 주가는 4달러까지 추락한 재기불능의 상태였다.

　새 CEO는 회사를 살리기 위해 대대적인 구조조정을 실시했다. 멀케이는 기존 복사기 비즈니스 모델을 과감히 청산하고 고객사에 포괄적인 IT 통합 솔루션을 제공하는 서비스 회사로 변신하기 위해 조직을 바꾸기 시작했다. 그녀의 뛰어난 리더십과 결단력으로 제록스는 점차 안정세에 접어들었고, CEO에 대한 찬사가 쏟아지기 시작했다. 테크리퍼블릭^{Tech Republic}이라는 컨설팅 회사는 멀케이를 빌 게이츠와 더불어 2008년 세계 IT 분야에 큰 영향을 끼친 5명의 리더 중 하나로 선정했다. 같은 해 미국의 〈US 뉴스 앤 월드리포트^{US News & World Report}〉는 그녀를 미국의 '뛰어난 리더 중 1인'으로 선정했고 〈Chief Executive〉라는 경영지는 멀케이에게 '2008년 최고의 CEO상'을 수여하기도 했다. 망해가던 제록스를 극적으로 기사회생시키고 CEO로서 최고의 주가를 올리던 멀케이는 2009년 5월 21일, 자신의 후계자로 우르술라 번스^{Ursula Burns}를 지명하고 돌연 은퇴를 선언했다.

GE의 CEO로 20년 동안 회사의 가치를 무려 4000% 이상 성장시키며 승승장구하던 잭 웰치. 그러나 그는 GE를 이끌 후계자를 기르는 승계계획을 가동해 만 65세가 된 2001년 9월 7일에 미련 없이 은퇴했다. 공교롭게도 그가 은퇴하고 불과 4일 후에 9·11 테러가 발생해 '테러도 비켜간 신이 내린 경영자'란 말을 듣게 된다.

이들의 사례를 통해 말하고 싶은 것이 있다. 당신의 위대한 리더십을 완성하는 것은 '제대로 물러나기'에 달려 있다. 제대로 물러난다는 것은 새로운 시각에서 조직을 한 단계 높은 수준으로 이끌어갈 수 있는 후계자를 키워서, 가장 적절한 타이밍에 권한을 인계한 후 참견하거나 간섭하지 않는다는 의미다. 많은 리더가 재임 중 위대한 성과를 내고도 제대로 물러나지 못해서 실패한 리더로 전락하고 만다. 제대로 물러나기란 그만큼 어렵다.

어째서일까? 가장 큰 이유는 역시 자리와 권력에 대한 집착과 미련 때문이다. 아무리 겸손하고 훌륭한 인격을 가진 리더라도 한번 자리와 그에 따른 권력을 경험하면, 스스로 때를 정해 물러나기란 불가능에 가까워진다. 특히 리더가 힘을 구성원들에게 나눠주지 않고 혼자 쥐고 있는 성향이거나 조직의 특성상 힘이 리더에게 쏠리곤 했다면 스스로 물러나기가 더 어려워진다.

제대로 물러나기가 힘든 두 번째 이유는 '나 아니면 안 돼'라는 자기중심적 사고 또는 우월의식 때문이다. 실제로 "쉬고 싶어도 제가 없으면 회사가 금방 망해버릴 것 같아 못하고 있습니다"라고 하소연하며 차일피일 은퇴를 미루는 경영자들을 어렵지 않게 만나곤 한다. 그들이 하는 이야기를 듣고 있자면 그 회사에는 스스로 의사결정할 능력도 없고 열정도 없는 B급, C급 임직원들만 모여 있구나 하는 생각을 떨쳐버릴 수 없다. 하지만 과연 그럴까? 정작 그런 조직에 가서 직원들과 이야기해보면 직원들의 역량과 열정이 부족해서 물러나지 못한다는 말에 의구심이 생긴다. 오히려 리더가 자기중심적인 생각에 사로잡혀 스스로 불안해하는 경우가 대부분이다. 이런 조직일수록 '은퇴'나 '후계자 육성' 같은 말은 금기어가 된다. 비단 사장이나 회장만의 이야기가 아니다. 이런 현상은 직책에 관계없이 모든 리더들에게 나타난다.

제대로 물러나기 힘든 마지막 이유는 자신이 물러난 후에도 조직이 지속적으로 성과를 창출할 수 있도록 미리 준비해야 하는데 이 과정이 쉽지 않기 때문이다. 제대로 물러난다는 것은 단순히 일을 그만둔다는 의미가 아니다. 최적의 타이밍에 자신을 대신해 후임자를 발굴해 키우고, 이들이 조직을 잘 이끌어가도록 최적화된 시스템을 만들기 위해 노력한다는 뜻이다.

디즈니Disney의 마이클 아이즈너Michael Eisner는 한때 잭 웰치 버금가는 위대한 CEO였다. 그는 ABC와 파라마운트픽처Paramount Pictures 등 할리우드의 여러 기업에서 커리어를 쌓은 후 1984년 디즈니의 CEO로 영입됐다. 당시 디즈니는 창업자인 월트 디즈니Walt Disney가 사망한 후 비전과 창의성이 고갈되고 3~5년에 겨우 한 편 제작할 만큼 효율성이 떨어져 있었다. 그나마 눈에 띄는 히트작도 없이 과거의 성공에 기대 근근이 연명하는 처지였다. 비우호적 합병 위기를 가까스로 모면한 디즈니는 과거의 영광을 재현하기 위해 아이즈너를 CEO로 영입했다.

아이즈너는 극장용 애니메이션에만 치중했던 디즈니의 비즈니스 모델을 근본적으로 수정하고, 회사의 미래는 가정용 엔터테인먼트(home entertainment)에 있다는 확신을 갖고 회사의 전략을 과감히 수정하기 시작했다. 먼저 임원들의 극심한 반대를 물리치고 그동안 극장에서 상영했던 애니메이션 작품을 비디오에 담아 팔기 시작했다. 이 전략이 적중해 몇 년 만에 디즈니 수익의 대부분은 가정용 비디오와 DVD 판매에서 나오기 시작했다. 아이즈너가 디즈니를 떠난(정확하게 말하자면 쫓겨난) 2004년, 이 부문에서 60억 달러 이상의 수입이 발생할 정도였다. 아이즈너는 1995년 사업다각화를 위해 또 한 번 중대한 결정을 한다. 미국 3대 방송사 중 하나인 ABC를 190억 달러에 인수한 것이다. 이 인수과정에 포함된 회사가 미국의 대표 스포츠 채널인 ESPN이었고, 디즈니는 이를 통해 막대한 이익을 얻기 시작한다. ESPN은 말 그대로 황금알을 낳는 거위였는데, 2004년 디즈니가 영화 관련 사업으로 벌어들인 6억 6200만 달러의 3배가 넘는 19억 4000만 달러를 ESPN에서 벌었다는 것을 봐도 쉽게 알 수 있다.

CEO로서 아이즈너가 거둔 성과는 잭 웰치와 비교해 조금도 부족하지 않다. 공교롭게도 두 사람 모두 만 20년 동안 CEO로 회사를 이끌었다. 하지만 이들에 대한 평가는 하늘과 땅 차이다. 잭 웰치는 20세기 최고의 CEO란 찬사를 받으며 4억 2000만 달러에 달하는 은퇴 패키지를 GE로부터 받으며 화려하게 퇴임했다. 하지만 아이즈너는 43%의 주주들이 최고경영자에 대한 불신임 투표를 행사해 이사회 의장에서 쫓겨나는 사상 초유의 굴욕을 맛보며 쓸쓸히 사라졌다.

아이즈너의 몰락은 그의 자기중심적이고 나르시시즘에 가득 찬 성격이 오랜 기간의 성공과 결합되어 일어난 현상이다. 디즈니를 위기에서 구해낸 아이즈너는 강하고 자기중심적인 성격이 점점 심해져서, 회사의 모든 일들을 스스로 통제하고 결정하지 않으면 견디지 못하는 CEO로 돌변했다. 점점 많은 사람들이 그를 '아이즈너 폐하Emperor Eisner'라 부르기 시작했다.

절대권력이 유지되려면 직원들의 지지를 받는 사람들이 사라져야 하는 법. 아이즈너는 2000년대 들어 수많은 중역들을 몰아내기 시작했다. 그중에는 〈귀여운 여인Pretty Woman〉, 〈인어공주 The Little Mermaid〉, 〈미녀와 야수Beauty and the Beast〉, 〈알라딘Aladdin〉, 〈라이온킹The Lion King〉 등 주옥같은 작품을 만들어 디즈니 부활에 가장 핵심적인 역할을 한 제프리 카젠버그Jeffery Katzenberg와 그를 사장으로 영입한 오랜 친구 마이클 오비츠Michael Ovitz도 포함됐다. 카젠버그는 디즈니를 떠난 직후 드림웍스DreamWorks를 차려 〈슈렉Shrek〉 등의 애니메이션을 제작하며 디즈니의 강력한 라이벌이 된다. 더 이상 그를 견제할 사람이 없어진 아이즈너는 무려 10년 동안이나 절대권력을 누리다 대주주들의 집단행동에 의해 비참한 최후를 맞았다.

잭 웰치와 아이즈너, 이 두 CEO의 가장 큰 차이는 웰치가 자신이 물러날 시점을 미리 정해놓고 가장 뛰어난 후계자를 양성하는 등 자신의 유산을 남기기 위해 노력한 반면, 아이즈너는 자신의 절대권력을 영원히 유지하기 위해 조금이라도 두각을 나타내거나 위협이 될 만한 사람들을 철저하게 제거했다는 점이다. 다시 말해 두 CEO의 가장 큰 차이는 '제대로 물러나기'에 있었다.

미국에는 뛰어난 CEO를 초대해 경영과 관련한 심도 깊은 인터뷰를 진행하는 〈CEO 익스체인지CEO Exchange〉라는 프로그램이 있다. 은퇴 직후 방송에 출연한 잭 웰치는 CEO로서 다양한 이야기를 했는데, 방송 중간에 워런 버핏을 비롯한 여러 CEO가 질문을 하게 되었다. 아이즈너도 그중 한 명이었는데, 이때 그는 웰치에게 의미심장한 질문을 한다.

"당신은 올해 65세밖에 안 됐는데 은퇴했습니다. GE를 적어도 5년 이상 열정적으로 이끌 수 있으니 몇 년 더 하게 해달라고 충분히 부탁할 수 있었을 텐데 왜 그렇게 하지 않았습니까?"

이에 웰치가 대답했다. "아주 잠시 그런 생각을 한 건 사실이지만, 한 사람이 조직을 20년 동안 이끌어왔다면 새로운 리더가 새로운 방식으로 그 조직을 이끌 때가 됐다는 확신이 들어서 물러나기로 했습니다."

이때는 아이즈너가 한창 절대권력을 행사하고 있을 때다. 그의 질문은 아마도 어떻게 해야 자신의 지위를 오래 유지할 수 있을까 하는 고민에서 나온 것일 터다. 그때 아이즈너가 웰치로부터 제대로 물러나는 지혜를 배웠더라면, 그 역시 20세기를 대표하는 위대한 CEO가 될 수도 있지 않았을까 하는 진한 아쉬움이 남는다.

2015년 아시안컵 축구대회에서 차두리가 60~70m를 쉬지 않고 폭풍 질주해 화제가 되었다. 그 대회를 끝으로 국가대표를 은퇴하겠다고 발표했던 터라 팬들의 아쉬움이 컸다. 온라인상에서 차두리 국가대표 은퇴 반대운동이 벌어지기도 했는데, 아직 체력도 좋고 이렇게 인기도 많은데 굳이 차두리가 그만두겠다고 했던 이유는 뭘까.

"내가 대표팀에 있으면 나 때문에 한 명이 못 들어온다."

그가 밝힌 은퇴 이유다. 30대 선수도 이렇게 후배들을 위해 길을 터주는데, 한 조직을 책임지는 리더들이 후계를 준비하지 못한대서야 말이 되겠는가.

'나는 지금 얼마나 제대로 물러날 준비를 하고 있는가?' 이 책을 읽고 있는 독자 중 지금의 자리에서 물러나는 문제로 고민하고 있는 분들이 있다면 '리더십은 유산을 남기는 작업'이라는 사실을 꼭 기억하고 '제대로 물러나기 프로젝트'를 빨리 시작하기 바란다. 특히 생각은 많은데 여러 가지 불안감과 아쉬움 때문에 실행에 옮기지 못하는 분들은 더더욱 지체해서는 안 된다.

당신 덕분에 훌륭하게 성장한 이들이 리더로서 더 크게 성장할 수 있도록 하자. 박수칠 때 떠날 수 있는 용기는 당신을 영원히 위대한 리더로 남게 해줄 것이다. 내가 떠난 후 후배들이 나를 어떤 리더로 기억해줄까 고민하며, 용기를 가지고 리더로서의 치열한 삶을 살아가자.

1. Watkins, M. (2003). The first 90 days. *Harvard Business School Press*.

2. 짐 콜린스 (2010). 위대한 기업은 다 어디로 갔을까(김명철). 김영사.

3. Porter, M., Lorsch, J., & Nohria, N. (October, 2004). Seven surprises for new CEOs. *Harvard Business Review*.

4. 마커스 버킹엄, 커트 코프먼 (2006). 유능한 관리자(한근태). 21세기북스.

5. Branham, Leigh. (2007). *The 7 Hidden Reasons Employees Leave*. Amacom Books.

6. French, J. R. P., Raven, B. *The bases of social power*. In D. Cartwright and A. Zander. *Group dynamics*. Harper & Row.

7. 이에 대해서는 에릭 슈미트, 조너선 로젠버그, 앨런 이글(2014). 구글은 어떻게 일하는가(박병화). 김영사. 와 〈뉴욕타임스〉 기사 Katie Hafner. (2005, February 1). New Incentive for Google Employees: Awards Worth Millions. *The New York Times*. 를 참조하기 바란다.

8. 에릭 슈미트, 조너선 로젠버그, 앨런 이글 (2014). 구글은 어떻게 일하는가(박병화). 김영사.

9. 이와 관련해서는 무척이나 흥미로운 다음 칼럼을 읽어보기 바란다. 이위재 (2014). 리더의 자격 : 선동열 감독을 생각하며. 조선미디어 기자블로그.

10. http://www.ibm.com/ibm/values/us

11. https://www.collaborationjam.com

12. http://en.wikipedia.org/wiki/IBM

13. 자포스에 관심이 있는 독자라면 이시즈카 시노부 (2010). 아마존은 왜? 최고가에 자포스를 인수했나(이건호). 북로그컴퍼니. 를 읽어보기 바란다.

14. http://en.wikipedia.org/wiki/List_of_best-selling_books

15. http://krdic.naver.com/detail.nhn?docid=13783500

16. John Maxwell. (2008). *Leadership gold*. Tomas Nelson.

17. 댄 애리얼리 (2008). 상식 밖의 경제학(장석훈). 청림출판.

18. 애덤 그랜트 (2013). 기브 앤 테이크(윤태준). 생각연구소.

19. 이호승 (2015, 2, 26). [매경 MBA] 168년 장수비결은 주인의식…직원 절반이 주주. 매일경제.

20. Pfeffer, J. (1977). The ambiguity of leadership. *Academy of Management Review, 2*, 104-112.

21. Seligman, M. (2002). *Authentic Happiness*. Free Press. Seligman, M., & Csikszentmihalyi, M. (2000). Positive Psychology: An Introduction. *American Psychologist, 55*, 5-14.

22. http://ko.wikipedia.org/wiki/%EC%A1%B0_%ED%86%A0%EB%A6%AC

23. Sutton, B. (2012). *Good Boss, Bad Boss*. Business Plus.

24. http://www.kenblanchard.com/img/pub/pdf_critical_leadership_skills.pdf

25. LG주간경제(2002년 6월 12일).

26. Bartlett, C., & Wozny, M. (2005). GE's two decade transformation: Jack Welch's leadership. *Harvard Business Case*.

27. Dvir, T., Eden, D., Avolio, B., & Shamir, B. (2002). Impact of transfor-mational leadership on follower development and performance: A field experiment. *Academy of Management Journal, 45*, 735-744.

28. Zenger, J. & Folkman, J. (2002). *The Extraordinary leader*. McGraw-Hill.

29. 문영미 (2011). 디퍼런트(박세연). 살림biz.

30. Marcus, B., & Clifton, D. (2001). *Now, discover your strengths*. Free Press.

31. Institute of Leadership & Management (2011). *Creating a coaching cul-ture*.

32. Charan, R. (February, 2005). Ending the CEO succession crisis. *Harvard Business Review*.

33. 다보스 특별취재팀 (2012, 1, 25). 위기의 자본주의, 새 대안은 인재주의. 매일

경제.

34. IBM GBS Report.

35. Sue Ashford & Scott Derue (2010). Five steps to addressing the leadership talent shortage. *Harvard Business Review*.

36. Cohn, Khurana, & Reeves (2005, October). Growing talents as if your business depended on it. *Harvard Business Review*.

37. P&G의 인재육성 과정에 대해서는 다음과 같은 문헌을 참조하길 바란다.

Stahl, Bjarkman, Farndale, Morris, Paauwe & Stiles (2012, Jan). Six principles of effective global talent. *Harvard Business Review*.

Lower (2007, Nov). Solve the succession crisis by growing inside-outside leaders. *Harvard Business Review*.

Ready & Conger (2007). Make your company a talent factory. *Harvard Business Review*.

38. Institute of Leadership & Management (2011). *Creating a coaching culture*.

39. Groysberg Boris & Snook Scott (2007). *Leadership Development at Goldman Sachs*.

40. Groysberg Boris & Snook Scoot (2006). *The Pine Street Initiative at Goldman Sachs*.

41. http://money.cnn.com/galleries/2011/news/companies/1111/gallery.top_companies_leaders.fortune/3.html

42. Joseph L. Bower (Nov. 2007). Solve the succession crisis by growing inside-outside leader. *Harvard Business Review*.

43. Gunter K. Stahl, Ingmar Bjorkman 외 (Winter 2012). Six principles of effective global talent management. *MIT Sloan Management Review*.

44. http://www.aon.com/human-capital-consulting/thought-leadership/leadership/reports-pub_top_companies.jsp

45. Michaels, E., Handfield-Jones, H., & Axelrod, B (2001). *The war for talent*. Harper Collins.